KB203873

붓다의
　　　향훈香薰을
따라서

개정증보판

인도·네팔 불교성지순례 가이드북

붓다의
향훈香薰을
따라서

글/사진 대연 스님

해조음

성지 순례의
친절한
길라잡이가
되기를

1 이 책에 나오는 외국어 표기는 인도의 현지 발음에 충실하게 표기하려고 노력하였다. 그래서 외래어 한글 표기법과 차이가 나는 것이 많다. 굳이 어려운 발음을 적은 이유는 여행할 때 현지 발음으로 물어보는 것이 더 유리하기 때문이다. 불필요한 오해를 불러일으킬만한 요소가 있는 경우에는 통상적인 표기법을 사용하거나 병기倂記하였다.

ASI는 인도 정부 산하기관인데 'The Archaeological Survey of India'의 약자이다. 번역한다면 '인도 고고학 연구소'라고 할 수 있다.

2 불교 용어, 경전 상의 인물 이름과 지명 등은 가능한 한 빨리어^{Pali語}를 기본으로 사용하였다. 빨리어 발음의 한글 표기법이 낯설겠지만 외국인 스님이나 불자들과 대화할 경우, 빨리어를 이해하면 훨씬 대화가 편하기 때문이다. 'Sk'라는 표기는 산스끄리뜨어^{Sanskrit語}의 약어略語이다. 빨리어 자료만 있거나 산스끄리뜨어 자료만 있을 때는 표기를 따로 하지 않았다.

3 성지, 유적지, 박물관의 입장료에 대해 '입장료 있음'이라는 안내만 하였다. 그동안 필자가 인도를 왕래하면서 성지 입장료와 출입 방법이 적게는 5회, 많게는 6회 이상으로 바뀌어서 입장료를 표시하는 것이 무의미하다고 생각하기 때문이다.

4 기차에 대한 표기법은 다음과 같다. 'No.12398, 14:10-05:50'의 경우, 기차번호^{Train Number} 12398이고, 승차 역의 출발시간은 14:10, 목적지 역의 도착시간은 05:50이라는 뜻이다. 기차를 이용할 때, 항

상 자신이 타야 할 기차의 플랫폼 번호, 기차번호, 차량번호, 좌석번호를 잘 확인하여야 한다. 기차역의 전광판이나 안내창구Inquiry Booth에서 확인할 수 있으며 출발 지연이나 도착 지연도 확인할 수 있다.

5 숙박시설에 관한 자료를 상세하게 싣지 않았다. 숙박시설이 밀집된 곳이나 숙박이 가능한 곳을 언급하는 정도이다. 인터넷에는 호텔 예약 사이트가 다양하게 있어서 위치, 가격, 시설 등을 직접 확인할 수 있기에 굳이 상세하게 적을 필요를 느끼지 못하였다. 현지를 직접 방문하여 숙소를 결정할 때는 개인의 능력에 따라, 숙박 인원에 따라, 숙박 일수에 따라 얼마든지 가격 흥정의 여지가 있다. 직접 방문한 경우라면 숙소를 결정하기 전에 먼저 방의 상태를 반드시 확인하기 바란다.

6 식당에 대한 안내도 상세하게 싣지 않았다. 식당에 따라 맛과 가격이 다르고 사람마다 선호하는 음식이 다르다. 그래서 '어느 식당의 어떤 메뉴'라는 자료를 남기는 것보다는 자신의 경험에 의한 음식 조절이 순례 여행을 편안하게 한다고 생각하기 때문이다. 같은 이름의 음식이라도 지역에 따라, 식당에 따라 음식 맛이 다르다는 것을 이해하기 바란다. 같은 식당 내에서도 에어컨이 있는 곳과 에어컨이 없는 곳의 음식 값은 다르다. 그 이유는 음식 값에 붙는 세금이 다르기 때문이다.

7 인도는 항상 흥정해야 하는 곳이다. 흥정하는 능력에 따라 가격, 계약 조건, 계약 이행 등이 현격懸隔하게 달라진다. 차량을 임대하거나,

예약 없이 현지에서 직접 숙박 시설을 이용하거나, 물건을 구매할 때
는 물론이고 환전할 때도 흥정을 통해 환율이 달라지기도 한다. 박물
관과 유적지 입장료, 기차 요금 등등 몇 가지 고정된 가격을 제외하고
는 모두 흥정이 가능하다고 보면 된다. 흥정을 귀찮게 생각하거나 힘
들어하면 더 많은 경비가 필요하고 인도를 다니는 일에 많은 불편함
이 발생한다.

8 이 책을 읽고 궁금한 점이나 더 많은 정보를 원하면 다음 카페 '인오
선원(http://cafe.daum.net/iobmc)'의 '불교성지순례 안내' 게시판
에 문의하기 바란다. 가능한 범위에서 빨리 응답하여 순례에 도움
이 되도록 하겠다. 긴급한 경우에는 카페에 있는 전화번호로 연락하
면 문제 해결에 도움을 얻을 수도 있다. 또한 필자의 다른 책인 『인도
에 갈 때는 숟가락을 가져가세요』를 읽어보면 인도(특히 중북부 인도)
에 관한 개략적인 이해에 도움이 될 것이다.

성지 순례의
공덕으로
행복한 나날이
이어지기를!

부처님의 제자라면 부처님의 가르침을 올바로 이해하는 일은 대단히 중요합니다. 부처님의 생애를 아는 일은 부처님의 가르침을 이해하는 데 매우 중요한 밑받침이 됩니다. 승속을 막론하고 부처님의 제자라면 부처님을 단순히 믿고 따르기만 해서 되는 일이 아니라, 부처님의 가르침을 올바로 이해하고 실천해야 합니다.

불교 성지를 순례하는 일은 부처님의 생애를 이해하고 경전의 배경을 알고 이해하는 일이며, 경전의 뜻을 더욱더 잘 새겨서 수행하기 위함입니다.

경전에서의 성지 순례의 공덕은 「대반열반경(Mahāparinibbāna Sutta, D16)」에 잘 설명되어 있습니다.

"아난다여, 믿음을 가진 선남자가 친견해야 하고 절박함을 일으켜야 하는 네 가지 장소가 있다. 어떤 것이 넷인가?

'여기에서 여래가 태어나셨다.' – 아난다여, 이곳이 믿음을 가진 선남자가 친견해야 하고 절박함을 일으켜야 하는 장소이다.

'여기서 여래가 위없는 정등각을 깨달으셨다.' – 이곳이 믿음을 가진 선남자가 친견해야 하고 절박함을 일으켜야 하는 장소이다.

'여기서 여래가 위없는 법의 바퀴를 굴리셨다.' – 이곳이 믿음을 가진 선남자가 친견해야 하고 절박함을 일으켜야 하는 장소이다.

'여기서 여래가 무여열반의 요소로 반열반하셨다.'– 이곳이 믿음을 가진 선남자가 친견해야 하고 절박함을 일으켜야 하는 장소이다.

아난다여, 이것이 믿음을 가진 선남자가 친견해야 하고 절박함을 일으켜야 하는 네 가지 장소이다.

아난다여, '여기에서 여래가 태어나셨다.' '여기서 여래가 위없는 정등각을 깨달으셨다.' '여기서 여래가 위없는 법의 바퀴를 굴리셨다.' '여기서 여래가 무여열반의 요소로 반열반하셨다.'라면서 믿음을 가진 비구들과 비구니들과 청신사들과 청신녀들이 이곳을 방문할 것이다.

아난다여, 누구든 이러한 성지 순례를 떠나는 청정한 믿음을 가진 자들은 모두 몸이 무너져 죽은 뒤 좋은 곳善處, 천상세계에 태어날 것이다."

– (디가니까야 D16, 각묵 스님)

또한 「근본설일체유부비나야잡사」 권38에는 부처님과 인연이 깊은 곳으로 부처님 입멸 후 탄생, 깨달음, 초전법륜, 반열반의 4대 성지를 불자들이 존중하고 순례를 하다가 다시 네 곳이 추가되어 8대 성지로 굳어지게 되는 내용이 있습니다.

「대정신수대장경」 제 32권의 '팔대영탑명호경'에는 부처님께서 살아계실 때, 직접 인연이 깊은 여덟 곳을 말씀하시면서 이곳을 순례하고 참배하며 공양을 올릴 것을 말씀하신 것으로 나와 있고, 「대승본생심지관경」 권1, 「심지경론」 권3 등에 8대 성지에 관한 내용이 나옵니다.

이와 같은 자료들을 종합해 보면 성지 순례는 참으로 수승한 공덕이 있는 것이고 많은 이익이 있는 일입니다.

1998년 처음 인도·네팔의 불교 성지를 순례할 때 세운 발원이 이루어져 2002년에 기원정사 유적지가 있는 스라와스띠에서 1년을 지낼 기회가 있었습니다.

스라와스띠에서 생활하면서 가이드와 순례를 이끄시는 분들, 또는 성지 순례를 하시는 분들이 모두 성지에 대한 충분하지 못한 지식으로 성지 순례를 하고 있음을 알게 되었습니다. 성지 순례기를 책으로 쓰신 분들이 계셨지만, 불교 성지 순례 가이드북으로 이용하기에는 충분하지 않았습니다.

이러한 상황을 보고 느끼며 부족한 능력이지만 원력을 세워 2010년 부처님의 가르침이 생생하게 남아 있는 불교 성지에 대한 「불교성지순례」라는 가이드북을 출판하였습니다.

경전과 선배 스님들의 여러 책, 한글, 영문, 빨리어 책들을 찾아보고, 인터넷으로 검색을 하고, 대중교통을 이용해서 순례를 다니면서 직접 사진을 찍고, 자료와 정보들을 모아서 책을 썼습니다. 그러나 부족한 부분이 너무나 많고 곳곳에 오류도 있어서 계속되는 아쉬움과 독자들께 미안한 마음에서 벗어나지 못하였습니다.

그래서 미천한 능력이지만 내용을 새롭게 쓰거나 수정·보완하고 새로운 유적지를 추가하여 『붓다의 향훈香薰을 따라서』라는 이름으로 인도와 네팔에 있는 불교성지순례 안내 책자를 발간하게 되었습니다.

사부대중이 이 책을 참고하여 성지를 순례하면서 부처님과 부처님 가르침에 대하여 올바른 이해를 하는 일에 조금이라도 도움이 되기를 바라는 마음으로 최선을 다했습니다.

한국불교 2000년 역사의 최초 '인도·네팔 불교성지순례 가이드북'을 다시 쓴다는 개인적인 사명감이 오래도록 두 어깨를 짓누르는 가운데 최선의 노력을 다했습니다만 아직도 부족한 점이 있을 것입니다. 기회가 닿는 다면 이 책을 증보增補해 나가면서 부족한 점을 메워 나가겠습니다.

늘 비구답게, 올바르게 살아가도록 지남指南이 되어주시는 은사 스님 定慧堂 一悟 大禪師께 온 마음을 다해 감사드립니다. 사숙이신 철오 큰스님께도 특별한 감사를 드립니다.

우연히 인도에서 만난 인연으로 출판에 도움을 주신 비구니 기현 스님, 원고를 꼼꼼히 읽고 수정과 조언을 아끼지 않으신 신미경 님과 책을 쓰도록 저에게 권유하신 안종권 님, 조현우 님께도 고마운 마음을 전합니다.

책을 정성껏 만들어 준 해조음 출판사 이철순 님과 정태화 님께도 진심으로 감사드리며, 인오선원의 모든 불자님과 인연 있는 모든 분을 비롯하여 이 책이 나오기까지 여러 가지로 도움을 주신 모든 인연 있는 분들께도 고마운 마음을 전합니다.

성지 순례 공덕으로 모든 존재가 하루빨리 모든 괴로움에서 벗어나 완전한 행복, 완전한 깨달음을 성취하여지이다.

모든 존재가 부처님의 가르침을 올바로 믿고 이해하여 실천 수행한 공덕으로 하루빨리 완전한 행복, 완전한 깨달음을 증득하여지이다.

불기 2563(2019)년 어느 맑은 날에
비구 **대연** 두 손 모음

부처님의
바른 가르침이
이 세상에
오래도록
머물기를!

책을 펴내자마자 눈에 들어오는 오류와 부족함.....

다들 그런지는 모르겠지만 글을 써서 남에게 보인다는 것은 정말 용기가 필요한 것이고, 때로는 무모한 일인 것 같습니다.

2019년 가을에 『붓다의 향훈을 따라서』라는 이름으로 1,000부를 발행했고 이제 거의 소진되었습니다. 그래서 3년 전부터 계획했던 불교 석굴 사원 6곳을 추가하고 오류를 수정·보완하여 개정증보판을 발간하게 되었습니다.

사실 석굴 사원들만 따로 책을 한 권 쓰기 위해 자료를 수집하고 사진을 찍기 위해 인도를 다녀왔습니다. 하지만 정말 방대한 불교 석굴 사원 유적들을 알게 되면서 평생을 다해 준비해도 끝을 볼 수 없을 것이라는 생각이 들었습니다.

그 이유는 인도 마하라슈트라 주에만 100곳의 불교 석굴 사원 유적지가 있고, 석굴의 숫자는 1,000개가 넘는다니 제 개인적인 능력으로는 감당할 수가 없다는 결론에 도달하게 되었습니다.

그래서 석굴 사원만 따로 책을 내는 것을 포기하고, 기존의 가이드북에 대중교통으로 접근하기 수월한 6곳의 석굴 사원을 추가하면서 오류를 수정하고 간단한 몇 가지를 추가하여 증보판을 내게 되었습니다.

원고를 다시 읽을 때마다 고치고 싶은 곳이 점점 늘어나는 것은 어쩔 수 없나 봅니다. 부족한 원고를 보며 스스로 능력 없음을 통감하며 여기서 마무리하였습니다.

눈 밝으신 독자님들에게는 부족한 부분이 많이 드러날 것입니다. 오류가 있거나 문제가 있는 책의 내용이 있다면 언제든지 연락해주십시오. 제가 운영하는 다음 카페 '인오선원'에 공지하고 수정해서 바로 잡도록 하겠습니다.

제가 출가 비구로서 살아가는 일에 늘 도움을 주시는 은사 스님과 선후배 스님들, 인오선원에서 부처님 가르침을 공부하시는 모든 불자님께 고마움을 전합니다. 이 책이 책답게 나올 때까지 수고를 아끼지 않으신 해조음 출판사에 마음으로부터의 고마움을 전합니다.

Ciraṃ tiṭṭhatu jorasiṃ sammā sambuddha sasanaṃ
부처님의 바른 가르침이 이 세상에 오래도록 머물기를!

불기 2566년 맑은 가을날에
비구 **대연** 두 손 모음

CHAPTER 3
불교대학

CHAPTER 4
석굴

CHAPTER 5
대탑과 남인도

CHAPTER 6
박물관

CHAPTER 7
동인도

CHAPTER 8
카트만두

사려 깊고 함께 할 만하며

훌륭하게 살아가는 지혜로운 벗을 만났다면

그와 함께 모든 어려움을 이겨내며

즐겁게 마음 챙기고 살아가야 하리라

-법구경 328

룸비니 Lumbini
네팔 루빤데히 Rupandehi District

개요

왕궁을 떠나 친정으로 향하던 마야 왕비는 룸비니 동산에 이르러서 산기産氣를 느끼고 무우수無憂樹 아래에서 왕자를 낳았다. 후일 인천人天의 대 스승이 되신 석가모니Sakyamuni 부처님의 탄생은 이렇게 길 위에서 이루어졌다. 길에서 태어나셔서 길에서 반열반Parinibbāna / Sk. Parinirvāṇa을 하신 부처님은 언제나 가장 낮은 곳에서부터 천상에 이르기까지 모든 존재의 행복을 위해 수고를 아끼지 않으셨다.

석가모니 부처님께서 태어나신 룸비니는 지금은 한적하고 조용한 작은 마을이다. 네팔 정부의 룸비니 개발 계획에 의해 유적지 구역과 국제사원 구역으로 나누어져 있고 순례자들이 끊이지 않는 곳이기도 하다. 꼬살라Kosala 왕국의 영향 아래에 있던 석가Sakya족의 왕국 까삘라왓투Kapilavatthu / Sk. Kapilavastu는 룸비니에서 서쪽으로 약 35km 떨어져 있다. 인도에서 주장하는 까삘라왓투는 네팔의 까삘라왓투보다 남쪽에 있으며 룸비니로부터 약

마야데위 사원(부처님 탄생지)

20km 떨어져 있다. 지금도 그리 넉넉한 곳은 아니지만 룸비니가 유적지로 개발되기 전에는 매우 궁핍한 시골 마을에 지나지 않았다고 한다.

위대한 성인, 부처님께서 태어나신 곳이지만 불교도는 그리 많지 않다. 탄생 유적지 바로 옆에 불교 사원이 있지만, 불교도들의 발길은 뜸한 편이고 순례자들의 참배도 그리 많은 것은 아니다. 룸비니 국제사원 구역이 있어서 각국의 불교 사원들이 각 나라의 개성을 잘 표현해서 사원을 지어 자리잡고 있다. 한 지역에서 다양한 나라의 불교 사원과 각국 불교를 경험할 수 있는 좋은 곳이기도 하다.

역사

룸비니 지역에 사람이 살았던 흔적은 서기전 8세기 때까지 거슬러 올라

간다. 부처님께서 탄생하셨을 때는 석가족과 부처님의 외가 종족인 꼴리야Koliya족의 공동 소유였던 것으로 보인다. 인도를 통일한 아소까 대왕(서기전 3세기)이 이곳을 방문하고 석주를 세워서 성인이 태어난 곳을 기념하고 세금을 감면하는 혜택을 베풀었다.

중국의 법현 스님(5세기)과 현장 스님(7세기)이 이곳을 방문하고 기록을 남겼다. 8세기에는 신라의 혜초 스님이 이곳을 방문하고, "사방에 도둑 떼가 있으며 맹수들이 들끓고 있으며 사람의 자취를 찾기가 힘들다"라는 기록을 남겼다.

그 후 룸비니는 사람들의 기억에서 오랫동안 사라졌다. 1896년 독일의 고고학자 휘러Dr. Anton Führer가 츄리아 언덕에서 아소까 석주를 발견하였고, 이후 발굴 작업을 통해 많은 탑과 사원 유적을 찾아냈다. 발굴 작업에 의해 드러난 사원과 유적 등을 통해 룸비니가 중요한 불교 성지인 것이 널리 알려지게 되었다.

1958년 제 4차 불교도대회 때, 네팔의 마헨드라 국왕이 방문하여 개발 성금을 기증하였다. 1967년 유엔 사무총장 우 탄트가 룸비니 개발 계획을 제시하였으며, 이어 '룸비니 개발위원회'가 발족되었다. 1978년 일본에서 열린 제 11차 불교도대회 때 1979년을 '룸비니의 해'로 지정하였다. 2002년 룸비니는 보드가야, 사르나트, 꾸시나가르와 함께 유네스코 세계 문화유산으로 등록되었다.

유적

1. 아소까 석주 Asoka Pillar

서기전 249년, 이곳을 방문한 아소까 대왕은 석주를 세워서 부처님께서 태어나신 곳을 기념하였다. 현장 스님의 기록에 의하면, 상단부에는

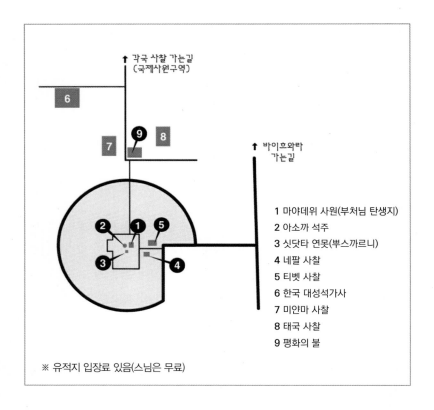

각국 사찰 가는길
(국제사원구역)

6

9
7   8

↑ 바이흐와라
   가는길

1 마야데위 사원(부처님 탄생지)
2 아소까 석주
3 싯닷타 연못(부스까르니)
4 네팔 사찰
5 티벳 사찰
6 한국 대성석가사
7 미얀마 사찰
8 태국 사찰
9 평화의 불

※ 유적지 입장료 있음(스님은 무료)

말의 형상馬像이 있었다고 기록하고 있으나 지금은 찾아볼 수 없다. 지금도 볼 수 있는 부러진 석주에는 다섯 줄의 고대 브라흐미Brahmi 문자가 새겨져 있는데 내용은 다음과 같다.

"많은 신의 사랑을 받는 '삐야다시Piyadasi'는 즉위를 한 지 20년이 지나 친히 이곳을 참배하였다. 이곳에서 붓다 사캬무니Sakyamuni께서 탄생하셨기 때문이다. 그래서 돌로 말의 형상을 만들고 돌기둥을 세우도록 하였다. 이곳에 위대한 분이 탄생했음을 경배하기 위한 것이며, 룸비니 마을은 세금을 면제하고, 추수세는 생산물의 1/8만 거둔다."

현재 남아 있는 석주의 전체 높이는 7.2m인데 3m 정도가 땅속에 묻혀 있고, 지상으로 드러난 기둥의 높이는 4.11m이다. 석주의 지름은 70cm이고, 1.2m 높이의 위치에 다섯 줄의 명문銘文이 있다. 석주의 재료는 사암이며 울타리 한쪽에 말의 형상으로 추정되는 상단부가 있다.

2. 마야데위 사원 Mayadevi Temple

아소까 석주 바로 옆에 있는 이 사원 유적은 부처님의 어머니인 마야 왕비를 모시기 위하여 조성된 것이다. 사원이 처음 세워진 시기에 대해서는 정확한 자료가 존재하지 않는다. 다만 5세기 초에 만든 것으로 추정되는 마멸된 부처님의 탄생 조각상을 본다면 훨씬 이전부터 사원이 있었을 것으로 생각된다. 탄생 조각상은 많이 마멸되어 있으나, 오른손을 들어 나뭇가지를 잡고 서서 오른쪽 옆구리로 아이를 낳는 자세와 아이를 받는 파손된 부조상을 통해 마야 왕비가 싯닷타 태자를 출산하는 탄생 장면임을 알 수 있다. 이 조각을 복원하여 만든 대리석 조각이 유적지 입구에 있는 네팔 불교 사원에 모셔져 있다.

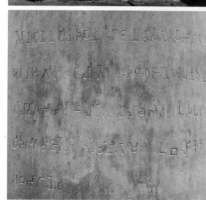

아소까 석주

이 탄생상의 바로 아래에는 석가모니 부처님의 정확한 탄생지라는 표시 Marker Stone / The Exact Birth Place of Buddha가 되어 있는데, 부처님의 정확한 탄생지라고 추정할 수 있는 고대문자가 새겨진 석판이 발견되었다고 한다.

마야데위 사원은 20세기 중반까지도 힌두 사원으로 사용되었으며, 부처님 탄생 조각상에 새겨져 있는 마야데위 왕비는 지역 주민에게 여신女神으로 숭배를 받았는데 루빠데위 또는 루미니데위라고 불린다. 1977년 이 신전이 헐리고 유적지가 발굴되었을 때 네팔 정부의 고고학부에서는 싯닷타 왕자가 태어난 정확한 위치를 발견했다고 공식 발표했다.

3. 싯닷타 연못 Puskarni

아소까 석주의 남쪽에는 '뿌스까르니'라는 연못이 있다. 싯닷타 왕자가 태어났을 때 처음으로 깨끗하게 씻은 곳이며, 마야 왕비가 몸을 씻은 곳이라고도 전해진다. 계단식으로 만들어진 이 연못에 대해 법현 스님은 "마야 왕비가 목욕한 연못은 많은 스님이 지금도 항상 그 물을 퍼마신다." 라고 기록을 남겼으며, 현장 스님은 "룸비니 숲에는 석가족들이 목욕을 하던 연못이 있다. 물은 맑아 거울 같은데 갖가지 꽃들이 다투어 피고 있다."라고 비교적 자세한 기록을 남기고 있다.

4. 기타 유적

많은 승원 유적, 봉헌탑 등이 유적지 내에 산재해 있다. 남아 있는 유적의 대부분은 구운 벽돌을 쌓아 만든 것이며, 남아 있는 유적은 2세기에서 7세기 때의 것으로 추정하고 있다.

5. 국제사원 구역

룸비니 성지의 바로 옆에 국제사원 구역이 있다. 한국을 비롯한 여러 불교 국가의 사원이 각국의 전통적 건축 양식으로 지어져 있어, 각국의 사원을 둘러보는 것도 순례의 좋은 경험이 될 것이다. 국제사원 구역 내에 박물관과 도서관도 방문할 가치가 있다.

순례 가는 길

1. 네팔에서 가는 길

카트만두에서 룸비니로 가는 가장 보편적인 방법은 두 가지인데, 비행기나 버스를 이용하는 것이다. 택시를 타고 가는 방법이 있지만, 혼자서 이용하는 경우에는 항공료보다 비싸다.

- **비행기** 카트만두 국내선 공항에서 비행기를 타고 바이라하와^{Bhairahawa} 공항까지 가서 공항에서 택시를 타고 가는 방법이 있다. 항공 운항 일정은 항시 확인해 봐야 하며, 항공권은 시내의 여행사에서 구매하면 된다. 같은 항공권이라도 여행사마다 가격이 다르므로 반드시 3곳 이상의 여행사에서 확인하는 것이 좋다.

- **버스** 카트만두 – 바이라하와

  카트만두에 있는 뉴버스파크^{New Bus Park} 터미널에서 시외버스를 타고 가는
  방법이다. 시외버스를 타면 룸비니 입구인 바이라하와에서 내릴 수 있다.
  뉴버스파크 터미널에서 06:15부터 30분 간격으로 낮 11시까지 버스가 출
  발한다. 야간 버스는 오후 5시~밤 7시 30분까지 3편의 버스가 운행된다.
  소요 시간은 8~10시간 정도이다. 두 개 회사에서 에어컨 버스를 1일 1회
  운행한다. 카트만두 외곽의 깔랑끼^{Kalangki} 지역에서 출발하며, 바이라하와
  까지 운행한다. 15인승 미니버스의 경우, 손님이 차면 출발하기 때문에 출
  발은 일정하지 않지만, 일반적으로 매일 오전에 깔랑끼 지역에서 출발한
  다. 바이라하와까지 가는 버스를 탔다면 바이라하와의 붓다촉^{Buddha Chowk}에
  서 룸비니행 버스를 타면 된다. 붓다촉에서는 '룸비니 메인게이트'로 가는
  버스와 '띨라우라꼬뜨'로 가는 버스가 있는데 어느 것을 타도 상관없이 룸
  비니로 갈 수 있다.
- 기타 도시에서는 룸비니까지 바로 가는 버스가 없어 여러 번 갈아타야 한다.
- 네팔 어디에서나 택시를 타고 룸비니까지 이동할 수 있다. 정해진 가격이
  없으므로 잘 흥정해야 한다.
- 포카라^{Pokhara}에서도 드물게 바이라하와까지 가는 버스가 있으나 반드시 사
  전 확인이 필요하다.
- 카트만두에서 룸비니로, 룸비니에서 카트만두로 가는 버스는 모두 10시간
  이상 걸린다고 생각하는 것이 좋다. 도로 사정과 버스 상태가 현재까지도
  그리 좋지는 않다.

2. 인도에서 가는 길

- 인도에서 가는 방법은 중북부 인도의 교통 중심지인 고락뿌르^{Gorakhpur}에서

버스나 합승 택시를 타고 북쪽으로 93km 떨어진 소나울리^{Sonauli}로 가야 한다. 기원정사가 있는 스라와스띠에서 룸비니로 가려면 지도상으로 가깝지만 버스 노선이 없으므로 택시를 타는 것이 가장 좋은 방법이다. 스라와스띠에서 곤다^{Gonda}로 가서 기차를 타고 고락뿌르를 거쳐서 가는 방법도 무난하다.(스라와스띠 편 참고)

- 소나울리에 있는 인도 이민국 사무소에서 출국 도장을 받고 걸어서 국경을 넘은 뒤, 네팔 이민국 사무소에서 비자를 받고 입국 신고를 한다. 인도의 이민국 사무소는 국경에서 약 400m 정도 떨어져 있다. 국경을 넘어서 약 200m를 가면 도로의 오른쪽에 보이는 네팔의 이민국 사무소가 있다. 두 곳 모두 눈에 잘 띄지 않으므로 그냥 지나치지 않도록 주의하여야 한다. (코로나 사태 이후로 많은 변화가 있다)

- 네팔 이민국 사무소를 지나 택시를 타고 바로 룸비니의 대성석가사로 가는 것이 가장 편하지만, 형편이 여의치 않다면 택시나 미니버스, 싸이클릭샤를 타고 바이라하와의 붓다촉으로 가서 룸비니행 버스를 타면 된다.

- 만약 여러 명이 함께 움직인다면 택시를 타고 룸비니, 또는 대성석가사까지 가는 것이 편하다. 네팔 이민국사무소를 나서면 언제나 여러 대의 자동차가 손님을 기다리고 있다. 흥정할 때는 인도 루피^{Rs}로 계산할 것인지, 네팔 루피^{NRs}로 계산할 것인지를 미리 정해야 한다.

3. 묵을 곳, 먹을 곳

- 룸비니 국제사원 구역 내에는 한국 사찰인 대성석가사가 있다. 아주 특별한 경우가 아니라면 미리 연락하고 가지 않더라도 언제나 숙식이 가능한 곳이다. 네팔에서 나는 채소와 기타 재료들로 만든 한국 음식이 지친 순례자에게 큰 힘이 된다. 룸비니에 도착해서 현지 사람들에게 '코리아 만디르^{Mandir}' 또

는 '코리아 템플'이라고 하면 룸비니 지역의 거의 모든 사람이 가는 길을 가
르쳐 줄 것이다. 사찰에 머무는 동안은 예의를 지켜야 하고 식사 시간을 잘
지켜야 한다. 2009년 12월부터 대성석가사의 운영 체제가 자율 보시 방식
에서 정액 보시 방식으로 바뀌었는데 3끼 공양이 포함된 금액이다. 공양 시
간이 아닌 때에 도착해서 식사하기를 원하는 경우는 사전 예약을 해야 하며
별도의 보시를 해야 한다. 보시 금액은 사무실 벽면에 공지되어 있다.

• 룸비니 유적지 지역에는 고급 호텔이 몇 곳 있다. 바이라하와 지역에는 여
러 등급의 호텔과 숙소, 식당이 있다. 경제적인 형편에 따라 머물 수 있다.

• 룸비니 유적지 지역에는 음식을 사서 먹을 수 있는 곳이 많지 않다. 물론
호텔에서 음식을 사서 먹을 수도 있지만, 사전 예약이 필요한 경우가 대부
분이다. 룸비니 유적지의 사원구역 입구에도 간단한 식사가 가능한 식당이
몇 곳 있다.

대성석가사

1995년 음력 4월 8일에 주지 법신 스님이 요사채 공사를 시작함으로써 시작된 룸비니의 대성석가사는 룸비니 국제사원 구역 내에서도 가장 눈에 띄는 웅장한 3층 높이의 대웅전(기단부 면적 1,016평)과 커다란 3층 높이의 요사채 2동(연면적 780평~1,100평)의 공사를 현재에도 진행하고 있는데, 인도・네팔의 한국 사찰 중에서 가장 큰 규모를 자랑한다. 또한, 세계 각국의 성지 순례자들에게 요사寮舍를 개방하여 많은 순례자에게 안식처가 되고 있다. 개방적이고 편안한 사원이라는 좋은 평판이 세계에 널리 퍼져 있는 한국 사찰로써 주민들과도 좋은 관계를 유지하고 있다. 현재도 공사가 진행되고 있지만, 주지 스님 이하 현지 직원들까지 친절하고 깨끗한 이미지를 잘 유지하고 있는 사원이다. ☎ 977-71-580123

보드가야 Bodhgaya

인도 비하르 Bihar 주州

개요

　건기乾期의 끝자락에 끊어질 듯 이어지는 모습을 보이는 네란자라 Nerañjarā강을 바라보고 있으면, 불현듯 고행에 지친 육신을 이끌고 네란자라 강을 지나서 보리수 아래로 향하시던 부처님의 모습이 투영透映된다. 인도의 전통적인 모든 고행을 실천해 보신 뒤, 그러한 고행으로는 깨달음에 도달할 수 없다며 고행을 버리신 부처님. 수자따가 공양 올린 유미죽을 드시고 기운을 차리신 뒤, 목숨을 걸고 그 누구도 가지 않은 새로운 길의 수행에 몰입하셔서 완전한 깨달음을 성취하시어 대자유인이 되신 부처님. 그분의 가르침을 좇아 깨달음의 여정旅程을 가는 수많은 구도자와 순례자들의 발길이 끊이지 않는 곳이 바로 보드가야이다.

　부처님께서 깨달음을 성취하신 자리에 있는 보리수를 향해 온몸을 던져 예배를 올리는 구도자, 정좌靜坐하고 깨달음을 갈구하는 수행자들의 모습이 순례자의 가슴을 깊게 울리는 곳이고, 네란자라 강변을 따라 부처님의

많은 자취가 곳곳에 남아 있는 깨달음의 성지이다. 역사의 수많은 상흔傷痕을 안고 있지만 모든 속박에서 벗어나 대자유의 세계를 향해 가는 구도자들의 발길이 끊이지 않는 보드가야의 보리수를 마주하면 시간과 공간을 초월하여 부처님의 모습을 뵙는 듯하다.

각기 다른 모습으로 각기 다른 의식을 집전하는 스님들과 불자들의 모습, 그리고 종교가 달라도 위대한 성인의 자취를 찾기 위해 멀리서 찾아온 수많은 사람들의 이야기가 보드가야의 곳곳을 채우고 있다.

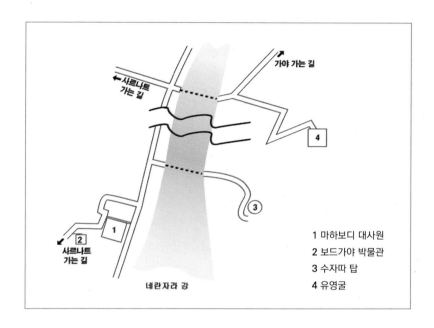

가야 가는 길

사르나트
가는 길

4

3

2
사르나트
가는 길

1

1 마하보디 대사원
2 보드가야 박물관
3 수자따 탑
4 유영굴

네란자라 강

역사

1. 초기 역사

부처님께서 깨달음을 성취하신 후, 이곳에 큰 사원이 세워졌다거나 큰 탑이 세워진 기록은 보이지 않는다. 서기전 3세기에 아소까 대왕이 부처님께서 깨달음을 성취하신 자리(금강보좌)에 사원을 건립하고 석주와 승원을 세우고 울타리를 만들었다고 한다.

서기 5세기 굽따 왕조 때에 대보리사$^{Mahabodhi\ vihara}$가 증축되고 현재의 모습을 가지게 되었다. 450년경 '사도' 왕이 부분적인 중수重修 작업을 하였다. 5세기 법현 스님과 7세기 현장 스님이 이곳을 순례하고 기록을 남겼다. 895년 '다르마팔라' 왕이 이곳에 다섯 개의 얼굴을 가진 시바^{Siva}상을 세우면서 완전히 힌두 사원으로 변하였다. 1079년 버마의 '짠시따' 왕이 불교 사원을 정비하고 무너진 곳을 수리하였다.

1157년 스리랑카의 '아소크발라' 왕에 의해 다시 중수 작업을 하였다. 1158년 이슬람의 침공으로 보드가야의 승려들이 모두 죽거나 다른 곳으로 피신하고, 세월의 흐름에 따라 홍수와 흙에 묻혀 사람들의 기억 속에서 사라져 갔다.

2. 발굴과 불교도의 품으로

1811년 버마의 '보도우파야' 왕이 이곳을 방문하였고, 1847년 인도 정부를 향해 사원을 중수해 달라는 국서를 보냄과 동시에 많은 사람과 돈을 보내 이곳을 중수하게 한다. 1811년 영국인 해밀턴이 이곳을 방문하고 손상된 유적에 대해 기록을 남겼다. 1883년 영국의 고고학자 커닝엄A. Cunningham의 발굴 작업과 동시에 1884년 인도 정부가 발굴과 재건 사업을 시작하였다.

1851년 아놀드Sir. Edwin Arnold'의 격려 속에서 스리랑카 사람인 아나가리까 다르마팔라Anagārika Dharmapala는 인도 불교 성지의 재건을 위해 대각회大覺會 Mahabodhi Society를 구성하고 인도 정부에 성지聖地 복구를 위한 허가를 요청하였다. 하지만 인도의 영국 총독부는 대사원 주변과 유적지를 모두 이 지방의 힌두교도 영주인 샤이비떼 마한따Shaivite Mahanta라는 사람에게 넘겨준다. 그 후 60년 간 법적 소송을 하여 대보리사와 일대의 유적이 불교도의 것이라는 판결을 받게 되었지만 완전히 불교도의 유적지가 된 것은 아니었다.

1953년 비하르Bihar 주정부의 법령에 따라 직권 의장인 주지사 외에 불교도와 힌두교도 4:4 동수로 구성된 '보드가야 사원 운영위원회The Bodhgaya Temple Management Committee'가 발족되어 현재까지 보드가야 성지를 유지 및 관리하고 있는데, 선거로 선출되는 주지사가 모두 힌두교인이라 불교도의 뜻

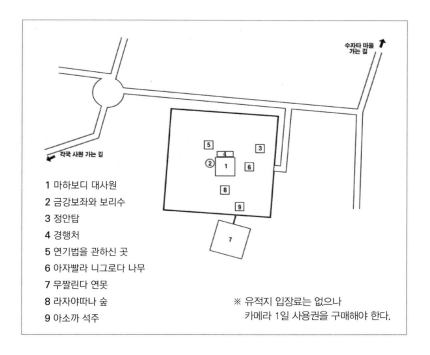

수자타 마을
가는 길

각국 사원 가는 길

1 마하보디 대사원
2 금강보좌와 보리수
3 정안탑
4 경행처
5 연기법을 관하신 곳
6 아자빨라 니그로다 나무
7 무짤린다 연못
8 라자야따나 숲
9 아소까 석주

※ 유적지 입장료는 없으나
카메라 1일 사용권을 구매해야 한다.

대로 유지·관리되지 못하는 부분이 있다고 한다. 2002년 룸비니, 사르나트, 꾸시나가르와 함께 유네스코 세계 문화유산으로 등록되었다.

유적

1. 마하보디 대사원 Mahabodhi Vihara

현재 남아 있는 유적은 법당Chaitya-griha 양식의 건축물로서 흔히 '대탑'이라고 부르지만 탑은 아니다. 법당 주변에는 스님들의 거처가 있었을 것으로 추정된다. 부처님이 깨달음을 성취하신 보리수 아래 '금강보좌'에 서기전 3세기에 아소까 대왕의 명으로 처음 탑이 건립되었다고 한다. 현재의 유적지에서 발굴된 서기 150~200년의 명패名牌plaque에 지금과 유사한 모

습의 마하보디 대사원이 조각되어 있는데,
현재의 모습은 굽따 왕조(서기 3세기 ~ 6
세기) 시대에 조성된 것으로 추정한다. 상
륜부의 모습은 현재 파키스탄 간다라 지
역의 자울리안Jaulian 탑 양식을 참고한 것으
로 연구되었다.

　마하보디 대사원의 전체적인 모습은 퀸컹스Quincunx 양식으로 일반적인
힌두교 사원의 건축 양식처럼 건물의 중앙을 가장 높게 탑 형식으로 쌓
고, 네 모퉁이에 낮은 탑 모양의 건축물을 세운 것이다. 이것은 수미산과
사주四洲를 상징하는 힌두교의 우주관을 차용借用한 것이다. 마하보디 대
사원의 기단부는 한 변이 45m인 정사각형이고, 전체 높이는 지면으로부
터 55(52?)m이며, 위로 올라갈수록 좁아지는 피라미드 모양이다. 1층은
법당으로 되어 있고 2층의 중앙 부분과 낮은 탑 2곳에도 불상과 보살상을
모신 작은 법당이 있다. 마하보디 대사원의 외벽에는 벽감壁龕이 있고 그
안에 불상 또는 보살상이 부조浮彫되어 있다.

　사원 입구에 시무외인과 여원인의 불입상佛立像이 기단보다 높은 곳에
봉안되어 있고, 내부에 모셔진 주불主佛은 항마촉지인 불상으로 13세기
때 조성된 것으로 알려져 있다. 입구를 들어서면 좌우에 계단이 있는데
계단을 통해 올라가면 수행할 수 있는 공간이 있다. 좌측 계단을 올라가
면 관음보살상, 우측 계단을 올라가면 미륵보살상이 있다.

　이 사원 주위에는 2m 높이의 석재 울타리가 있는데 분홍색 사암을 매끈
하게 다듬어서 만들었다. 원래의 난간들은 보드가야 박물관에 있고, 지금
유적지에 남아 있는 것은 근래에 콘크리트로 만든 것이다. 2013년 11월
12일, 태국 왕실과 재가 불자들이 약 300kg의 금으로 마하보디 대사원의

상륜부를 장식하는 공사를 완료하였다.

2. 보리수菩提樹

마하보디 대사원 출입구의 반대편인 서쪽에는 보리수가 있다. 보리수
의 원래 이름은 삡빨Pipal 나무이다. 부처님께서 깨달음을 성취하신 후에
'깨달음의 나무'라는 뜻으로 '보디트리Bodhi tree 또는 보트리Bo tree'라고 불리게
되었다. 특별히 이곳에 있는 보리수는 대보리수Mahabodhi tree로 불린다.

현재 보리수는 부처님 당시의 보리수로부터 4대代에 해당한다.

1대 : 부처님 당시의 보리수

2대 : 아소까 대왕은 불교로 개종하기 전에 신에게 제사를 지내기 위

해 베어 버렸다. 불교로 귀의한 뒤, 참회하면서 그루터기에 향유를 뿌리자 다시 싹이 돋아났다고 한다(혜초 스님이 순례를 할 당시에는 500보 정도의 돌담을 주위에 쌓았다고 한다.).

3대 : 아소까 대왕의 딸인 상가밋따^{Sanghamitta} 비구니가 전법사로서 스리랑카에 갈 때, 나무줄기를 잘라가서 스리랑카 아누라다뿌라의 마하위하라^{Mahavihara}(大寺)에 심다. 현재에도 살아 있는 이 나무는 심은 사람이 알려진 기록이 있는 가장 오래된 나무이다.

4대 : 12세기 이슬람이 인도를 점령할 때, 보드가야의 보리수를 뿌리까지 뽑아 멸종시켰다. 19세기에 스리랑카 아누라다뿌라의 마하위하라에 있는 그 보리수의 가지를 가져다 심은 것이 지금의 보리수이다. 현재 만약을 대비하여 마하보디 대사원 옆에서 묘목을 키우고 있다.

*1995년 우따르 프라데쉬 주수상州首相인 '마야와띠'가 한국을 방문하면서 현재 보리수의 사촌격인 묘목을 한국의 한 사찰에 기증했지만, 기후가 맞지 않아 죽고 말았다.

3. 일곱 번의 7일을 보내신 곳

부처님께서는 깨달음을 성취하신 뒤, 일곱 번의 7일을 보리수 주변에서 보내시면서 법열法悅을 누리면서 깨달음의 세계를 점검했다고 한다.

① 깨달음을 성취하신 곳 Bodhi Pallanka

보리수 아래에서 깨달음을 성취하신 부처님께서는 7일을 머무시면서 법열을 즐기시고 깨달음을 점검하셨다. 부처님께서는 꾸사Kusa라는 풀을 깔고 앉으셨는데 후대에 석재로 금강보좌金剛寶座Vajrāsana를 만들었다. 처음에 만들어진 금강보좌는 마하보디 대사원 내의 불상 아래에 있고, 현재의 것은 굽따 왕조 때 다시 만든 것으로 일부만 보리수 아래에 남아 있다.

② 정안탑靜眼塔 Animesa Locana

깨달음을 성취하신 후, 두 번째 7일 동안은 이곳에서 눈도 깜빡이지 않고 보리수를 바라보시면서 열반의 즐거움을 누리며 보내셨다.

③ 경행처經行處 Cankamana

깨달음을 성취하신 후, 세 번째 7일 동안은 깨달음을 성취하신 보리수 옆에서 경행經行을 하시면서 보내셨다.

④ 연기법을 관하신 곳 Ratanaghara, 진리의 보배로 가득한 세계

깨달음을 성취하신 후, 네 번째 7일 동안 이곳에서 연기법을 순順으로, 역逆으로 관하시며 보내셨다. 이때 부처님의 몸에서 다섯 가지 광명이 솟아났다고 한다. 이 다섯 가지 광명의 색깔은 현재 불교를 상징하는 불교기佛敎旗로 사용하고 있다. 실제 위치는 수자따 집터에서 동쪽 방향의 숲이었을 것으로 추정하고 있다.

⑤ 아자빨라 니그로다 나무 Ajapala Nigrodha Tree (반얀나무, 용화수)

깨달음을 성취하신 후, 다섯 번째 7일 동안 부처님께서 이곳에 있던 니그로다 나무 아래에서 선정에 들어 보내셨는데, 이때 한 브라만이 다가와서 자신이 성스러운 계급임을 자랑하였다. 부처님께서 성스러움은 출생에 의한 것이 아니라 행동에 의한 것이라 말씀하시자, 그 브라만은 콧방귀를 뀌

며 떠났다. 실제 위치는 수자따 집터에서 남쪽 방향의 숲이었을 것으로 추
정하고 있다.

⑥ 무짤린다 연못 Mucalinda / Muchalinda Lake

깨달음을 성취하신 후, 여섯 번째 7일 동안 부처님께서 선정에 들어계
실 때, 폭풍우가 몰려오자 뱀신의 왕蛇神王^{Naga}(한문 경전에서는 용왕龍王
으로 번역)인 무짤린다가 자신의 몸으로 부처님을 일곱 번 감고 머리를
펴서 보호해 드렸다는 곳이다. 실제 위치는 아래에 자세히 설명하였다.

⑦ 라자야따나 숲 Rajayatana Forest

깨달음을 성취하신 후, 일곱 번째 7일 동안 부처님께서 이곳 라자야따
나 숲에서 선정에 드셔서 지내고 계실 때, 대상隊商의 우두머리인 따뿟사
$^{Tapussa / Tapassu}$와 발리까$^{Bhallika / Bliallika}$라는 상인들이 부처님께 꿀과 떡을 공양
올리며 이귀의二歸依(부처님과 가르침)를 하였다. 발우가 없으셨던 부처
님께 사천왕이 각각 1개의 발우를 올리자, 부처님께서는 4개의 발우를 하
나로 만들어서 이들의 공양을 받았다. 실제 위치는 마하보디 대사원의 남

서쪽에 있는 숲이었을 것으로 추정하고 있다.

4. 아소까 석주Asoka Pillar

상단부가 사라진 석주의 일부만이 남아서 성지를 지키고 있다. 아소까 대왕은 두 번에 걸쳐 이곳을 순례했다고 하는데 석주를 세워서 부처님의 성지를 기념하였다. 법현 스님, 현장 스님이 순례한 기록에는 석주가 없는 것으로 되어 있다. 아마도 당시에는 석주가 파괴되었거나 부러져 땅에 묻혔던 것으로 보인다. 서기전 2세기 경에 만들어진 '바르후트'의 난간 기둥에는 이곳의 보리수와 북동쪽에 있는 아소까 석주와 상단의 코끼리상이 분명하게 묘사가 되어 있다.

5. 주변 유적

① 수자따 탑

수자따Sujata는 네란자라Nerañjarā尼連禪河(현재 이름은 팔구Phalgu) 강의 강변 마을 촌장의 딸이다. 부처님께서 성도 직전에 무의미한 고행을 버리고 아무도 가지 않은 길을 찾아 새로운 수행을 시작할 때, 수자따의 유미죽乳米粥 공양을 드시고 기력을 회복하셨다. 후대에 수자따의 집터에 탑을 세워 부처님께 최초로 공양 올린 공덕을 기렸다.

② 유미죽 공양처

수자따 탑에서 동남쪽으로 약 500m가 떨어진 곳에 수자따 사원이 있는데 부처님께 유미죽을 공양 올린 자리라고 전한다. 유미죽 공양처의 북동쪽 100m 지점에 둔덕이 하나 있는데 아소까 탑이라고 전해지는 탑 유적이다. 자세히 살펴보면 탑을 쌓았던 벽돌들을 확인할 수 있다.

③ 무짤린다 연못 Mucalinda / Muchalinda Lake

마하보디 대사원에서 네란자라 강을 따라 남쪽으로 약 2km가 떨어진 모차림Mocharim 마을에 무짤린다 연못이 있다. 현장 스님의 기록과 일치하는 곳이다. 이곳에서 무짤린다(나가Nāga)가 부처님을 폭풍우로부터 보호했다는 곳이다. 새로이 성역화 작업을 했다.

④ 샤끄라 연못 Śakra

부처님께서 사르나트의 녹야원으로 떠나시기 전에 목욕하신 곳이라고
전한다. 지금 볼 수 있는 무짤린다 연못의 근처에 있었다고 한다.

⑤ 전정각산前正覺山 Prag Bodhigiri과 유영굴遺影窟

마하보디 대사원에서 네란자라 강을 건너 동북쪽에 있는 나지막한 산
Dungeshwari Hill으로, 깨달음을 성취하시기 전에 머무셨던 산이라고 하여 전정
각산이라고 한다. 이곳에 부처님께서 고행하시는 동안 머무셨던 곳이라
는 동굴이 있다.

전설에는 이곳의 토지신土地神이 이곳은 깨달음을 성취하실 성인이 머
무실 곳이 아니라고 하며, 네란자라 강 건너로 자리를 옮겨 깨달음을 성
취하시라고 권청勸請했다고 한다. 자리를 옮기시는 부처님께 부처님의 그
림자를 남겨 달라고 요청했으며, 그 요청에 따라 부처님께서 그림자를 남
겨 두고 떠나셨다고 전해져서 유영굴이라는 이름이 생겼다.

⑥ 보드가야 박물관

마하보디 대사원을 발굴하는 과정에서 나온 유물들을 전시하고 있다.
마하보디 대사원에 원래 있던 난간과 난간 석주, 이곳에서 발굴된 불보
살상들을 비롯해 힌두 신상들도 전시되어 있다. 전시된 유물이 많지 않은

소박한 박물관이지만 한 번 들러볼 만하다.

⑦ 계족산鷄足山 Kukkutapāda Giri

현장 스님의 기록에는 마하깟사빠 존자께서 석가모니 부처님의 명을 받들어 다음 세상의 부처님인 미륵 부처님[Metteyya / Sk. Maitreya]께 가사와 발우를 전하기 위해 선정에 들어 있는 산이라고 전해지는 곳이다. 가야역에서 동남쪽으로 약 50km가 떨어진 곳에 있는 산이다.

⑧ 우루웰라 사원 Uruvela Temple

불을 섬기던 가섭 3형제[Uruvela-Kassapa, Nadī-Kassapa, Gayā-Kassapa]를 제도하신 곳이라고 전해지는 곳에 있는 작은 사원이다. 수자따 탑에서 남동쪽으로 500여m 떨어져 있다.

⑨ 상두산象頭山 Gayasisa / Sk. Gayāśirṣa, Brahmayoni hill

보드가야의 북쪽 약 9km에 있는 나지막한 산이다. 산 정상에 통신 안테나가 있어서 확인하기 쉬운데 유영굴에서 바라보면 잘 보인다. 부처님께서 우루웰라 가섭 3형제를 제도하시고, 상두산에서 연기가 피어오르는 것을 보시면서 '모든 것이 불타고 있다'는 유명한 불의 설법을 하셨다.

⑩ 국제사원 구역

마하보디 대사원에서 서쪽과 북쪽으로 각국의 사원들이 들어서 있다. 티베트 사원이 가장 많고, 일본, 대만, 부탄, 태국, 미얀마, 방글라데시, 베트남, 스리랑카 사원들이 들어서 있다. 특히 부탄 사원의 벽화와 단청은 한국의 단청 색깔과 비슷한 점이 많아 친근감을 주는데, 법당의 벽에는 부처님의 일대기가 부조浮彫 형식으로 조성되어 있다. 국제사원 구역을 둘러봄으로써 각국의 사원 양식이나 스님들의 생활 모습을 엿볼 수 있다.

⑪ **바라바르 석굴 Barabar Caves**

서기전 3세기에 불교 스님들께 양도된 사원 석굴. 서기전 3세기 이전에 만들어진 석굴로서 아소까 왕의 명령으로 외도 수행자들의 석굴에서 불교 스님들을 위한 석굴로 바뀐 곳이다. 석굴 내부에 고대 문자로 그 내용이 적혀 있다. 석굴 내부에 초기불교 형태의 불탑이 있고 벽면은 거울 같은 광택을 가지고 있다. 가야에서 빠뜨나로 가는 길에 있는 석굴이며, 초기 불탑과 석굴에 관심이 있다면 꼭 방문할 가치가 있다.

순례 가는 길

1. 드나드는 길

• 가야에는 국제공항이 있어, 일반적으로 성지 순례 시즌에만 운행하는 항공편인 방콕발 비행기(타이항공)를 이용하거나, 뉴델리에서 국내선으로 가야 공항에 편하게 도착할 수 있다. 공항에서 보드가야까지는 택시를 이용해야 한다.

• 보드가야를 가기 위해서는 가야^{Gaya}역을 이용하는 것이 가장 좋다. 가야역은 뉴델리와 꼴까따를 연결하는 중요 기차 노선에 있는 역으로 뉴델

리에서 출발하는 많은 기차(No.12398, 14:10-05:50, No.12382 / No.12802 등등)가 지나가는 곳이다. 정차하는 역의 숫자가 적고 끼니마다 식사를 제공하는 '라즈다니Rajdhani Express'라는 열차도 여러 편이 정차하는 곳이므로 기차를 이용하기에는 불편이 없는 곳이다.

- 가야역 앞에는 택시와 오토릭샤가 많이 있으므로 보드가야까지 이용할 수 있다. 역 광장의 남쪽에는 손님이 차면 출발하는 합승템포가 있으므로 이용할 수 있다. 합승템포는 보드가야의 미얀마 사원 앞까지 운행한다. 가야역의 남쪽에 있는 버스 정류장Gandhi Maidan Bus stand에서 보드가야까지 가는 버스를 이용할 수 있다. 이 버스도 역시 미얀마 사원 앞까지만 운행한다. 배차 간격이 워낙 길어서 권하기는 어렵다.

- 보드가야 유적지와 국제사원 구역은 걸어 다닐 수 있는 거리에 있으나, 필요하다면 전기차, 전동차, 싸이클릭샤, 드물게는 통가 등 다양한 이동 수단을 이용할 수 있다.

- 보드가야의 여행사에서는 기차표 구매를 대행해 준다. 다음 순례지로 가기 위한 기차표를 가야까지 가지 않고도 약간의 수수료를 주고 구매할 수 있다. 가끔 바라나시로 가는 버스를 운행하기도 하므로 확인해서 이용할 수도 있다.

2. 묵을 곳, 먹을 곳

- 보드가야 지역에는 다양한 등급의 많은 숙소가 있어서 경제적인 형편에 따라 선택해서 머물 수가 있다. 유적지에 가까울수록 비싸다. 순례자와 여행자가 가장 많은 11월에서 1월까지는 좋은 숙소를 찾으려면 많은 어려움이 있고 가격도 많이 상승하므로 순례를 하기 전에 염두에 두고 계획을 짜야 한다.

- 마하보디 소사이어티(대각회), 티베트, 대만, 부탄, 방글라데시, 미얀마 등의 사원에서 머물 수도 있다. 웬만한 사원들은 순례자를 위한 숙소를 개방하고 있다. 인기가 있는 마하보디 소사이어티^{Maha Bodhi Society of India}, 티베트 사원^{Sakya Tibetan monastery}(Tel. 0631-2200722), The root institute for wisdom culture의 경우에는 예약이 필요하다. 이들 사원에서 머무는 경우, 각 사원이 정해 놓은 기본 규정을 잘 지켜야 한다. 거의 모든 순례자 숙소는 숙소를 사용하는 금액을 정해 놓고 있으므로 머물 날짜만큼 미리 계산하고 머무는 것이 일반적이다. 사원에 따라 떠날 때 계산을 하기도 한다. 장기 체류를 하려면 반드시 예약을 확인하고 오는 것이 좋다. 특히 많은 순례자가 몰리는 12월과 1월에는 숙소가 부족할 정도로 많은 순례자가 방문하므로 장기 체류를 하려면 반드시 예약을 확인해야 한다.

  몇몇 한국 스님들이 한국 사찰을 짓기 위해 노력을 하고 있으며, 작은 도량을 마련하고 있지만, 편히 머물 곳은 아직 없다.

- 거의 모든 고급 호텔은 자체 식당이 딸려 있다. 예약한다면 호텔 숙박객이 아니더라도 얼마든지 이용할 수 있다. 또한, 티베트 식당이 곳곳에 있어서 모모(만두), 텐뚝(수제비), 툭빠(칼국수)와 같은 한국인에게 친숙한 음식을 즐길 수 있다. 근래에는 태국 식당도 생겨서 몇 가지 태국 음식을 맛볼 수도 있다. 곳곳에 있는 인도 식당에서도 국적 불명의 맛이기는 하지만 다양한 나라의 음식을 먹을 수 있으므로 아주 까다로운 사람이 아니라면 먹는 문제로 괴로울 일은 거의 없다.

- 유적지 입구에는 시장과 상점이 있어서 과일이나 채소를 사서 먹을 수 있고, 식빵, 우유, 버터와 잼 등을 필요에 따라 이용할 수 있다.

불교기佛敎旗

1950년 세계 불교도 우의회(WFB: World Fellowship of Buddhists)가 주최하여 스리랑카에서 열린 세계불교도대회에서 정식 승인하여 현재 모든 불교 국가와 불교 단체에서 사용하고 있다. 가로와 세로의 비율이 3:2이며 바탕은 다섯 가지의 색(청, 황, 적, 백, 주황)으로 되어 있다. 세로로 그은 선은 부처님의 가르침을 나타내고, 가로로 그은 다섯 줄의 선은 유일한 진리인 부처님의 가르침이 '영원불멸하다'는 뜻을 나타내고 있다.

① 청색 : 마음을 흩트리지 않고 부처님의 법을 구하는 정근正勤, 또는 자애慈愛
Loving kindness

② 황색 : 찬란한 부처님 몸의 빛과 같이 변하지 않는 결의決意, 또는 중도中道
Middle path

③ 적색 : 항상 쉬지 않고 수행에 힘쓰는 정진精進, 또는 지계持戒와 덕행德行
Virtue and Dignity

④ 백색 : 깨끗한 마음으로 온갖 번뇌를 벗어나는 청정淸淨과 자유自由
Purity and Liberation

⑤ 주황색 : 수치스러움과 그릇된 길의 유혹으로부터 잘 견디어 이기는 인욕忍辱,
또는 완전한 지혜智慧 Full of Wisdom

*수행자였던 보살 고따마는 초저녁(오후 6시~밤 10시)에 과거 생生을 기억하는 지혜(宿命智)pubbenivāsānussatiñāṇa를 성취하였다. 한밤중(밤 10시~새벽 2시)에 온갖 형태의 중생이 각기 지은 업에 따라 좋은 상태로 또는 나쁜 상태로 태어나고 죽는 것을 아는 지혜(死生智)cuti-upapātañāṇa를 성취하였다. 그리고 '이것이 고苦다. 이것이 고의 일어남(集)이다. 이것이 고의 멸滅이다. 이것이 고의 멸에 이르는 길(道)이

다(四聖諦).'라고 완전히 파악하였다. 그는 여실히 깨달았다. '이것이 번뇌다. 이것이 번뇌의 일어남이다. 이것이 번뇌의 멸이다. 이것이 번뇌의 멸에 이르는 길이다.' 이렇게 알고 이렇게 보았을 때, 그의 마음은 번뇌로부터 해탈하였다. 그 번뇌란 감각적 쾌락의 번뇌(欲漏)^{kāmāsava}, 존재하려는 욕망의 번뇌(有漏)^{bhavāsava}, 무지의 번뇌(無明漏)^{avijāsava}의 세 가지 번뇌였다. 그의 마음이 해탈했을 때 해탈했음을 아는 지혜(解脫知見)가 생겼다. 이렇게 새벽녘(새벽 2시~6시)에 번뇌를 소멸시키는 지혜(漏盡智)$^{āsava-kkhayañāṇa}$를 성취하였다.

이러한 과정으로 세 가지 지혜(三明)를 성취하고 모든 번뇌로부터 벗어났다. 보살 고따마는 다음과 같은 승리의 게송으로 깨달은 자^{Buddha}가 되었음을 선언하였다.

'집個體 짓는 이'를 찾아내려고, 그러나 찾지 못한 채
수많은 태어남의 윤회 속을 줄곧 서둘러 왔었네.
태어남은 언제나 실로 괴로운 것.
오, 집 짓는 이여, 드디어 너를 찾아냈도다.
너는 다시는 집 짓지 못하리.
너의 모든 서까래는 부서지고 마룻대上梁 또한 부러졌도다.
이제 내 마음은 형성되어지지 않은 것(열반)을 이루었네.
온갖 갈애 다 끝내어 버렸네.   – 〈부처님 그분〉 고요한 소리 刊

*우빠까라는 외도 수행자가 보드가야를 떠나 녹야원으로 첫 설법을 하러 가시는 부처님을 길에서 뵙고 거룩하신 모습에 감동하여 물었다.
"당신의 스승은 누구십니까? 당신은 어느 분의 가르침을 따르고 있습니까?"
그때 부처님께서 게송으로 대답하셨다.

"나에겐 스승이 없고
지상에도 천상에도 나와 동등한 존재는 없도다.
나는 비길 데 없는 스승이며, 아라한이며

나 혼자만이 가장 높이 깨달았도다.

모든 번뇌의 불을 끄고, 열반의 고요를 이루었도다.

나는 법의 바퀴(法輪)를 굴리러 까시의 도성 바라나시로 가노라.

무지가 군림하고 있는 이 세상에서 나는 불사不死의 북을 울릴 것이니라."

– 天上天下唯我獨尊 三界皆苦吾當安之 –

우빠까는 부처님을 인정하지 않고 빈정거리며 떠나갔다.

〈부처님 그분〉 고요한 소리 刊

*매년 12월 보드가야에서 열리는 국제경전독송법회International Tipitaka chanting ceremony에 참석하거나(단체로 순례 중이라면 참관도 좋음), 보통 격년 주기로 12월이나 1월에 열리는 달라이라마 법회에 참석해 보는 것도 좋은 경험이 될 수 있다. 다만, 이때가 되면 보드가야는 세계 곳곳에서 몰려온 사람들로 넘쳐나게 된다. 조금 괜찮은 호텔과 게스트하우스, 순례자 숙소는 보통 몇 달 전에 예약이 끝나서 빈방을 구할 수가 없고, 연말연시도 마찬가지이다. 단체 성지순례를 계획한다면, 가능한 한 이 시기를 피하는 것이 좋을 것이다.

*2013년 7월 7일에 발생한 마하보디 대사원의 폭탄 테러 사건 이후부터 모든 휴대용 무선 전화기를 소지하고 입장하지 못한다. 금속 탐지기와 X-ray 검사, 손으로 하는 신체검사를 출입할 때마다 받아야 한다. 또한, 신발을 신고 경내에 들어갈 수 없으며 입구에는 신발을 보관하는 곳이 있다. 단, 사원의 외곽은 신발을 신고 다닐 수 있다.

*마하보디 대사원은 입장료가 없다. 일반 카메라를 가지고 가는 것은 허용되지만, 사진 촬영을 하려면 입구에서 매일 1일 카메라 사용권을 구매해야 한다.

사르나트 Sarnath

인도 웃따르 쁘라데쉬 Uttar Pradesh 주州

개요

녹야원鹿野苑Migadāya / Sk. Mrigadava으로 더 잘 알려진 사르나트는 '선인仙人들의 땅'이라는 뜻의 이시빠따나Isipatana라는 이름도 가지고 있으며, 힌두교의 성지로 유명한 바라나시에서 북쪽으로 약 11km 떨어져 있다.

고행을 그만두신 부처님께 실망하여 보드가야를 떠나 이곳에서 무의미한 고행을 이어 가던 다섯 수행자는 230여 km를 걸어서 이곳에 도착하신 부처님을 맞이하고서도 부처님께서 깨달음을 성취하셨다는 사실을 인정하지 않으려고 했다. 당시의 수행 풍토와 자신들의 관점에서 벗어나지 못한 다섯 수행자는 '고행을 버리고 어떻게 깨달음을 성취할 수 있겠는가'라고 생각하면서 부처님을 인정하지 않았다. 부처님은 간곡한 말씀으로 그들의 이해를 이끌어 내셨고, 마음을 연 그들에게 아사다Ashadha / Aashaadha 달月의 환한 보름달 아래에서 첫 설법을 하셨다.

녹야원에서 그러한 부처님의 모습을 그려 보는 일은 언제나 즐겁고 환

희롭다. 그로부터 2600여 년이 지난 지금까지 단 한 번의 종교 전쟁 없이, 다른 종교를 핍박하지 않고, 전 세계에 퍼져 나간 불교는 수많은 사람의 행복을 위한 지남指南이 되고 있다. 부처님의 가르침이 세상에 처음 펼쳐진 녹야원은 불탑과 사원 유적, 그리고 많은 사원이 자리 잡고 있어서 항상 순례자들로 붐비는 곳이다. 사르나트의 녹야원은 지금도 그 명성을 이어 가고자 유적지 한쪽에 울타리를 치고 사슴을 방목하고 있다.

바라나시는 부처님 당시에 까시Kasi 왕국의 수도首都였고, 까시의 비단은 경전에도 기록이 되어 있을 만큼 유명하였다. 지금도 바라나시의 비단은 인도에서 명품으로 알려져 있다. 까시 왕국은 부처님께서 살아 계실 때, 강대국이었던 꼬살라 왕국에 통합되었다.

역사

1. 초기 역사

부처님께서 깨달음을 성취하신 후, 누구에게 법을 설할 것인가를 천안으로 살펴보시다가, 그때까지 무용無用한 고행을 계속하고 있는 다섯 수행자에게 위없는 깨달음의 진리를 설법할 것을 결정하셨다. 이곳에서 꼰단냐를 비롯한 다섯 수행자에게 최초로 사성제와 팔정도의 가르침을 설說하셔서 그들을 제도하신다. 이것이 부처님의 첫 설법이라고 하는 초전법륜初轉法輪이다. 초전법륜 이후, 이곳에 사원이 세워진 것으로 보인다.

아소까 대왕이 이곳을 방문하고 석주를 세웠는데, 지금은 부러져서 유적지의 한 곳에 자리 잡고 있다. 이 석주에는 아소까의 칙령Asoka's edict이 새겨져 있다. 이때 이미 많은 승원이 있었음이 연구 결과로 밝혀졌다. 또한 숭가Sunga(서기전 185~73) 왕조 때의 유물도 발굴되었다. 꾸샨Kushan(서기 60~240) 왕조 때에는 예술의 중심지가 되었는데 이때 조성된 사암Sandstone으로 만든 불상들은 정교하고 아름다운 모습을 가지고 있다. 굽따Gupta 시대에도 불교가 계속 번성했으며, 아름다운 조각과 많은 사원이 만들어졌다. 이후 1033년에 이슬람 왕조의 아흐메드 니알트킨Ahmed Nialtekin에 의해 파괴가 자행될 때까지 이러한 상태가 유지되었다.

1194년 이슬람 노예 왕조의 '꾸뚜붓딘 아이박Kutubuddin Aibak / Qutb-ud-din Aibak'의 침공으로 사르나트는 황폐화가 되었다.

2. 근대 역사와 발굴

1794년 바라나시 지역의 지방 장관인 '쟈갓 싱'이 '다르마라지카' 탑을 훼손하고 헐어서 석재石材와 벽돌을 채취하였다. 후에 J. 던컨Jonathan Duncan이 부처님의 사리탑인 것을 밝혀냈다. 영국인 맥켄지 대령Col. C. Mackenzie

이 최초 발굴을 하였고, 1835~36년에 커닝엄A. Cunningham에 의한 유적 전체에 대해 발굴 작업이 이루어졌다. 그 후 1851~52년 키토에Major. Kittoe, 1907년 마샬Sir. J. Marshall, 1914~15년 하그리브스H. Hargreaves, 1927~32년 사흐니Daya Ram Sahni 등에 의해 발굴되어 현재의 모습으로 복원되었다.

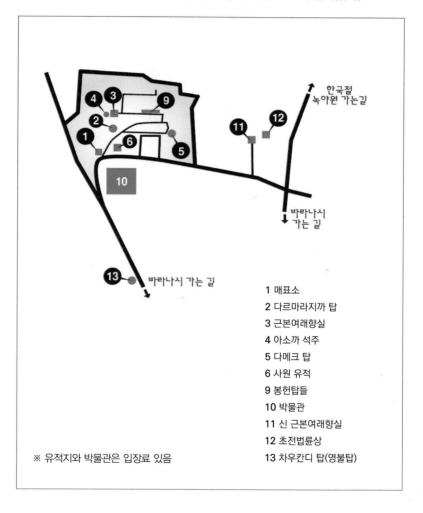

1 매표소
2 다르마라지까 탑
3 근본여래향실
4 아소까 석주
5 다메크 탑
6 사원 유적
9 봉헌탑들
10 박물관
11 신 근본여래향실
12 초전법륜상
13 차우칸디 탑(영불탑)

※ 유적지와 박물관은 입장료 있음

유적

1. 녹야원 유적지

① 다르마라지까 탑 Dharmarajika Stupa

입장권을 구매해서 정문을 들어가면
제일 먼저 만나는 큰 유적은 '진리의
왕'이란 뜻을 가진 다르마라지까 탑이
다. 현재 이 탑은 기단부만 남아 있다.
이 탑은 초전법륜탑인 다메크 탑보다

더 컸을 것으로 추정하고 있다. 벽돌로 이루어진 다르마라지까 탑의 기단
부 지름은 31.5m로 원형이 많이 남아 있는 다메크 탑(28.5m)보다 크다.

영국 식민지 시절인 1794년에 바라나시 지역의 지방 장관인 쟈갓 싱Jagat
Singh이라는 사람이 자신의 저택을 짓기 위하여 부처님 사리탑인 다르마라
지까 탑을 헐어 석재와 벽돌을 채취하던 중에 알 수 없는 고대 문자가 새
겨진 상자를 발견하였다. 쟈갓 싱은 상자에 쓰인 문자를 해독하지는 못하
였으나, 사리함과 안에 들어있던 대리석으로 만든 사리호舍利壺(사리병)
에는 관심이 있어서 사리병에 담긴 내용물은 갠지스 강에 버리고 사리함
과 사리병을 보관하였다.

1798년 J. 던컨이라는 사람이 이러한 사실을 알고 세상에 널리 알림으
로써 세상 사람들의 주목을 받게 되었다. 조사와 연구 끝에 그것이 부처
님의 사리함과 사리병이며, 갠지스 강에 버린 내용물이 부처님의 진신사
리Sarira라는 것을 알게 되었지만, 부처님의 사리를 찾을 길은 없게 되었다.

② 근본여래향실根本如來香室 Mul-Gandhakuti

녹야원의 간다꾸띠를 물간다꾸띠, 즉 근본여래향실이라고 한다. 부처

님께서 첫 안거安居^{Vassa / Sk.Varṣa}를 보내 신 곳에 세워진 부처님의 거처이다. 오 랫동안 허물어지고 그 위에 덧붙여 지 어서 원래의 모양을 추정하기는 어렵 다. 입구에서 다르마라지까 탑을 지나

면 있다. 기둥과 벽에 많은 금박을 붙여 놓아서 쉽게 분간할 수 있으며, 영어와 힌디어로 된 안내판도 있다. 동남아의 불자들이 금박을 붙여 놓아 서 순례자들이 많이 오는 계절이 되면 항상 금빛으로 번쩍인다. 건물 주 위를 돌아보면 산치 대탑의 양식과 같은 난간^{railing}과 짐승의 머리 조각들 을 볼 수 있다.

③ 아소까 석주 Asoka Pillar

불교 성지마다 아소까 대왕이 세워 놓았다는 석주가 이곳에서도 중간이 부러져 여러 조각이 된 모습으로 근본 여래향실의 뒤쪽에 자리하고 있다. 원 래 높이가 15.4m였던 이 아소까 석주

에는 아소까 칙령이 각인되어 있는데, 승가의 화합을 강조한 것이 특징이 라고 할 수 있다.

석주에는 "아소까 대왕이 재위 20년 되는 해에 이곳을 방문하고, 부처 님께서 다섯 비구에게 첫 설법을 하신 것을 기념하여 탑을 세웠다. …(중 략)… 그 누구도 승단의 분열을 일으키지 말아야 하며, 승단의 분열을 일 으킨 사람은 흰옷을 입혀서 승단에서 축출한다."라는 글이 남아 있다.

아소까 석주의 상단부를 장식하고 있던 네 마리의 사자상은 1950년 1

월 인도의 국가 문장紋章으로 지정되었다. 이 네 마리의 사자상은 유적지 입구에 있는 인도 고고학 박물관에 전시되어 있다.

④ 다메크 탑 Dhamekh Stupa

부처님께서 다섯 비구에게 처음으로 법을 설한 장소를 기념하기 위하여 아소까 대왕이 '다르마 차크라 스투파 Dharma Chakra Stupa'라고 불리는 이 탑을 세웠다. '진리를 굴린다'는 뜻을 가졌는데 줄여서 '다메크 탑'이라고 한다. 기단부는 직경 28.5m, 높이는 34m(원형原形 추정 높이 43.6m)의 거대한 탑이다. 아소까 대왕이 처음 탑을 쌓을 때는 작은 규모였으나, 굽따 왕조 때에 지금의 모습으로 증축이 되었고, 외벽의 감실과 장식 무늬가 들어갔다고 한다. 탑의 중간에 모두 8개의 감실龕室이 있는데 불상을 모셨던 것으로 추정하고 있다.

탑의 몸체에 남아 있는 아름다운 꽃 장식과 기하학적인 다양한 무늬가 얼마나 대단한 탑이었던가를 말해 주고 있다. 한국에서 '만卍'자라고 하는 길상의 표시Svastika / Sk. Svástika가 여러 가지 변형된 모습으로 탑신塔身을 장식하고 있다. 소원을 들어주는 나무를 비롯하여 여러 가지 꽃들과 짐승들도 새겨져 있다.

1835년 A.커닝엄이 탑의 중심부를 해체 작업하던 중에 정상으로부터 91.4cm 아래의 지점에서 브라흐미 문자Brahmi script로 법신게法身偈가 새겨진 둥근 석판石板을 발견하였다. 6~7세기경에 만들어진 석판이라고 추정하고 있다. 이 법신게는 부처님께서 초전법륜을 설하셨을 때, 다섯 비구중의 한 분인 앗사지 존자가 왕사성(라즈기르)에서 사리뿟따 존자에게 설한 게송과 같다.

YE DHAMMĀ HETUPPAHAVA   TESAM HATUM TATHĀGATO ĀHA

TESAM CA YO NIRODHO   EVAM VĀDI MAHĀ SAMANO

원인에서 발생하는 모든 것 (諸法從緣生)

그것에 관해 여래께서 원인을 말씀하셨네. (如來說是因)

그것의 소멸에 대해서도 설명하셨나니 (是法從緣滅)

이것이 대사문(부처님)의 가르침이라네. (是大沙門說)

⑤ 사슴동산鹿野苑 Migadāya

사슴동산의 다른 이름은 선인仙人들이 사는 곳, 또는 도착한 곳이라는 뜻의 이시빠따나sipatana라고 하는데 히말라야의 성자isi들이 이곳에 내렸다가nipatati 올라갔다uppatati고 해서 그렇게 불린다. 사슴동산의 명맥을 이어 가듯 초전법륜 성지의 바로 옆에는 울타리를 쳐 놓고 사슴을 키우고 있다.

부처님의 전생前生 시절에 사슴의 왕으로 태어나셔서 이곳에서 사슴 고기를 좋아하던 왕을 교화시킨 적이 있었다. 그러한 연유로 이곳의 이름이 사슴동산이 되었다고도 한다. 부처님 당시에 여러 나라에서 사슴miga들이 두려움 없이 머물 수 있는 공간abhayattha을 만들었는데 그것을 녹야원이라 했다고 한다. 그래서 초기 경전에는 인도의 여러 곳에 녹야원이 있었던 것으로 기록되어 있다.

⑥ 승원, 탑 유적

입구를 비롯하여 여러 곳에 승원 유적이 있다. 스님들의 숙소, 법회나 모임을 할 수 있는 공간, 우물 등이 승원

유적을 이루고 있다. 아름다운 조각을 가진 기둥이 남아 있는 곳도 있다. 다메크 탑에서 물간다꾸띠에 이르는 길에는 크기와 모양이 다양한 많은 봉헌탑이 있다.

2. 차우칸디 탑 Chaukhandi Stupa, 迎佛塔

부처님께서 다섯 수행자와 처음 만난 자리에 세워진 탑이다. 녹야원 유적지에서 남쪽으로 600m 지점에 있다. 원형은 인도 전통 탑 양식인데, 그 위에 팔각형의 3층 건물을 전망대처럼 세워 놓았다. 내부를 통해 정상에 올라가면 사르나트가 한눈에 보인다.

이 팔각형의 건물은 1588년 무굴 제국Mughul Empire의 아크바르Akbar 황제가 만든 것으로 황제의 아버지 후마윤이 쉐르샤에게 쫓겨 다닐 때, 맘타라는 비구니의 도움으로 이곳에 몸을 숨겨서 목숨을 건졌다. 나중에 황제가 되었는데 이를 기념하기 위하여 세운 것이다.

그 당시 인도에는 불교가 쇠락하여 거의 자취가 없던 때라서 불탑을 무시하고 위에 팔각 건물을 세운 것이다. 나중에 발굴을 통해서 이 건물의 하단부가 '영불탑迎佛塔(차우칸디)'이라는 것을 알게 되었지만, 인도의 미묘한 종교적 갈등 때문에 그냥 그대로 보존하고 있다.

3. 사르나트 고고학 박물관 Sarnath Museum

굽따 시대의 아름다운 초전법륜상이 전시되고 있다. 분홍색 사암sandstone으로 조성된 이 불상은 인도 불상 예술의 백미白眉라고 일컬어질 만큼 빼어난 아름다움을 가지고 있다. 설법인說法印을 하고 계신 부처님의 하단에는 다섯 비구와 이 불상을 조성하는 데 공덕을 지은 왕족의 모녀가 조각되어 있다.

박물관 입구 중앙에 전시된 네 마리 사자상은 세상의 축을 상징하는 아소까 석주의 기둥머리 장식(柱頭)으로, 네 방위를 상징하는 네 마리 사자가 등을 마주하고 서 있다. 이 사자 장식 위에는 24개의 살을 가진 바퀴인 법륜이 장식되어 있었지만, 일부만 전시실 벽면에 남아 있다. 네 마리 사자 장식의 아래 둥근 석판에는 네 가지 동물 - 코끼리(힘), 소(농사), 말(속도), 사자(자연의 질서) - 과 네 개의 수레바퀴가 시계 방향으로 움직이듯 조각되어 있으며, 그 아래에 거꾸로 놓은 연꽃(覆蓮) 모양이 장식되어 있다. 이 부조상을 통해 쉼 없이 움직이는 시간의 바퀴를 엿볼 수 있다. 이 네 마리 사자상은 인도의 국가 문장紋章으로 사용되고 있고, 인도의 모든 지폐에서 볼 수 있다.

네 가지 동물에 대한 상징은 몇 가지 해석이 있다. 그중 부처님 생애와 관련한 상징을 살펴보면 다음과 같다.

코끼리(마야 부인의 태몽), 소(태자 시절 파종기에 잠부나무閻浮樹 아래에서 첫 선정 또는 출가 전 태자로서의 생애와 욕망), 말(출가), 사자(최상의 법왕이신 부처님, 석가족의 토템)를 상징한다.

그 외에 입구의 좌측 전시실은 많은 불상과 보살상이 있고, 우측 전시실에는 힌두교 신상神像들이 주류를 이루어 전시되어 있다. 이곳에서 불교의 보살상과 힌두교의 신상을 비교해 보는 것은 불교뿐 아니라 힌두교 문화를 이해하는 데 도움이 될 것이다. 또한 시대에 따라, 조성된 장소에 따라 다르게 표현된 불상과 보살상의 특징을 살펴본다면 인도 불교를 이해하는 폭을 넓혀 줄 것이다.

초전법륜상(굽따 시대)

붓다의 향훈香薰을 따라서

4. 신 근본여래향실

인도 대각회인 마하보디 소사이어티Mahabodhi Society of India에서 지은 사원이
다. 신 근본여래향실 오른쪽에는 부처님과 다섯 비구를 모셔 놓은 곳으
로, 부처님의 첫 설법을 듣는 다섯 비구의 모습을 재현해 놓았다. 그 주위
는 여러 나라 언어 − 빨리어, 산스크리트어, 영어, 미얀마어, 태국어, 한
글, 중국어, 몽골어, 티베트어, 힌디어 등 − 로 새겨진 초전법륜경 석판이
둘러싸여 있다.

아나가리까 다르마빨라Anagarika Dharmapala라는 스리랑카 재가 불자의 석상
石像이 건물 입구의 오른쪽에 있다. 그는 불교가 쇠퇴한 인도에서 불교 성
지의 복원과 성역화 작업에 지대한 영향을 끼친 인물로, 대각회를 조직하
여 불교 재건과 부흥에 중추적 역할을 하였다. 많은 불교 성지들이 복원
되는데 대각회와 아나가리까 다르마빨라의 역할이 절대적이었다고 해도
과언이 아니다. 67세에 비구계를 받고 정식 비구가 되었으며 69세에 세
상을 떠났다.

5. 각국 사원

유적지를 중심으로 스리랑카, 중국, 일본, 티베트, 태국, 한국 사원(녹
야원) 등이 넓게 퍼져 있다.

순례 가는 길

1. 드나드는 길

- 뉴델리, 뭄바이, 꼴까따 등의 대도시에서 바라나시 공항을 연결하는 항공 노선이 있으므로 이용할 수 있다. 공항은 바라나시 도심으로부터 약 20km가 떨어져 있다.

- 사르나트는 힌두교 성지로 유명한 바라나시^{Varanasi}에서 북쪽으로 약 11km 떨어져 있다. 바라나시는 뉴델리에서 출발하는 기차(No.12560, 18:45-07:30 / No.12562, 20:40-08:35 / No.12382 16:20-05:15 / No.14258 / No.12436-12236 / No.12392)가 정차하는 곳이므로 기차를 이용하는 데 불편함이 없다. 새로 생긴 Vande Bharat Express (No.22436 06:00-14:00)는 뉴델리역과 바라나시역을 8시간 만에 운행하므로 시간이 맞는다면 이용할 만하다. 또한 델리^{Old Delhi} 역에서 출발하는 기차도 많으므로 확인하고 이용하면 된다. 바라나시에서 남동쪽으로 약 18km 떨어진 곳에 있는 무갈사라이^{Mughalsarai}역을 이용한다면 더 많은 기차를 선택해서 이용할 수 있다. 무갈사라이역에서 바라나시역까지는 버스를 이용하거나 오토릭샤를 이용해서 이동하면 된다.

- 시외버스는 바라나시역 광장 앞의 큰길을 따라 동북쪽으로 200m를 가면 나온다. 가야를 연결하는 버스가 있으며, 보드가야를 가는 버스가 아침 6시에 출발한다고 되어 있으나 정확하지는 않으므로 확인하고 이용해야 한다. 사설 버스가 역 앞의 큰길가에 길게 늘어서 있으므로 목적지에 따라 이용하면 되는데 주로 근거리 이동에 적합하다.

- 예전에는 바라나시 기차역 앞에서 사르나트로 가는 버스가 있었는데 지금은 버스 노선이 없어졌다. 바라나시에서 사르나트를 다녀오려면 오토릭샤를 타고 다녀오는 방법뿐이다. 몇 대의 오토릭샤 왈라(운전수)에게 가격을 물어보고 흥정하면 된다. 바라나시역 주차장에 대기하고 있는 택

시를 타고 다녀오는 방법도 있으나 특별한 경우가 아니라면 오토릭샤로
도 충분하다.

- 사르나트 유적지 지역은 걸어서 충분히 순례할 수 있다.

2. 묵을 곳, 먹을 곳

- 사르나트에는 각국의 사찰이 있어서 순례자들이 머물 수 있도록 방
  을 제공하고 있다. 녹야원 유적의 동쪽에 있는 신 근본여래향실 옆으
  로 난 길을 따라 북쪽으로 600m 정도 가면 한국 사찰 '녹야원(0542-
  2595683)'이 나온다. 통도사 도응 스님이 창건하였고, 여러 스님이 돌
  아가며 절을 유지하고 있다. 여러 개의 침대가 있고 직접 식사를 해결할
  수도 있다. 사찰의 기본 예절만 지킨다면 머물기 좋은 곳이다. 소임을 보
  시는 스님이 계시지 않을 때는 머물지 못하는 상황이 생길 수도 있다.
  (팻말을 따라가면 된다.)
- 사르나트 유적지 근처에는 UP주州에서 운영하는 투어리스트 방갈로가
  있고, 몇 군데 호텔이 있으므로 유적지 근처에서 머물고 싶은 사람들은
  이용하기 좋다.
- 많은 관광객이 방문하는 바라나시에는 크고 작은 호텔들이 많이 있다. 고
  급 호텔은 역의 북쪽에 있는 더 몰 로드The Mall Rd.에 모여 있다. 역의 남쪽
  에는 중급과 값싼 호텔들이 많이 있고 배낭 여행자들이 가장 많이 이용하
  는 호텔이나 게스트하우스는 갠지스 강변에 몰려 있다.
- 메인 가트Main Ghat인 다샤스와메드 가트Dashaswamedh Ghat 근처에 저렴한 숙소
  들이 많이 몰려 있다. 숙소마다 가격과 시설이 다르므로 호객 행위를 하
  는 사람의 말을 절대 믿지 말고 본인이 직접 확인을 하고 숙소를 결정해
  야 한다. 한국인이 운영하는 숙소와 식당이 있으나 개업과 폐업이 잦아서
  소개하지 않는다.

- 바라나시의 식당들, 특히 메인 가트 주변의 식당들은 다양한 메뉴를 자랑한다. 전 세계의 모든 음식이 가능하다고 해도 과언이 아니다. 다만 인도는 재료 수급의 문제가 있으므로 맛이 좀 인도스러운(?) 것만 빼면 음식에 불편함은 거의 없다.

*오비구五比丘

꼰단냐Kondañña, 밧디야Bhaddiya, 왑빠Vappa, 마하나마Mahanama, 앗사지Assaji

*동남아시아의 거의 모든 나라에서는 지금도 하얀 색깔의 옷은 재가 불자들의 옷이라는 것이 공통된 전통이다. 스님들은 괴색(붉은 벽돌색, 동남아의 일부 국가는 오렌지색)의 가사를 입어야만 한다. 남방 불교 국가에서는 가사袈裟만이 스님들의 승복이다. 처음 회색 승복을 본 남방 불교 국가의 스님들이 회색 승복을 입은 한국 스님들을 스님으로 인정하지 않아서 이해와 설득을 시키는데 많은 시간과 노력이 필요했었다. 지금은 한국의 회색 승복이 많이 알려져 있기는 하지만 아직도 승복으로 인정하지 않는 경우가 많다.

한국사찰 녹야원

1995년 통도사 도응 스님에 의해서 처음 개원한 녹야원은 지역 사회에 대한 지원과 관심을 실천하고 있으며, 지역 주민들로부터 좋은 평판을 듣는 한국 사찰이다. 순례자를 위한 숙소를 제공하고

있으며, 취사는 때에 따라 다르다. 2009~2010년에 2차례에 걸쳐 무료 의료 봉사 활동을 하여 회당 1,000명이나 되는 사람들에게 진료와 투약을 하여 의료 혜택을 받지 못하는 지역민의 건강에 보탬이 되는 등 지역민과의 유대 관계도 좋다. 여러 스님이 돌아가며 소임을 보기는 하지만 평소에도 지역 사회에 대한 지원과 관심을 꾸준히 실천하고 있다.

바라나시|Varanasi

바라나시(와라나시)는 갠지스 강의 서쪽에 있다. 인도에서 가장 신성한 도시라고 할 수 있는 이곳은 서기전 10세기에 이미 사람들이 살고 있었고, 서기전 7세기에 이미 중요한 도시가 되었던 것으로  추정한다. 도시 이름은 두 개의 작은 강 이름에서 따왔는데, 북쪽의 '와르나Varna'와 남쪽의 '아시Asi'가 합쳐진 것이다. 부처님 당시에는 까시Kasi(빛의 도시라는 뜻)라고 도 불렸으며, 지금까지 그 이름을 쓰기도 한다.

힌두교 신자들은 이곳에서 죽음을 맞이하면 천상으로 갈 수 있다는 믿음을 가지고 있다. 그런 이유로 신심 깊은 힌두교도들은 죽기 전에 바라나시의 갠지스 강가로 와서 이곳에서 임종을 맞이하기를 바라며, 자신의 유골이 신성한 갠지스 강에 뿌려지기를 원한다. 그래서 갠지스 강가에 있는 화장터의 불길은 24시간 내내 꺼지는 일이 없다.

바라나시는 성스러운 갠지스 강의 서쪽에 초승달 모양으로 펼쳐져 있는 강둑Ghat으로 유명하다. 가장 신성시되는 5개의 가트는 메인 가트Main Ghat라고 불리는 다샤스와메드 가트^{Dashaswamedh Ghat}, 앗씨 가트^{Assi Ghat}, 하리쉬 찬드라 가트^{Harish Chandra Ghat}, 빤짜강가 가트^{Panchganga Ghat}, 화장터인 마니까르니까 가트^{Manikarnika Ghat}이다. 그 외에도 100여 개의 가트가 있다. 이곳에서 목욕하면 죄업罪業이 씻어진다고 믿는 수많은 힌두교 신자와 순례자가 목욕하는 모습을 매일 볼 수 있다.

바라나시는 북인도에서 산스크리트어 교육의 중요한 중심지이다. 가장 오래된 인도·유럽어로 알려진 산스크리트어는 학문 언어이고 종교적, 제의적祭儀的 언어여서 일상 언어로서의 그 수명이 다한 지금도 여전히 명맥이 유지되고 있다. 바라나시 산스크리트 대학은 15만 점 이상의 필사본을 소장하고 있다. 바라나시는 신심 깊은 힌두교 신자들의 활동으로 번영했고, '라마난다'와 이 도시에서 살았던 인도의 가장 위대한 시인이자 성인聖人이라 불렸던 '카비르'가 살던 15세기에 특히 번영하였다.

라즈기르 Rajgir

인도 비하르 Bihar 주州

개요

부처님 당시에 가장 많은 사상가와 수행자들이 모여들었던 마가다의 수도 라즈기르Rājagaha / Sk. Rājagṛha(왕사성)는 오늘도 불교 순례자의 땀 맺힌 발걸음과 자이나교 순례자, 온천에 모여든 힌두교 순례자들의 번잡함이 이어지고 있는 곳이다. 이러한 모습은 마치 부처님 당시, 수많은 사상가의 번성한 논리의 전개와 토론을 보는 듯하다. 통가(마차)의 바쁜 움직임과 수많은 순례자가 만들어내는 소음과 번잡함은 마가다 왕국의 옛 모습을 그려 보기에 충분하다.

고행자의 모습으로 왕사성을 지나던 싯닷타 왕자의 모습, 빔비사라Bimbisara 왕과의 약속을 지키기 위해 먼 길을 걸어오시는 모습, 두 상수上首 제자를 맞이하시는 모습, 그리고 부처님 반열반 이후에 제 1차 결집에 모인 스님들의 모습 등 라즈기르의 곳곳에서 부처님의 자취를 느끼는 것은 자연스러운 일일 것이다. 또한, 재가 불자오계를 설하신 곳이고, 아난다 존자가 부처님의 시자가 되는 것을 결정한 곳이며, 사나운 코끼리 날라기리Nalagiri를 제도하신 곳이고, 데와닷따Devadatta 提婆達多의 분열을 극복하신 곳이며, 시리마Sirima의 죽음을 통해 무상을 설하셨던 곳이기도 하다. 지금은 작은 도시로 변해 버린 라즈기르의 곳곳에 부처님의 모습이 배어 있는 듯한 착각을 하는 것은 결코 낯선 일이 아니다.

힌두교인들이 카스트에 따라 각기 다른 곳의 온천에서 목욕하는 것을 바라보면서 2600년 전에 카스트를 부정하시고 인간 평등을 주창하신 부처님의 위대한 가르침에 다시 한 번 깊은 경의를 표하게 되는 곳이 라즈기르이기도 하다.

역사

인도의 대서사시인 라마야나Ramayana에 의하면 아주 오래전부터 이곳에 도시가 있었던 것으로 되어 있다. 발굴에 의하면 서기전 10세기부터 사람이 살았던 것으로 추정한다. 역사에 기록된 것은 마가다Magadha 왕국이 최초이다. 부처님 당시에 가장 강력한 군사 대국이었으며, 후에 인도를 최초로 통일한 마우리아Maurya 왕조의 뿌리가 된다. 5세기 때의 붓다고사 스님은 왕사성에 32개의 큰 문과 64개의 작은 문이 있다고 기록을 남겼다. 아자따삿뚜Ajatasattu/Sk. Ajatashatru 阿闍世王 시절에 용수用水 부족 등의 문제로 빠딸리뿟따Pataliputta / Sk. Pataliputra(지금의 빠뜨나Patna)로 수도를 이전한다. 제 1차 결집 당시에는 왕이 직접 스님들께 공양을 올리고 후원을 한 것으로 기록이 남아 있으므로, 제 1차 결집 이후에 천도遷都한 것으로 보인다.

아소까 대왕이 이곳을 순례할 때는 이미 황폐화가 되고 난 다음이었다고 한다. 410년 이곳을 방문한 법현 스님은 "성은 비어 있고 사람은 살지 않으며, 부처님이 설법하시던 법당은 허물어지고 터만 남았다. 신 왕사성에는 두 개의 승원이 있으며, 죽림정사에는 몇몇 스님들이 머물면서 청소를 하고 있다"라고 기록하였다. 하지만 649년에 이곳을 순례한 현장 스님은 "죽림정사에도 스님들이 없었다."라고 기록을 남겼다. 마샬[Sir. John Marshall]에 의해 1905~06년에 처음 발굴이 되었고, 그 후에 수차례 발굴이 더 있었다.

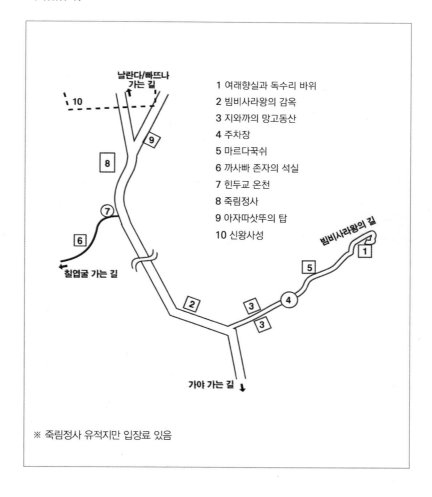

1 여래향실과 독수리 바위
2 빔비사라왕의 감옥
3 지와까의 망고동산
4 주차장
5 마르다꾹쉬
6 까사빠 존자의 석실
7 힌두교 온천
8 죽림정사
9 아자따삿뚜의 탑
10 신왕사성

※ 죽림정사 유적지만 입장료 있음

유적

1. 여래향실 Gandha kuti과 독수리 바위 Gijjhakūta

빔비사라 왕의 길을 따라 영취산을 올라가면 부처님께서 머무셨던 건물 유적이라는 작은 유적이 있는데 이것이 여래향실如來香室이다. 주변에서 여러 가지 유물이 출토되기는 하였으나 고고학적인 증거물이나 경전의 확실한 근거는 찾아볼 수 없는 아쉬움이 있지만 모두 부처님께서 사셨던 건물이라고 인정하고 순례를 한다. 여래향실의 자리에는 이곳을 영취산靈鷲山 혹은 영축산으로 부르게 하는 독수리 모양의 바위Sk.Griddhkuta가 있고, 여래향실을 올라가는 길에는 스님들의 거처로 사용되었던 건물 유적과 동굴이 있다.

여래향실

독수리 바위

2. 빔비사라 왕의 길

빔비사라 왕이 여래향실에 계시는 부처님을 뵙기 위해 올랐던 길을 말한다. 여래향실을 가기 위한 산길을 오르면 중간에 작은 다리가 있는데 그곳에서부터 여래향실까지의 길을 '빔비사라 왕의 길'이라고 한다. 빔비사라 왕은 부처님에 대한 존경심으로 이곳에서부터는 신하를 거느리지 않고 혼자서 여래향실로 걸어서 올라갔다고 한다.

3. 마르다꾹쉬 Mardakukshi

마르다꾹쉬는 '배를 문지르다'라는 뜻이 있는데, '빔비사라 왕의 길' 아래에 있다. '태어나기 전의 원수(未生寃)'라는 뜻으로 번역하는 아자따삿뚜 왕의 탄생에 관한 설화가 있는 곳이다. 또한, 이곳의 어디에선가 데와닷따^Devadatta가 스스로 바위를 굴려 부처님을 시해弑害하려고 하였다. 굴러가던 바위가 중간에 쪼개지면서 부처님의 발에 상처를 나게 하였다. 부처님께서는 의사 지와까의 집으로 가셔서 치료를 받으시고 그곳에서 쉬셨다. 경전에 따르면 부처님은 그 어떤 외적外的 힘이나 의도에 의해서 죽음에 이르지는 않는다고 한다.

4. 지와까의 망고동산 Jivakambavana Vihara

빔비사라 왕과 아자따삿뚜 왕을 치료했던 마가다 왕국의 왕실 주치의主治醫이자 부처님을 치료하기도 했던 지와까^Jivaka Komārabhacca와 그의 여동생인 시리마^Sirimā가 승단에 공양 올린 망고 동산에 사원을 지어 스님들의 수행처로 사용했던 사원 유적이다. 부처님께서 자주 머무셨던 기록이 남아 있는데 1954년에 발견되어 발굴 작업이 이루어졌다. 지금은 소들이 한가로이 풀을 뜯는 곳으로 변해 버렸고, 도로에 의해 양쪽으로 나누어져 있다.

5. 빔비사라 왕의 감옥 Bimbisara's Jail

감옥의 외벽만 남은 이 유적은 빔비
사라왕이 아들 아자따삿뚜에게 왕위를
빼앗기고 갇혀 있다가 죽은 곳이다. 여
러 번의 발굴을 거쳤지만, 족쇄를 비롯
한 몇 가지 유물만 발견되었다고 한다.

6. 아자따삿뚜의 탑 Ajatasattu's stupa

꾸시나가르에서 반열반하신 부처님
의 유체遺體를 다비茶毘한 이후에 진
신사리를 8등분하여 배분하였고, 그때
배분받은 부처님의 진신사리를 안치安
置하여 세운 탑을 '근본 8탑'이라고 한
다. 부처님의 진신사리를 배분받아 온 아자따삿뚜 왕이 신 왕사성 입구에
세운 진신사리탑으로 근본 8탑 중의 하나이다. 지금은 탑신이 허물어지고
탑의 기단부에는 이슬람 사람들의 무덤 몇 개가 남아 있으며 가축들이 한
가로이 풀을 뜯고 있는 곳이 되었다.

7. 죽림정사 Veluvana와 까란다 연못 Karanda Tank / Karanda kanivapa

부처님께서 수행자 시절에 마가다
왕국의 빔비사라 왕과의 약속을 지키
기 위해 라즈기르(왕사성)를 방문하셨
을 때, 빔비사라 왕이 부처님과 승가에
공양을 올린 최초의 불교 사원이다.

지금은 대나무 숲만 무성하고 남아 있는 유적은 없다. 이 땅의 원래 소유자였던 까란다 장자가 자신의 이름으로 연못을 공양 올렸다고 한다.

현장 스님은 까란다 연못에 대해 다음과 같은 기록을 남겼다.

"물이 맑고 시원했으나 부처님께서 열반하시자 연못의 물이 말랐다."

8. 칠엽굴七葉窟 Sattapaṇṇi-guhā

힌두교인들이 성스럽게 여기며 목욕하는 온천을 통해 산길을 1.5km 정도 올라가다 보면 2개의 자이나교 사원을 지나서 라즈기르 시내가 내려다보이는 곳에 칠엽굴이 있다. 동굴洞窟 입구에 일곱 갈래의 나뭇잎을 가진 나무(七葉樹)Sattapaṇṇi가 있어서 생긴 동굴의 이름으로 동굴이 7갈래로 갈라져 있는 것은 아니다. 부처님께서 반열반을 하신 뒤

에 마하까사빠Mahā Kassapa 존자는 자신을 따르던 '늦깎이 수밧다'라는 비구가 "더 이상 부처님의 간섭을 받지 않게 되어 홀가분하게 되었다"라고 이야기를 하는 것을 듣고 부처님의 가르침이 올바로 전승傳承되도록 해야 한다는 생각을 일으켰다. 이에 까사빠 존자가 부처님의 가르침이 없어지기 전에 결집結集할 것을 비구들께 발의發意하여 제 1차 결집이 이루어지게 되었다. 500명의 아라한으로 이루어진 스님들이 이곳에 모여서 율律·경經·론論의 순서로 결집하였다. 아자따삿뚜 왕이 칠엽굴 앞에 천막과 자리를 깔아 결집하는 아라한들을 모셨고, 음식 등을 공양 올리며 후원하였다고 한다.

9. 마하까사빠 존자의 석실 Pippala cave

마하까사빠 존자가 지내셨던 곳으로 알려진 작은 석실이다. 힌두교 온천을 지나 칠엽굴로 올라가는 길의 오른쪽에는 돌을 높게 쌓아 놓은 곳이 있는데 그곳에 작은 석실이 있다.

10. 한림寒林 Śitavana, 시달림尸陀林

최초의 불교 사원인 죽림정사 근처에 있었다고 전해지는 곳으로 사람의 시신屍身을 버리는 곳이다. 예로부터 숲이 깊고 찬바람이 돈다고 하여 한림寒林이라고 불렀으며, 부모은중경父母恩重經의 무대가 된 곳이다.

11. 왕사성 성벽

구 왕사성 성벽은 보드가야로 드나드는 길에 있는 성벽인데 산의 능선을 따라 넓고 길게 성벽을 쌓았다. 신 왕사성 성벽은 라즈기르 시내에 있는 것으로 직사각형의 모양을 하고 있다. 마하까사빠 존자 석실石室의 상부는 마치 제단祭壇처럼 넓은 곳인데 이곳에서 내려다보면 신 왕사성의 전체적인 모습이 한눈에 잘 들어온다.

구 왕사성 성벽

신 왕사성

12. 실라오 Silao

라즈기르에서 날란다 방향으로 6km 떨어진 곳에 있는 실라오라는 마을의 힌두교 신전 내에는 부처님께서 마하까사빠 존자와 가사를 바꿔 입으신 장소가 있다. 쌍윳따니까야(S16:11, 의복경)에 언급된 곳으로 다리 부분만 남은 조각상에 부처님과 마하까사빠 존자가 가사를 바꿔 입은 사실을 기념해 사원을 건립하고 불상을 봉안한 내용이 기록되어 있다.

순례 가는 길

1. 드나드는 길

- 새로이 운행하기 시작한 기차 노선이 있어서 순례하기가 편해졌다. 뉴델리에서 매일 출발하는 기차(No.12392, 13:15-10:10)가 빠뜨나^{Patna}를 거쳐서 도착하고, 바라나시^{Varanasi}에서 매일 출발하는 기차(No.15110, 20:35-05:05)도 빠뜨나를 거쳐서 도착한다. 빠뜨나 정션^{Patna junction}에서 출발하는 기차(No.13234, 09:15-12:30)는 하루 1번 있다. 기차역에서

유적지까지는 택시나 오토릭샤, 통가(마차)를 이용하여 다녀올 수 있다.

- **보드가야에서 가는 길**

  먼저 보드가야에서 가야의 시외버스 정류장으로 오토릭샤나 택시를 타고 가야 한다. 이곳에서 라즈기르 행 버스(65km, 3시간)를 타고 가면 된다. 라즈기르의 버스 정류장은 도시의 가운데 있으므로 유적지까지는 택시, 오토릭샤, 통가를 이용하면 된다. 차장에게 부탁하면 온천(죽림정사)이 있는 곳에서 하차할 수도 있다. 가능하다면 온천 입구에서 내리는 것이 순례하기에 편하다.

- **빠뜨나에서 버스로 오는 길**

  빠뜨나 정션역 광장의 서쪽에 있는 메인 버스 스탠드에서 라즈기르 행 버스(90km, 4시간~4시간 30분)를 타고 가면 된다. 내리는 곳은 가야에서 오는 버스가 서는 곳과 같다.

- 보드가야에서 택시를 임대해서 라즈기르와 날란다를 묶어서 하루에 순례하는 것도 좋은 방법이다.

2. 묵을 곳, 먹을 곳

- 라즈기르에는 여러 등급의 많은 호텔이 있다. 순례하는 사람들이 몰리는 11월에서 2월 사이에는 마음에 드는 방을 구하기가 쉽지 않을 수도 있다. 버스 정류장 근처에 숙소가 있고, 신 왕사성 남쪽, 죽림정사 유적지 근처에도 몇 곳의 숙소가 있는데 고급 호텔들은 죽림정사와 온천 사이로 난 길을 따라 서쪽으로 가면 만날 수 있다. 이곳의 고급 호텔에서는 예약을 통해 식사를 해결할 수 있다.

- 미얀마 불교 사원에서 순례자를 위한 숙소를 운영하고 있다. 식사와 숙소를 동시에 해결할 수 있는 곳이다. 기부금을 내는 방식이지만 숙소 관리자에게 원하는 기부금을 미리 물어보는 것이 좋다.

- 시내와 죽림정사 입구에 많은 식당이 있으므로 형편에 따라 사서 먹는 일
  에 불편함은 없다.

제 1차 결집 Paṭhamamahāsaṅgīti

부처님께서 반열반을 하신 후에 마하까사빠(가섭) 존자를 따르던 '늦깎이 수밧다'라
는 비구가 부처님의 반열반을 슬퍼하는 비구와 사람들에게 "슬퍼할 것이 없다. 더
이상 부처님의 간섭을 받지 않게 되어 홀가분하게 되었다"라고 망언을 하는 것을 들
은 마하까사빠 존자에 의해 발의發議 되었다. 부처님의 다비와 사리 분배가 끝나고,
안거를 시작하는 때에 맞춰서 마가다 왕국 아자따삿뚜 왕의 후원으로 왕사성 칠엽
굴 앞에 500명의 아라한이 모여서 부처님의 가르침을 결집하였다. 맨 처음 율장律
藏Vinaya을 우빨리Upali 존자에 의해 결집하였다. 그리고 아난다Ananda 존자에 의해 5부
니까야經藏와 일곱 가지 논장論藏을 결집하였다.

5부 니까야와 칠론七論

장부長部, Dīgha Nikāya

중부中部, Majjhima Nikāya

상응부相應部=雜阿含, Samyutta Nikāya

증지부增支部=增一部, Anguttara Nikāya

소부小部, Khuddaka Nikāya

담마상가니Dhammasangani, 法聚論=法集論

위방가Vibhaṅga, 分別論

다뚜까타Dhātukatha, 界說論

뿍갈라 빤낫띠Puggala pannatti, 人施設論

까타왓투Kathāvatthu, 論事論

야마까Yamaka, 雙對論

빳타나Paṭṭhana, 發趣論

앗사지 존자의 가르침

나중에 사리불Sariputta 존자가 된 우빠띳사Upatissa와 목건련Mahamoggallana 존자가 된 꼴리따Kolita는 어릴 때부터 친구이고, 같은 스승 아래에서 수행하였다. 어느 날 우빠띳사가 왕사성에서 앗사지Assaji馬勝 존자의 모습을 보고 크게 감동하여 조심스럽게 따라갔다. 우빠띳사는 앗사지 존자가 탁발과 공양을 끝날 때를 기다렸다가 가르침을 청했다. 이에 앗사지 존자는 법신게法身偈를 설하였다. 법신게를 듣는 순간 마음에 환희가 일어난 우빠띳사는 친구인 꼴리따에게 이 게송을 전하고 함께 부처님께 귀의歸依하고 출가出家를 하였다. 사리붓다 존자와 목갈라나 존자는 부처님의 상수上首 제자가 되었다.

법신게

Ye dhammā hetuppahava : 諸法從緣生 원인에서 발생하는 모든 것

tesam hatum tathāgato āha : 如來說是因 그것에 관해 여래께서 원인을 말씀하셨네.

Tesam ca yo nirodho : 是法從緣滅 그것의 소멸에 대해서도 설명하셨나니

Evam vādi mahā samano : 是大沙門說 이것이 대사문의 가르침이라네.

7불퇴법七不退法

마가다 왕국의 아자따삿뚜 왕이 와이살리의 왓지Vajji/Sk. Vrji 왕국을 공격하려고 준비를

하면서 부처님의 의중을 알아보려고 사신을 보냈다. 부처님께서는 아난다 존자와의 대화로써 7불퇴법을 설하시면서 전쟁을 말리셨다. 7불퇴법을 지키는 나라라면 결코 외세外勢에 의해서는 무너지지 않을 것이라고 설하셨다. 승단의 7불퇴법도 함께 설하셨다. – 대반열반경 참조

왓지 왕국에 대한 7불퇴법
1. 사람들은 자주 회의를 열고 회의에는 많은 사람이 모이는가.
2. 사람들은 함께 집합하고 함께 일을 시작하며 해야 할 것을 함께 행하는가.
3. 사람들은 아직 정해지지 않은 것을 정하지 않고 이미 정해진 것을 깨뜨리지 않으며 옛날에 정해진 오래된 법에 따라 행동하는가.
4. 사람들은 노인들을 존경하고 환대하며 그들이 말하는 것을 들어야 한다고 생각하는가.
5. 사람들은 종족의 부인이나 여자아이를 폭력으로 꾀어내거나 그것을 만류하지 않은 일은 없는가.
6. 사람들은 내외內外 조상의 사당을 존중하고 공경하며 공양하고, 그리고 이전에 바치고 시행한 올바른 공양물을 버리지는 않는가.
7. 사람들은 아라한에 대하여 올바로 보호하고 수호할 준비가 되어 있는가. 또 아직 오지 않은 아라한이 이 땅에 오도록 하고, 이미 오고 있는 아라한이 이 땅에서 편안히 머물 수 있도록 하는가.

데와닷따Devadatta의 분리주의 – 5가지 잘못된 주장

자신의 능력과 수행을 생각하지 않고 승단의 지도자가 되고 싶은 욕망을 가진 데와닷따는 부처님께 더욱 엄격한 수행을 주장하면서 다섯 가지 계율을 추가하자고 요구하였다. 그러나 부처님께서는 데와닷따의 제안을 거부하셨다. 이에 반감을 느낀

데와닷따가 부처님과 승단에 반역을 일으켜 승단을 분열시켰으나 부처님께서는 이를 잘 수습하셨다.

1. 걸식乞食 : 탁발에 의한 음식만 수용함

2. 분소의糞掃衣 : 분소의로만 가사를 만들어 입음

3. 불식어육不食魚肉 : 육식을 하지 않음

4. 불거정사不居精舍 : 지어진 건물에서 살지 않음

5. 일일일식一日一食 : 하루 한 끼의 식사만 허용함

오역악행五逆惡行, Ānantarika-kamma / Ānantarika-karma=五逆罪

무간지옥無間地獄에 떨어지는 과보果報를 받는 5가지의 큰 잘못된 행위

1. 아버지를 죽임 : 살부殺父

2. 어머니를 죽임 : 살모殺母

3. 아라한을 죽임 : 살아라한殺阿羅漢

4. 부처님 몸에 피가 나게 함 : 출불신혈出佛身血

5. 승가의 화합을 깸 : 파화합승破和合僧

스라와스띠 Sravasti, Shrawasti
인도 웃따르 쁘라데쉬 Uttar Pradesh주州

개요

번성했던 과거의 영화榮華는 아스라이 사라지고 졸리도록 한적한 시골 마을이 되어 버린 사왓티Sāvatthi / Sk. Śrāvastī. 금강경을 비롯하여 한국에서 읽히는 많은 경전이 '여시아문如是我聞 일시一時 불佛 재사위국在舍衛國 기수급고독원祇樹給孤獨園........'으로 시작하는데, 그곳이 바로 기원정사가 있는 사왓티(현재의 지명은 스라와스띠), 즉 사위성舍衛城이다. 부처님 당시의 인도 16대 강대국의 하나였던 꼬살라Kosala 왕국의 수도였던 이곳이 궁핍한 시골 마을이 되어 있음을 보면서 굳이 부처님 가르침의 하나인 무상無常을 떠올리지 않아도 야은冶隱 길재吉再의 시조가 생각나는 것은 아주 자연스러운 일이다.

사헤트—마헤트Saheth-Maheth라는 다른 이름도 가지고 있는 이곳은 부처님께서 가장 많은 안거를 보내신 곳이다. 특히 부처님께서 만년晩年을 보내시며 당신의 가르침을 체계화하고 많은 승속 제자들을 깨달음의 길로 인

도하신 곳으로 곳곳에서 부처님의 향기를 느낄 수 있는 곳이다. 그렇기에 후대에 생긴 많은 위경僞經이 부처님께서 이곳에서 그 경經을 설하신 것이라고 주장을 하게 된다.

경을 읽다 보면 참 많은 일이 이곳 기원정사와 동원정사에서 일어났다. 대표적으로 알려진 것은 아나타삔디까(급고독)라고 널리 알려진 수닷따Sudatta 장자長者, 찐짜마나Cincamana 외도外道 여인, 끼사 고따미Kisa gotami, 앙굴리말라Angulimala, 부처님께서 보이신 천불화현 등의 3가지 신통력, 부처님의 아들인 라훌라Rahula 존자, 꼬살라 왕국의 빠세나디Pasenadi/Sk. Prasenajit 波斯匿 왕과 그 아들인 위두다바Vidudhaba, 녹자모강당(동원정사)을 세운 미가라마따Migaramata라고 불리는 위사카Visakha의 이야기 등이 있다.

1 빡끼꾸띠
2 깟취치 꾸띠
3 왕은정사
4 오라자르
5 미얀마 사원
6 한국 사원
7 인도 사원
8 태국 사원
9 동원정사

사위성

기원정사

까뜨라

럭나우

마을

발람뿌르

역사

1. 초기 역사

인도의 2대 서사시인 마하바라타^{Mahabharata}와 라마야나^{Ramayana}에도 언급되는 곳이지만 서기전 6세기 경에 꼬살라 왕국이 가장 번성했고, 서기전 4세기 경에 마우리아^{Maurya} 왕조에 의해 완전히 멸망한 것으로 기록되어 있다. 부처님 당시에는 빠세나디 왕이 다스리고 있었으며, 당시 16대 강국 중의 하나였다. 마우리야 왕조 이후에 숭가 왕조, 꾸샨 왕조, 굽따 왕조 때에도 도시는 번성하였으며 상업 도시로써 명성을 이어간 것으로 보인다.

부처님께서 깨달음을 성취하신 후 2번째 안거를 보내셨을 때 라즈기르

(왕사성)를 방문한 수닷따 장자가 부처님을 뵙고 귀의하며, 부처님을 모
시겠다고 청하였다. 사왓티로 돌아온 그는 사원을 짓기에 가장 적합한 장
소였던 제따Jeta 왕자의 숲에 사원을 지어 부처님과 승가에 공양을 올렸다.
스라와스띠는 부처님 당시에 자이나교를 비롯한 많은 신흥 사상가들이
활동하던 곳이기도 하다. 고대 자이나교 사원 유적이 있으며 현재에도 자
이나교 사원이 2개나 있다. 아소까 대왕이 이곳을 순례하고 2개의 석주와
탑, 하나의 승원을 지어서 공양을 올렸다고 하는데 지금은 그 자취를 찾
아볼 수 없다.

붓다의 향훈香薰을 따라서

407년 이곳을 순례했던 법현 스님은 "98개의 승원이 있으며, 많은 유적이 폐허로 남겨져 있다. 부처님께서 도리천에 계실 때 왕이 조성한 불상과 향실은 남아 있다"고 기록을 남겼다. 637년 이곳을 순례했던 현장 스님은 "궁성宮城 건물 유적은 주위가 20여 리나 되지만 모두 황폐하였고, 주민이 살고 있으며, 승원은 백여 곳이 있지만 무너진 곳이 매우 많고 승려의 수는 매우 적다"라고 기록을 남겼다. 또한 "부처님께서 도리천에 계실 때 꼬삼비의 우전 왕King Udayana이 불상을 조성해서 모셨다는 이야기를 듣고 빠세나디 왕이 조성한 불상이 있다. 아소까 석주가 2개가 있는데 각각 법륜과 황소가 상단에 있다"라고 기록을 남겼다.

1119년 마다나팔라 왕이 통치하는 시기에 비드야다라라는 지방 영주가 기원정사를 중수하였다는 명문이 발견되었으며, 12세기 중반까지는 승원이 남아 있었으나 점차 쇠퇴하여 사람들의 기억에서 사라져 갔다.

2. 발굴과 보존

1863년 A. 커닝엄의 발굴로 16개의 불탑, 유물 등등 기원정사 유적이 세상에 다시 모습을 나타내게 되었다. 현재 남아 있는 유적지는 동서 152m, 남북 157m인데 온전한 건물이 남아 있는 것은 없고 모두 기단부만 남아 있다. 1875~1876년, 1884~1885년에 호이William Hoey가 발굴을 계속하여 모두 34곳의 유적이 발견되었다.

1907~1911년에 걸쳐 보겔J. P. Vogel이 발굴을 하였고, 마샬J. Marshall, 사흐니B. Sahni 등이 지속적인 발굴을 하여 현재의 모습으로 정리가 되었다. ASI의 주관으로 지금도 발굴 작업을 이어 가고 있다.

※ 유적지 입장료 있음

사위성 가는길 →

1 매표소/출입구
2 라훌라 꾸띠
3 꾸띠
4 라즈까라메야 꾸띠
5 8아라한의 사리탑
6 사리뿟따 꾸띠
7 사리뿟따-붓다데와 사리탑

← 럭나우

찬불화현의 터
빌람뿌르 가는길 →

8 앙굴리말라 꾸띠
9 시왈리 꾸띠
10 아난다 보리수와 쌍둥이 탑 유적
11 부처님의 경행대
12 꼬삼바 꾸띠
13 아난다 꾸띠
14 부처님의 우물

15 간다꾸띠
16 담마살라(설법장)
17 승원 유적
18 목욕장과 승원 유적
19 스리랑카 사원
20 중국 사원
21 미얀마 사원

유적

1. 기원정사祇園精舍 Jetavana-Anathapindika vihara

'제따와나 아나타뻰디까 위하라'라는 이름의 사원을 한문경전에서 '기원정사祇園精舍'라고 하는 것은 '기타祇陀 Jeta 왕자의 동산園vana'에 '급고독給孤獨 Anathapindika 장자가 지은 사원精舍Vihara'이  란 뜻이다. 사헤트Saheth = Jetavana라는 이름으로도 불린다. 기원정사가 있는 지역을 다른 이름으로 사헤트-마헤트Saheth-Maheth라고 하는데 마헤트는 사위성舍衛城을 의미한다. 법현 스님은 "높이 21m의 아소까 석주 2개가 있으며, 우측 석주의 상단에는 소(牛)가, 좌측에는 법륜法輪이 있다"고 기록하였으나 지금은 자취를 찾을 수 없다.

① 여래향실如來香室 Gandha-kuti

부처님께서 지내셨던 건물을 부르는 이름으로써 간다Gandha라는 말은 '향기'란 뜻이 있고, 꾸띠kuti는 작은 집을 말한다. 현재 기원정사에 남아 있는 간다꾸띠는 여러 번에 걸쳐 덧지어진 흔적  을 가지고 있다. 수닷따 장자가 맨 처음 건물을 지어 부처님께 공양을 올린 곳이며 19안거安居vassa를 지내신 곳이다. 부처님께서 반열반을 하신 후에 증축되어 7층까지 지었다는 기록도 있다. 현재 남아 있는 건물 기단을 보더라도 2층 이상의 건물이었을 것으로 추정할 수 있다.

오늘날에도 간다 꾸띠에는 꽃(花), 향香, 등燈, 금박金箔 등을 공양 올리는 수많은 순례자의 발길이 끊이지 않고 있으며, 많은 스님이 경전을 독송하고, 수행을 이어 가는 것을 쉽게 볼 수 있다.

② 아난다 보리수 Ananda's Bodhi tree와 쌍둥이 탑 Twin stupa 유적

부처님께서 기원정사에서 안거를 보
내신 후, 유행遊行을 떠나시면 많은 사
람이 부처님을 그리워하였다. 이러한
사람들의 마음을 잘 헤아린 아난다 존
자가 부처님께 승낙을 받고, 수닷따 장
자가 보드가야의 보리수 가지를 잘라
와 이곳에 심었다. 부처님께서 이 나무
에 축복을 내리셨고, 자주 이 나무 아
래에서 선정에 드셨다고 한다. 그 후로
사람들이 이 보리수를 보면서 부처님을 뵙는 것으로 생각을 하였다고 한
다. 현재의 보리수는 후대에 옮겨 심은 것이다.

아난다 보리수 바로 아래에 쌍둥이 탑의 유적이 있다. 수닷따 장자가
승원을 짓기 위해 제따 왕자의 숲을 사려고 제따 왕자의 숲을 황금으로
덮는 작업을 할 때, 황금을 녹이던 곳을 기념하여 세운 탑 유적이다.

③ 꼬삼바 꾸띠 Kosamba kuti와 부처님의 경행대經行臺

부처님께서 임시로 머무신 곳이라고 전해지는 곳으로 꼬살라의 빠세나
디 왕이 공양을 올렸다고 해서 꼬삼바 꾸띠라고 한다. 대승 불교권의 일
설에는 부처님께서 도리천에 올라가신 동안 빠세나디 왕이 전단나무로
부처님을 조성하여 간다 꾸띠에 모셨다고 한다. 부처님께서 돌아오셨을
때까지 그 상像이 있어서 왕이 급히 꼬삼바 꾸띠를 지어 부처님께 공양을
올렸다는 이야기가 전해 온다. 인도 최초의 불상은 서기 1세기를 전후하
여 간다라 지역에서 조성되었다는 것이 역사적인 사실이다.

이곳의 동쪽에는 부처님께서 경행經行을 하시던 곳에 벽돌로 된 테라스가 있다. 이곳에서 출토된 보살상의 명문銘文에 "이곳은 부처님께서 경행을 하신 곳이므로 이 상을 세운다."라고 되어 있다.

④ 아난다 꾸띠 Ananda kuti와 부처님의 우물 Buddha's well

아난다 존자의 꾸띠는 간다 꾸띠의 남쪽에 있으며 꼬삼바 꾸띠와 간다 꾸띠의 중간에 있다. 아난다 존자는 부처님을 시봉侍奉하는 일에 불편하지 않도록 가장 가까운 곳에서 지냈다.

여래향실의 동쪽에 부처님께서 사용하셨던 우물이 있다. 지금은 사용하지 않고 있으며 우물에 수동 펌프를 달아 놓았다. 기록에 의하면 "이곳에 아소까 대왕이 세운 탑이 있어서 신기한 일이 자주 일어났다"고 되어 있지만, 현재 그 탑의 정확한 위치를 알 수는 없다.

⑤ 설법장說法場 Dhammasala

담마살라는 부처님께서 기원정사에 머무시면서 제자들에게 설법하실 때 앉으셨던 자리라고 전해진다. 여래향실의 북동쪽에 있다. 현재 담마살라는 부처님께서 앉아서 설법하시던 곳과 스님들이 모여서 설법을 듣던 중앙 홀, 승원으로 이루어져 있다. 여러 차례 증축과 보수를 통해 현재의 모습을 갖추었다.

⑥ 사리뿟따舍利弗 Sāriputta 꾸띠와
   사리뿟따-붓다데와佛天 Buddhadeva 사리탑

사리뿟따 존자의 거처는 여래향실에서 아난다 보리수를 지나서 걸어가다 보면 오른쪽에 조금 높은 기단을 가지고 있는 건물 유적이다. 사리뿟따 꾸띠의 북쪽에 탑의 기단만 남은 유적이 3개가 있는데 사리뿟따 존자와 붓다데와 존자의 사리탑으로 알려져 있다.

⑦ 라훌라 Rahula 꾸띠, 앙굴리말라 Angulimala 꾸띠, 시왈리 Sīvali 꾸띠

부처님의 아들이자 아라한인 라훌라 존자의 거처는 아난다 보리수에서 남서쪽으로 난 길을 따라 사리뿟따 꾸띠를 지나서 왼쪽 첫 번째에 있는 건물 유적인데 매우 단순한 구조이다. 앙굴리말라 존자의 거처는 사리뿟따 꾸띠의 서쪽에 있고, 시왈리 존자의 꾸띠가 바로 그 옆에 있다. 시왈리 존자는 부처님의 제자 가운데 가장 먼저 공양을 받는 분이라고 한다. 동남아의 불자들, 특히 스리랑카 불자들은 반드시 이 꾸띠에 참배를 하며

복福을 기원하는데, 시왈리 존자에게 공양을 올리면 즉시 복을 받는다고 믿고 있기 때문이다. 그래서 시왈리 꾸띠는 항상 순례자들이 붙여 놓은 금박金箔으로 번쩍인다.

⑧ 8아라한의 사리탑

이름이 알려지지 않은 8아라한의 사리탑이 기단만 남아 있는 모습으로 발굴되었다. 라훌라 꾸띠와 앙굴리말라 꾸띠의 중간에 있다.

⑨ 라즈까라메야 꾸띠 Rajkaramya kuti

꼬살라의 빠세나디 왕이 승가에 공양을 올린 승원이라고 전해진다. 동쪽으로 입구가 있고, 사방에 스님들의 거처인 작은 방이 배치되어 있으며, 중앙에는 스님들이 공동체 생활을 할 수 있는 공간이 있다. 서쪽으로는 불단佛壇, 또는 설법단說法壇으로 사용되었던 것으로 보이는 단이 있다.

⑩ 기타 유적들

부처님과 스님들이 목욕하셨던 목욕장, 아직 이름이 밝혀지지 않은 커다란

승원, 크고 작은 꾸띠, 탑의 기단부 등이 넓게 퍼져 있다. 현재 유적지로 지정된 곳은 실제 기원정사의 크기보다 많이 축소된 것이라고 한다.

2. 사위성 유적

① 빠끼 꾸띠 Pakki kuti

앙굴리말라Angulimala 회심처廻心處로 알려진 빠끼 꾸띠Pakki kuti는 기원 정사에서 북동쪽으로 약 2km의 지점에 있다. 앙굴리말라가 부처님을 해치려고 칼을 들고 쫓아왔다가 부처님의 위신력에 손에 들고 있던 칼과 손가락을 잘라 만든 목걸이를 버리고 출가한 곳에 세워진 탑이다. 앙굴리말라의 원래 이름은 비폭력非暴力이란 뜻의 아힘사Ahiṃsā/Ahimsaka이다. A. 커닝엄이 발굴을 하여 앙굴리말라와 관련된 곳임을 확인하였다.

② 깟취치 꾸띠 Kachchi kuti

수닷따 장자의 집터로 알려진 깟취치 꾸띠는 앙굴리마라 회심처의 남동쪽 60m 지점에 있다. 깟취치 꾸띠라는 이름이 생긴 것은 불에 굽지 않은 벽돌로 건물이 지어졌기 때문이다. 현재 남아 있는 탑 유적은 수닷따 장자의 집터에 그를 기리는 탑을 세운 것으로 연구되었다. 1~2세기 꾸산Kushan 왕조로부터 12세기까지 많은 증축과 보수를 하였다. 법현 스님과 현장 스님의 기록으로 확인되었다.

③ 녹자모강당鹿子母講堂/東苑精舍 Pubbarama Vihara

밧디야Bhaddiya지역의 장자인 다난
자야Dhananjaya와 수만나Sumana의 딸
인 위사카Visakha가 사위성의 미가
라Migara 집안으로 시집을 와서 나
형외도(裸形外道=자이나교)를 따르
던 남편의 가족들을 모두 불교로 개종시킨다. 이 과정에서 시아버지인 미
가라가 수다원과Sotapanna를 성취하였다. 그는 고마움으로 위사카에게 '그
대는 나의 어머니와 같다.'라고 한 것이 위사카의 별명인 미가라마따
(Migaramata=녹자모)가 되었다. 후에 위사카가 아들을 낳음으로써 실제로도 '미
가라'의 어머니가 되었다. 부처님과 승가에 사원을 지어 공양을 올렸는
데 위사카의 별명을 따서 녹자모강당Migaramatupasada이라고 불렀다. 기원정
사의 동쪽에 있어서 동원정사로도 불렀다. 부처님께서 모두 6안거를 이
곳에서 보내셨다. 오라자르에서 북쪽으로 향하는 마을 길을 따라 약 1km
를 지나서 마을의 서쪽 방향으로 가면 새로이 발굴된 동원정사 유적지
가 있다. 현재 시바 링가linga가 동원정사 유적지의 중앙에 자리 잡고 있는
데 부러진 아소까 석주를 갈아서 만든 것으로 보인다.

④ 왕은정사王恩精舍=王寺, Rajkaramya Vihara

왕은정사는 최근에 발굴이 되었
다. 빠세나디 왕이 비구니 승가를 위
하여 사위성 내에 건립한 최초의 비
구니 정사이다. 유적은 기단부만 남
아 있어서 찾아가기가 쉽지 않다.

⑤ 천불화현千佛化現의 터 Orajhar

기원정사에서 발람뿌르^{Balrampur} 방향으로 약 1.5km 떨어진 곳에 있는 유적이다. 이교도異敎徒들이 신통력으로써 사람들을 현혹하고, 부처님께 신통력으로 도전을 해 왔을 때, 부처님께서는 모든 사람이 지켜보는衆人環視 가운데서 천불화현千佛化現의 기적, 물과 불의 기적, 망고나무의 기적 등을 보이시고 그들을 제도하셨다. 이렇게 세 가지 신통력을 보이신 자리에 세워진 탑과 사원 유적이 있는데 이것을 '오라자르'라고 한다. 부처님께서는 이렇게 세 가지 신통력을 보이신 후, 세 걸음 만에 도리천으로 올라가셔서 도리천에 천신으로 태어난 어머니인 마야 왕비에게 설법을 하시고 인간의 시간으로 3개월 안거를 보내시고 상카샤로 내려오신다.

⑥ 사위성 Sāvatthī

기원정사 매표소에서 북동쪽으로 약 500m 떨어진 곳에 사위성 성벽이 남아 있다. 사위성 성벽을 지나서 사위성 유적으로 들어가면 자이나교 사원 유적이 있고 계속해서 약 900m를 더 가면 수닷따 장자의 집터가 나온다. 수닷따 장자의 집터 뒤쪽으로 왕궁과 그 외의 많은 유적이 있었던 것으로 추정하는데 여러 번의 발굴에도 계속하여 많은 유물이 나왔다.

3. 기타

① 데와닷따의 연못

데와닷따가 부처님을 살해할 목적으로 열 손가락 손톱에 독을 바르고 부처님 몸에 상처를 내고자 하였지만, 데와닷타가 앉아 있던 연못가 나무 아래의 땅이 저절로 꺼지면서 무서운 불꽃이 일어났다. 데와닷따가 불에 타면서 자신의 죄를 참회하고, '부처님께 귀의합니다^{Namo Buddha}'를 외치면서 지옥으로 떨어졌다는 연못이 있었다고 하는데 자취를 찾을 수 없다.

② 주변 사원

스리랑카, 미얀마, 태국, 인도, 한국 불교 사원이 성지 주변에 있다. 특히 기원정사 입구에 있는 스리랑카 사원 내부의 벽화가 눈여겨볼 만한데 그림 5~24번까지는 모두 사위성과 기원정사 일대에서 일어난 일들을 그려 놓았다.

순례 가는 길

1. 드나드는 길

• 뉴델리에서 스라와스띠로 가려면 뉴델리에서 항공편으로 럭나우^{Lucknow}까지 가서 그곳에서 택시를 타고 가는 것이 가장 빠른 방법이다. 뉴델리와 럭나우를 연결하는 기차가 많으므로 럭나우역까지 기차로 가서 그곳에서 택시를 타고 가는 것도 좋은 방법이다.

뉴델리에서 기차를 이용해서 스라와스띠로 가려면 뉴델리와 고락뿌르 ^{Gorakpur}를 연결하는 기차 노선에 있는 곤다^{Gonda}역으로 가는 것이 가장 유용하다. 뉴델리에서 곤다역까지 가는 기차는 여러 편이 있는데, 가장 유용한 기차(No. 12554, 19:50-06:20)는 1일 1회분이다. 만약 뉴델리역에서 출발하는 기차표를 구하기 힘들다면 델리^{Delhi}역에서 출발하는 기차를 알아보는 것이 좋다.

다른 성지를 들러서 가는 길이라면 럭나우와 고락뿌르에서 곤다로 가는 기차는 여러 편이 있으므로 시간표를 보고 상황에 맞게 이용하면 된다. 만약 곤다에서 기차로 스라와스띠를 가려면 곤다역에서 출발하는 기차 (No. 15322, 09:55)를 타고 자르깐띠^{Jarkanti}역에서 내리면 되지만 권하고 싶지는 않다. 자르깐띠역은 발람뿌르^{Balrampur}라는 작은 도시의 중앙에 있다. 발람뿌르라는 역이 있지만 스라와스띠로 가는 데는 불편하다.

스라와스띠에서 다음 행선지의 기차표를 예매하려면 곤다역이나 발람뿌르역에서만 가능하다.

• 곤다역에서 서쪽으로 걸어가면 만나게 되는 큰길에는 발람뿌르까지 가는 합승 지프가 언제나 손님을 기다리고 있다. 곤다에서 발람뿌르까지는 43km가 떨어져 있는데 1.5~2시간이 걸린다. 여러 명이 함께 순례한다면 곤다역 광장에서 손님을 기다리는 택시를 타고 스라와스띠까지 바로 가는 것도 좋은 방법이다.

• 발람뿌르에서 까뜨라^{Katra(스라와스띠)}까지는 17km(30분~1시간)가 떨어져 있는데 합승 지프나 정부 운행 버스를 타고 까뜨라 입구에서 내리면 바로 기원정사 유적지 입구가 나온다. 합승 지프나 정부 운행 버스는 발람뿌르에서 스라와스띠 쪽으로 철길을 건너면 있다.

• 럭나우, 고락뿌르, 소나울리^{Sonauli(네팔 국경)}에서 스라와스띠로 가려면 택시를 타고 가는 것이 가장 무난한 방법이다. 특히 네팔에 있는 룸비니를 순례하고 오는 길이라면 소나울리에서 석가족이 세운 부처님의 진신사리탑이 있는 삐쁘라흐와^{Piprahwa}를 거쳐서 스라와스띠로 가는 방법이 유용하다.

2. 묵을 곳, 먹을 곳

- 스라와스띠는 기원정사 때문에 많은 순례자가 방문하기 시작한 이후로 여러 호텔과 순례자 숙소가 건설되었다. 발전기가 갖춰졌고 식사가 가능한 고급 호텔들이 있지만, 시설 대비 가격이 비싸고 성지 순례 시즌에는 언제나 단체 순례자들로 만원이기 쉽다. 성수기에는 예약을 하지 않고 머물기가 어렵다. 전기 사정이 점점 좋아지고 있기는 하지만 자주 정전이 되므로 전기 사정이 좋은 편은 아니다.

- 한국, 스리랑카, 미얀마, 인도, 태국 사찰이 순례자 숙소를 운영하면서 식사를 제공하고 있으므로 빈방이 있는지를 알아보고 머물 수 있다. 정해진 것은 없으나 떠나기 전에 순례자의 형편에 따라 적절한 보시^{donation}를 하는 것이 예의이다.

- 스라와스띠에서 17km 떨어져 있는 발람뿌르에 몇 개의 숙소가 있고 식당도 있다. 만약 스라와스띠에서 머물 수 없는 상황이라면 발람뿌르에서 숙박을 하고 스라와스띠 유적을 순례하는 것도 나쁘지는 않다.

- 식사는 숙소에서 해결하는 것이 가장 좋다. 까뜨라(스라와스띠)에는 시장이 있지만, 외국인이 먹을 만한 식당은 없다. 시장에는 넉넉하고 다양하지는 않지만, 채소를 비롯한 먹을거리가 있기는 하다.

*오백년 도읍지를 필마로 돌아드니
산천은 의구한데 인걸은 간 데 없네
어즈버 태평연월이 꿈이런가 하노라
- 길재吉再(1353~1419) 호는 야은冶隱 -

*수닷따 장자가 부처님과 승가에 공양을 올릴 사원을 짓기 위해 제따 왕자의 숲을 사려고 했지만, 왕자는 번번이 거절하다가 왕자가 지나가는 말로 "숲을 모두 황금으로 덮으면 팔 수도 있지......"라고 한다. 이 말을 들은 수닷따 장자는 거래가 성립된 것으로 생각하고, 자신의 전 재산을 황금으로 바꿔서 현재 쌍둥이 탑 유적이 있는 자리에서 황금을 녹여 판을 만들어 제따 왕자의 숲을 덮어 가기 시작했다. 이러한 사실이 왕자의 귀에 들어가게 되었고, 왕자는 수닷따 장자가 무엇 때문에 이런 일을 하는지 알게 되었다.

그래서 왕자는 숲을 자신의 이름으로 부처님과 승가에 공양을 올렸고, 수닷따 장자가 그 숲에 사원을 지어 부처님과 승가에 공양을 올렸다. 그래서 제따$^{Jeta=祇陀}$ 왕자의 숲$^{vana=園}$에 아나타삔디까^{Anathapindika}(외로운 사람을 도와주는 이(給孤獨) = 수닷따 장자의 별명)가 승원^{vihara}를 지어 공양을 올린 사원(祇樹給孤獨園=祇園精舍)이란 이름을 가지게 되었다. 함께 성지 순례를 오신 분들께 이렇게 설명을 하는데 누군가가 손을 들고 내게 물었다.

"금판의 두께는 얼마나 두꺼웠어요?"

"제가 기억력이 없어서......."

모두 웃었다.

*부처님께서 머무시던 건물을 여래향실如來香室 $^{Gandha-kuti}$이라고 한다. 부처님 반열반 이후에 7층의 목조 건물로 지어졌으나 화재로 전소되었는데 전단향나무로 만든 불상만 타지 않았다고 한다. 후대에 벽돌 2층 건물을 다시 지었다고 하는데 지금은 모두 허물어지고 기단부만 남았다. 일부에서는 부처님께서 오라자르에서 세 가지 신통력을 보이신 뒤, 도리천에 천신으로 태어난 어머니 마야 왕비에게 법문을 하러 가셨을 때, 빠세나디^{Pasenadhi} 왕이 만든 전단향목栴檀香木 불상을 모셔 놓은 곳이라고 전한다. 하지만 최초의 불상은 그리스의 영향을 받아 간다라 지역에

서 서기 1세기 전후하여 처음 조성된 것이 역사적 사실이다.

*부처님께서는 세속적인 삶을 유지하면서도 깨달음에 도달할 수 있는지를 묻는 수닷따 장자에게 이렇게 설법을 하셨다.

만약 남을 속이거나 수행을 하지 않는다면
비록 머리를 깎았다고 하더라도 수행자라고 하지 않는다.
욕심과 이기심이 가득하다면
그를 어찌 수행자라 부르겠는가?

그는 미세하거나 거칠거나를 가리지 않고
모든 악을 완전히 정복하였다.
모든 악을 완전히 정복하였기에
그를 진정한 수행자라 부른다.

〈법구경 264, 265〉

*스리랑카 사원Ananda Bodhi society of India의 법당 내부에는 부처님 일대기의 중요한 네 장면의 무대가 되는 4대 성지와 기원정사, 사위성에서 있었던 부처님의 중요한 사건들을 벽화로 그려 놓았다. 시간이 허락한다면 관련된 경전과 함께 찬찬히 살펴볼 만하다.

1. 부처님의 탄생-사문유관-출가 / 2. 성도成道 / 3. 초전법륜 / 4. 열반

5. 수닷따 장자와의 만남 / 6-7. 기원정사 건립 / 8. 아난다 보리수

9. 녹자모강당 / 10. 짜꾸빠왈라(장님) 비구

11. 마따 꾼달리(약값이 없는 병자) / 12. 깔리약키니 / 13. 데와닷따

14. 보디가타띳사 비구 / 15. 석가족의 멸망

상까샤 Sankasya

인도 웃따르 쁘라데쉬 Uttar Pradesh 주州

개요

한적하고 고요해서 적막감까지 느낄 수 있고, 한가로이 거니는 야생 공작의 수줍은 몸짓까지 볼 수 있는 상까샤(현지인들은 주로 Sankisa라고 한다)는 정말 단출한 유적만이 순례자를 맞이한다. 밤이면 하늘 가득 쏟아지는 별을 만끽하라고 전기도 거의 들어오지 않는 곳이다. 지금도 크게 나아진 것은 없으나 불과 얼마 전까지만 해도 돈이 있어도 사서 먹을 만한 것이나 먹을 곳이 별로 없는 곳이었다.

로컬 버스에서 내려서 느릿한 걸음으로 논밭 사이로 난 도로를 걸어가면 방문할 때마다 허물어져 가는 것이 눈에 드러나는 상까샤의 유적이 나온다. 달리 볼 것도 없고 한국 불교에서는 많이 알려지지도 않은 곳이지만 팔대 성지의 하나로 자리매김하고 있는 상까샤는 부처님의 발자취를 따라 순례하는 길에서 빼놓을 수 없는 곳이다.

지금은 여러 나라 사찰들이 들어서 있고 중급 호텔이 영업하며 도로도

정비되어 가고 있지만 그래도 궁핍한 마을의 모습은 변한 것이 거의 눈에 띄지 않는다.

역사

1. 초기 역사

부처님의 어머니이신 마야 왕비는 아들인 싯닷타 왕자를 낳고 칠일 만에 죽음을 맞이하여 도리천忉利天^{Tāvatimsa}에 천신으로 태어난다. 부처님께서 스라와스띠에서 외도들의 도전을 받아 세 가지 신통력을 보이신 뒤, 세 걸음 만에 도리천으로 올라가셔서 인간의 시간으로 3개월 안거 기간 동안 마야 왕비를 비롯한 도리천의 천신들에게 설법하신 뒤, 다시 인간 세계로 내려오신 곳이다.

부처님의 발이 땅에 닿자 부처님께서 천상으로부터 밟고 내려오신 계단은 모두 땅에 묻히고 지상으로부터 일곱 칸의 계단만 남았다고 전한다. 아소까 대왕이 이곳을 순례하여 신하들을 시켜 이 계단을 파 보았지만,

아무리 파도 끝을 알 수 없이 이어진 계단이 계속되어 다시 묻게 하였다. 그리고 그 계단 위에 절을 지어 부처님을 예배 공경하였으며, 이로 인해 부처님을 더욱 공경하고 부처님의 가르침을 굳건히 믿었다고 한다.

2. 역사와 발굴

법현 스님은 "부처님께서 도리천으로부터 동쪽을 향해 내려오셨다. 부처님의 신통력으로 삼도보계三道寶階를 만들어 칠보七寶의 계단으로 내려오셨다. 범천梵天Brahma은 백은白銀의 계단을 만들어 우측에서 흰 불자拂子를 손에 쥐었고, 제석천帝釋天Indra은 자금紫金 계단을 만들어 좌측에서 칠보의 일산日傘을 들고 내려오는데, 무수히 많은 하늘 천신들이 부처님을 따랐다."라고 기록을 남겼다.

신라의 혜초慧超 스님은 〈왕오천축국전〉에 "탑 왼쪽은 금으로, 오른쪽은 은으로 장식하고 가운데는 유리를 박았다. 부처님은 가운데로, 범천梵天은 왼쪽 계단에, 제석천帝釋天은 오른쪽 계단에서 부처님을 모시고 내려온 곳이다. 바로 이곳에 탑을 세웠는데, 절이 있고 스님이 상주하고 있음을 볼 수 있었다"라고 기록을 남겼다. 1862년 A. 커닝엄이 발굴을 하여

정확한 위치를 알게 되었지만, 종교적인 갈등 때문에 현재까지도 본격적인 발굴을 하지 못하고 있다. 유적지 내에 작은 힌두교 신전이 있는데, 이와 관련된 종교 분쟁 때문에 현재 유적지에는 경찰관이 상주하고 있다.

유적

1. 사원 유적

고대의 불교 사원 유적으로 추정되는 건물 유적이 있으나 이 유적의 내부에 작은 힌두교 사원이 있어서 종교 분쟁 때문에 발굴 작업을 하지 못하고 있다. 삼도보계三道寶階가 내려온 자리, 사원 유적, 탑 유적 등으로 추정하기는 하지만 정확한 것을 알기는 어렵다.

현장 스님은 다음과 같은 기록을 남겼는데 이것이 현재 남아 있는 유적의 역사를 추정할 수 있는 기록이다. "수백 년 전까지만 해도 계단이 있었

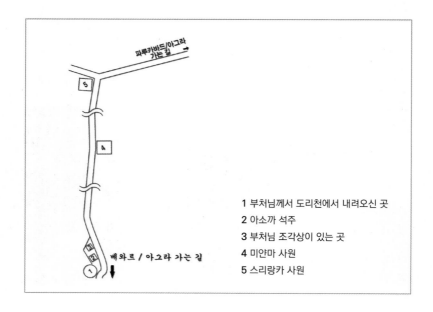

1 부처님께서 도리천에서 내려오신 곳
2 아소까 석주
3 부처님 조각상이 있는 곳
4 미얀마 사원
5 스리랑카 사원

는데 이제는 부서져서 없어졌다. 그래서 이 지역의 왕들은 스스로 보계寶階를 볼 수 없음을 한탄하여 벽돌과 돌로 쌓고 보석으로 장식하여 원래의 자리에 보계를 다시 복원시켰다. 그 높이가 70여 척인데 그 위에 정사精舍를 세웠다."

2. 아소까 석주

사원 유적 입구의 공터에 석주의 기둥 부분과 기단 부분이 사라진 아소까 석주가 보호각 내에 있다. 아소까 석주의 상단을 장식했던 코끼리 조각은 코를 포함하는 머리 부분이 손상되기는 했지만 비교적 온전한 모습으로 남아 있고, 코끼리 아래의 연꽃 문양은 아름답게 남아 있다.

3. 삼도보계三道寶階 조각

아소까 석주의 북쪽에 철문이 있는 작은 건물이 있는데 이곳의 내부에 부처님께서 천상에서 내려오시는 모습이 조각된 작은 유물이 있다. 천상에서 계단을 통해 내려오시는 부처님의 오른쪽에는 발우를 든

범천Brahma, 왼쪽에는 일산을 든 제석천Indra이 조각되어 있다. 연대를 알 수 없는 이 유물이 보관된 곳은 작은 건물인데, 예전에는 힌두교도들이 박시시를 요구하며 문을 여닫았으나 지금은 인도 스님들이 주위에 늘 상주한다. 문이 잠겨 있을 때는 유적지를 지키고 있는 경찰관에게 요청하면 열어 준다.

작은 보시를 하는 것이 일반적이다.

순례 가는 길

1. 드나드는 길

• 상까샤를 가는 길은 여전히 쉽지 않다. 상까샤는 아그라Agra에서 동쪽으로 160km가 떨어진 곳에 있다. 아그라에서 가는 방법과 파루카바드Farrukhabad에서 가는 두 가지 방법이 있다. 가장 쉬운 것은 아그라에서 아침에 택시를 타고 출발해서 상까샤를 둘러보고 오후에 돌아오는 방법이다.

• 아그라에서 상까샤까지 바로 가는 버스는 없다. 아그라 시외버스 터미널에서 베와르Bewar까지 가는 버스를 타고 간다. 베와르에서 파루카바드 행 버스를 타고 모함마다바드Mohammadabad에서 내린다. 모함마다바드의 시장 내에서 출발하는 상까샤 행 버스를 타고 가서 상까샤의 스리랑카 사원 앞에서 내려서 남서쪽으로 난 길을 따라 약 1.5km를 걸어가면 된다.

• 파루카바드까지는 기차를 타고 가는 것이 좋다. 델리Delhi역에서 하루 한 번 기차(No. 4724, 22:00-07:00)가 있다. 깐뿌르Kanpur역에서는 하루 두 번 기차(No.4723, 17:05-20:20 / No.5037, 10:45-14:00)가 있다. 파루카바드역의 서쪽에서 베와르로 가는 버스가 수시로 출발하는데,

이 버스를 타고 모함마다바드에 내려서 상까샤 행 버스를 타면 된다.

- 모함마다바드에서 상까샤까지는 17km이다. 상카샤에서 내리면 눈에 바로 들어오는 것이 스리랑카 사원이다. 스리랑카 사원에서 유적지로 가는 길을 물어보는 것이 가장 좋다. 유적지는 스리랑카 사원에서 남서쪽으로 난 길을 따라 약 1.5km를 걸어가면 나온다.

2. 묵을 곳, 먹을 곳

- 상까샤에서 순례자를 위한 숙소를 제공하는 곳은 스리랑카 사원과 미얀마 사원이다. 순례 시즌이 되면 스리랑카 사원은 늘 스리랑카 순례자들로 붐벼서 방을 구하기가 어려울 때가 많다. 미얀마 사원은 스리랑카 사원에서 유적지 방향으로 약 600m 떨어져 있는데 상대적으로 덜 붐비므로 숙소를 구하기가 쉬울 것이다. 유적지를 지나 서쪽으로 약 1km 정도 떨어진 곳에 캄보디아 사원이 새로 건립되었는데 순례자에게 숙식을 제공하는지는 확인해 보지 못했다. 그 외에도 티베트 사원 등의 몇몇 불교 사원이 있으나 순례자에게 숙식을 제공하는지는 확인해 보지 못했다.

스리랑카 사원의 길 건너에 오래된 호텔이 있고, 스리랑카 사원에서 유적지 방향으로 100m 떨어진 곳에 새로이 고급 호텔도 문을 열어서 순례하는 일에 불편함이 없어졌지만 그리 기대할 만하지는 않다.

상카샤에는 먹을 만한 식당이 없으므로 머물게 되는 절에서 제공하는 식사를 하는 것이 가장 좋은 방법이다. 아주 간단한 것을 파는 작은 상점이 몇 군데 있을 뿐이다.

- 아그라나 파루카바드에서 머물 예정이라면 숙소나 식당은 걱정하지 않아도 될 만큼 많이 있으므로 선택해서 갈 수 있다. 아그라는 도시 전체에 호텔과 식당이 있지만 따즈마할 부근에 숙소와 식당이 밀집해 있고, 파루카바드는 역 주변에 숙소와 식당이 몰려 있다.

*기록에 따라 조금씩 차이가 보이기는 하지만 부처님께서 내려오신 계단의 중앙은 칠보七寶, 부처님의 우측은 금金으로 되어 있었으며, 범천Brahma이 발우를 들고 내려왔고, 좌측은 은銀으로 만들어져 있었으며, 제석천Indra이 일산日傘을 들고 내려왔다고 한다.

*부처님께서 천상에서 설법하고 계실 때, 목갈라나目連 존자가 천상으로 올라가서 부처님을 뵙고 문안을 드렸으며, 이때 상카샤로 내려오실 것을 미리 알았다고 한다. 인간 세계로 내려오신 부처님은 사리뿟따舍利弗 존자가 가장 먼저 영접했다고 한다. 다른 기록에는 팔대 강국의 왕들, 모든 수행자, 여러 나라 사람들은 오랫동안 부처님을 뵙지 못했기 때문에 소문을 듣고 부처님을 뵙기 위해 상카샤에서 기다리고 있었다. 이때 비구니 웃빨라Utpala가 부처님을 가장 먼저 뵙기를 간절히 발원했다. 부처님께서 그녀의 소원을 아시고 신통력으로써 부처님께 가장 먼저 예배 올릴 수 있도록 배려하셨다고 한다.

*이곳에 있는 가장 오래된 불교 사원은 스리랑카 사원Ananda Bodhi society of India이다. 협회 본부는 럭나우Lucknow에 있으며 스라와스띠, 상카샤, 와이샬리에 지부를 두고 있다. 처음 이곳에 사원을 세웠을 때, 스리랑카 스님들이 힌두교도들로부터 많은 박해를 받았으나 지금은 완전히 자리를 잡았다. 현재는 발전기 시설을 갖추고 많은 순례자를 수용할 수 있게 되었으며, 법당 내부에는 상까샤와 관련된 부처님의 벽화가 있다. 이곳은 전기가 거의 들어오지 않는 곳이기 때문에 밤이면 거의 칠흑에 가까운 어둠이 내린다.

*스리랑카 사원에서 불교 유적지 방향(남서쪽)으로 600m 정도 떨어진 곳에 미얀마 사원이 있는데 규모는 작지만 새로 생긴 곳이다. 미얀마 스님이 상주하면서 순례자를 맞이하고 있다. 유적지를 지나 서쪽으로 약 1km 정도 떨어진 곳에 캄보디

아 사원이 새로 건립되는 등, 새로이 많은 사원이 건립되었거나 공사를 하고 있다. 순례하기가 좀 더 편해질 수 있을 것으로 생각한다.

불교 유적 내의 힌두교 사원

경찰 숙소

*종교적 갈등 때문에 유적지가 자꾸 허물어져 간다. 한동안 유적지가 허물어져 갈수록 유적지에서 나온 벽돌로 지은 경찰관들이 머무는 숙소는 튼튼해지고 있었는데, 지금은 경찰관의 숙소가 텐트로 바뀌었다.

아소까 석주

붓다의 향훈香薰을 따라서

와이살리 Vaisali or Vaishali
인도 비하르 Bihar 주州

개요

부처님 당시에 최초의 공화국이었던 릿차위족族의 왓지^{Vajji} 왕국이 있던 와이살리(경전에는 웨살리^{Vesāli} 毘舍離)에서 가장 쉽게 떠올릴 수 있는 표현은 '가난에 찌든 모습'이란 것이다. 카스트가 높고 낮음에 관계없이 사는 모습이 궁핍窮乏이라는 단어를 자연스럽게 떠올리게 한다. 밤이면 아주 멀리서 들려오는 발전기 소리와 드물게 지나가는 자동차 소리를 빼면 적막함과 짙은 어둠이 가득한 곳이다. 인도에서도 가난한 지역에 속하다 보니 거칠고 검은 피부와 마르고 왜소한 몸매를 지닌 사람들이 많다.

부처님 당시에 이곳의 왓지 왕국에서 기근과 전염병이 돌자 왓지국의 왕은 부처님께 사신을 보내 부처님께서 방문해 주시기를 청하였다. 부처님께서 스님들과 함께 이곳으로 오셔서 보배경^{Ratana sutta}를 외우시면서 거리를 다니시자, 기근과 전염병이 물러갔다는 경전의 기록이 남아 있는 곳

이다. 이곳에 갈 때마다 비록 미약한 능력으로라도 도움이 되고자 보배경을 외우게 되고 마을 곳곳을 다니면서 그들의 삶이 평안해지기를 바라게 되는 곳이다.

　부처님께서 마지막 안거를 보내신 곳이고, 기녀妓女 암라빨리Amrapali/Ambapali 가 부처님께 망고동산을 공양 올린 곳이며, 최초로 여성이 출가하여 비구니 승가가 형성된 곳이고, 대림정사 중각강당이 있던 곳이며, 원숭이가 부처님께 꿀을 공양 올린 곳이기도 하다. 그 외에도 많은 경이 설해진 곳이고 제 2차 결집의 원인을 제공한 곳이기도 하다. 이곳 사람들의 자유분방하고 개방적인 사상思想 때문에 근본 분열이 일어난 곳이고, 대승 불교가 발달하게 된 곳이며, 후대에 창작된 유마경의 무대가 되기도 하였다.

역사

경전에는 웨살리^{Vesāli}毘舍離로 나타나는 와이살리는 인도 최초의 공화국인 왓지^{Vajji} 왕국의 수도였던 곳이다. 왓지 왕국은 릿차위족이 주류를 이룬 나라였다. 이곳은 히말라야가 멀지 않고 갠지스 강이 가까운 입지 조건 때문에 일찍부터 상업이 발달한 곳으로 언론과 사상의 자유가 보장된 곳이었다. 이러한 여러 가지 조건으로 재가在家 불교 운동이 시작된 곳이기도 하다.

부처님께서 이곳에서 마지막 안거를 보내시면서 반열반을 예고하신 곳이고, 부처님께서 반열반을 하신 뒤. 100년이 지난 뒤에 깔라소까^{Kalasoka} 왕 시대에 10사비법十事非法으로 인하여 제 2차 결집이 이루어진 곳이다. 아소까 대왕이, 이곳을 순례하고 석주를 세워 부처님의 성지를 기념하였는데 당시에 세운 석주 가운데 가장 완전한 형태를 유지한 채 지금도 우뚝 솟아 있다. 4세기 때 법현 스님, 7세기 때 현장 스님이 순례를 하고 기록을 남겼다.

1861년 커닝엄^{A. Cunningham}이 발굴을 하여 이곳이 '웨살리'인 것을 밝혀냈다. 그 이후 여러 차례 발굴하였으며, 아직도 발굴이 진행되고 있다. 1958년의 발굴 과정에서 진신사리탑과 진신사리탑 내에 있던 사리함, 사리, 구리 동전, 작은 조개껍질, 유리구슬 2개가 발견되었는데, 경전에 기록되어 있는 근

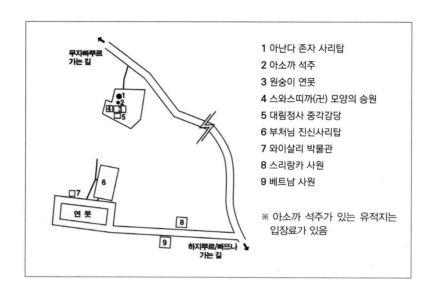

1 아난다 존자 사리탑
2 아소까 석주
3 원숭이 연못
4 스와스띠까(卍) 모양의 승원
5 대림정사 중각강당
6 부처님 진신사리탑
7 와이샬리 박물관
8 스리랑카 사원
9 베트남 사원

※ 아소까 석주가 있는 유적지는
   입장료가 있음

본 8탑의 하나로 밝혀졌다.

유적

1. 사리탑, 릿차위족의 탑

근본 8탑의 하나로 웨살리 왓지
국의 왕이 부처님의 사리를 분배받
아 세운 것이다. 1958년 알테카르
A.S.Altekar가 발굴을 하였을 때, 기단부
에 부처님 유골사리가 아닌, 유골가
루(遺骨粉)사리가 발견되었다. 이 탑
의 발굴을 통하여 근본 8탑에 대한
경전 내용이 사실에 근거한 내용임
을 확실히 증명하게 되었다. 발굴 과

정에서 3번에 걸쳐 증축되었음이 밝혀졌다. 처음 탑이 조성된 후 250년
이 지나서 아소까 대왕이 근본 8탑을 열어 사리를 나눌 때 처음 증축되
고, 그 후 2차례에 걸쳐 증축된 것으로 발굴 조사를 통해 밝혀졌다. 현재
이 사리탑은 기단부만 남아 있으며, 발굴된 유물은 빠뜨나 박물관 특별
전시실에 전시되고 있다.(빠딸리뿌뜨라/빠뜨나 박물관 편 참조)

2. 아소까 석주 Asoka Pillar와 아난다 존자 사리탑 Ananda's relic stupa

부처님의 진신사리탑에서 북쪽으로 2.5km 떨어진 꼴후아^{Kolhua} 마을에
있는 유적이다. 이곳의 아소까 석주는 현재 남아 있는 석주 중에서 가장
완벽한 형태를 갖추고 있다. 1969년 발굴 당시에는 석주의 중간 부분까
지 흙에 묻혀 있었다고 한다. 발굴을 통해 확인된 이 석주는 전체 높이가
18.3m이며, 상단에는 완벽한 모습의 한 마리 사자상이 북쪽을 향해 있
다. 석주의 곳곳에 많은 글씨가 새겨져 있으나 대부분 낙서이고, 고대문
자는 거의 보이지 않는다.

아소까 석주의 바로 옆에 큰 탑이 있는데 아난다 존자의 사리탑이다. 아난다 존자는 부처님의 가장 헌신적인 시자로서 부처님께서 반열반에 드실 때까지 25년간 시봉侍奉을 하였다. 마가다 왕국과 왓지 왕국의 중간인 갠지스 강의 중간에서 반열반에 들었고, 왓지 왕국 사람들이 아난다 존자의 유골舍利^{Sarira} 일부를 가져다 탑을 세운 것이다.

3. 대림정사 중각강당大林精舍 重閣講堂 Mahavana Kutagarsala

경전에는 "대림정사 안에는 원숭이 연못이 있으며, 그 옆에는 중각강당이 있다."고 기록되어 있다. 부처님께서 우기를 보내신 적이 있는 건물 유적이다. 지금 남아 있는 유적은 후대에 증축한 유적들이다. 그 옆에는 길상吉祥^{Svastika} (卍) 표시와 같은 형태의 바닥 구조를 가진 승원 유적이 있는데 굽따 시대에 비구니 스님들을 위한 승원이라고 전한다.

화엄경華嚴經^{Avataṃsaka Sūtra}에서는 입법계품을 '비사리성毘舍離城 중각강당'에서 설하셨다고 나온다. 그렇지만 거의 모든 불교학자의 연구, 경전 발달의 역사적 과정으로 볼 때, 화엄경은 부처님의 금구직설金口直說로 인정하지 않는다. 이곳이 배경인 유마경維摩經^{Vimalakīrti Sūtra} 또한 그렇다.

4. 원숭이 연못 Ram kund/ Rama kunda

한문 경전에서는 미후지獼猴池라고 한다. 부처님께서 혼자 안거를 보내

실 때, 원숭이들이 부처님을
시봉하였는데, 부처님께서
목욕하실 때가 되자 원숭이
들이 연못을 파서 목욕을 하
실 수 있도록 했다고 경전에
기록되어 있다. 원숭이가 부

처님께 꿀을 공양 올린 곳도 이 근처라고 한다. A. 커닝엄이 발굴하였다.

5. 기타

아소까 석주와 원숭이 연못 주위에는 많은 봉헌탑奉獻塔Offering stupa과 사
원 유적들이 있다. 그리고 유적지 주변에도 많은 유적이 흩어져 있는데
현재까지 전체적인 발굴 조사가 이루어지지 않아서 많은 사원이 있었음
을 추정할 뿐이다.

① 다자탑 Pahuputraka과 반다가마 Bhandagama

다자탑多子塔은 부처님의 사리탑 근처에 있었다고 하는데 정확한 위치
를 찾을 수는 없다. 다자多子라는 이름을 가지게 된 것은 아들을 많이 낳
게 해달라고 신神에게 기원하던 곳이기 때문이다.

부처님께서 꾸시나가르로 떠나시면서 작은 언덕에서 와이살리를 돌아

보시며 "아름다운 웨살리를 다시는 보지 못하겠구나. 이것이 내가 이 성을 마지막으로 보는 것이다. 다시는 이곳으로 돌아오지 못할 것이다."라고 하셨다. 이때 맑은 하늘에서 소나기가 내렸다고 한다. 이곳을 반다가마라고 하는데 경전에는 부처님께서 코끼리가 돌아보듯 몸을 돌려서 보셨다(象王回顧)고 한다. 하지만 정확한 위치를 찾을 수가 없다.

② 암라빨리의 망고동산

기녀 '암라빨리Amrapali / Ambapali'가 부처님과 승가에 공양을 올린 망고동산이 와이살리와 하지뿌르의 중간에 있었다고 하는데 그 흔적을 찾을 수가 없다. 암라

암라빨리 망고동산 추정지

빨리가 부처님께 공양을 청한 곳이 '벨루와가마Beluvagama'인데 부처님께서 마지막 안거를 보내신 곳이며, 반열반을 예고하신 곳이다. 역시 정확한 위치를 찾을 수 없다.

③ 박물관

부처님의 사리탑 남쪽에는 왓지 왕국의 왕들이 대관식에 이용하던 호수Abhishek Pushkarini가 있고 호수의 한쪽에 작은 박물관이 있다. 와이살리에서 출토된 작은 유물들을 전시하고 있는데 시간적인 여유가 있다면 들러볼 만한 곳이다.

④ 아난다 존자 탑 – 마두라뿌르 Madhurapur

부처님의 충직한 시자侍者였던
아난다Ananda 존자는 120세까지 살
았다고 전한다. 아난다 존자가 반
열반에 들려 한다는 소문이 퍼지
자 마가다 왕국과 왓지 왕국의 사
람들은 서로 자신들의 땅에서 반
열반하기를 원하였다. 존자는 분
쟁을 막기 위해 두 나라 사이를 흐
르는 갠지스 강의 중앙에서 공중
으로 떠올라 반열반하면서 스스로
불을 일으켜 자신의 유해를 다비

한다. 존자의 몸이 불에 타고 난 뒤, 사리(유골)가 반으로 나누어져 양쪽
강변에 떨어지자 사람들이 사리를 가져다 탑을 세웠다. 왓지 왕국 쪽으로
떨어진 곳에 세워진 아난다 존자의 사리탑이 있는 곳이다. 지금 탑 위에
는 힌두교 사원이 자리를 차지하고 있다.

비하르 주의 주도인 빠뜨나에서 와이살리로 가려면 마하트마 간디 다
리를 건너야 한다. 이 다리를 건너서 하지뿌르Hajipur를 가기 전에 미나뿌르
Minapur에서 우회전을 하여 약 14km를 가면 마두라뿌르라는 마을이 나온
다. 이 마을에 아난다 존자의 사리탑이 있다.

순례 가는 길

1. 드나드는 길

• 와이살리를 가기 위해서는 하지뿌르까지 기차를 타고 가는 것이 가

장 좋다. 뉴델리에서 기차(No.12566 14:30-07:50 / No.14006 / No.12554 / No.12562)를 타고 하지뿌르로 가는 것이 가장 좋은 선택이다. 인도의 중북부 지역에서 하지뿌르로 도착하는 기차도 있어서 불편함은 크게 없다.

빠뜨나도 와이살리로 가는 다른 선택이 될 수 있는데 비하르 주의 주도州都답게 많은 기차가 지나가므로 이용하기에 불편함은 없다.

• 하지뿌르에서 와이살리까지는 45km가 떨어져 있는데 랄간즈Lalganj를 거쳐서 가야 한다. 랄간즈에서 와이살리로 가는 버스 정류장은 하지뿌르와 랄간즈를 연결하는 버스 정류장에서 랄간즈의 시장을 가로질러 서쪽으로 가면 나온다. 와이살리까지 바로 가는 버스는 빠뜨나에서 출발하는 버스밖에 없는데, 아주 드물게 있어서 이용하기가 어렵다. 하지뿌르에서 랄간즈까지 가서 그곳에서 와이살리로 가는 버스를 갈아타는 것이 가장 좋다.

• 빠뜨나 버스 터미널에서 하지뿌르를 거쳐 와이살리까지는 60km가 떨어져 있고, 바로 가는 버스는 몇 편 되지 않는다. 배차 횟수나 시간이 일정하지 않으므로 현지인들에게 여러 번 물어봐야 한다. 하지뿌르로 가는 버스는 자주 있으므로 하지뿌르에서 갈아타는 편이 좋다.

• 와이살리의 유적지는 두 곳으로 나누어져 있으므로 어디를 먼저 순례할 것인지를 결정해야 버스를 이용하기 좋다. 릿차위족의 부처님 진신사리탑 유적은 버스 정류장에서 약 1km가 떨어져 있고, 아소까 석주가 있는 유적은 버스 정류장에서 200m가 떨어져 있는데 두 정류장 사이는 3km가 떨어져 있다. 두 유적지는 직선거리로 2.5km가 떨어져 있다. 드물게 싸이클릭샤가 있으므로 이용할 수도 있지만 걸어 다닌다고 생각해야 편하다.

• 하지뿌르역 광장이나 빠뜨나역 광장에서 택시를 타고 다녀오는 것이 가장 편한 방법이다.

2. 묵을 곳, 먹을 곳

• 스리랑카, 베트남, 캄보디아 사원이 있어서 순례자들을 맞이하고 있다. 스리랑카 사찰이 가장 오랫동안 순례자들을 맞이해 왔으며, 베트남 사찰 은 이곳이 최초의 비구니 출가 지역인 것을 기념하여 베트남 비구니들이 지어 놓은 것이다. 두 곳 모두 순례자를 위한 숙소가 있고 식사할 수 있 다. 적절한 보시를 하는 것과 사찰 예절을 지켜서 머무는 것이 좋다. 캄보 디아 사원이 새로 생겼으나 순례자를 위한 숙소와 음식을 제공하는지 확 인해 보지는 못했다.

• 와이살리 유적지 근처에는 최근 음식점과 호텔이 생겼지만 단체 여행자 가 아니라면 이용하기 쉽지 않다. 몇 곳의 작은 상점들이 아주 빈약한 물 건들을 팔고 있다.

• 하지뿌르역 앞에는 많은 숙소와 식당이 있으므로 선택해서 이용할 수 있 다. 다만 외국인을 받지 않는 숙소도 있으므로 체크인하기 전에 반드시 확인해 봐야 한다.

• 대부분의 단체 순례자들은 와이살리의 불교 사원, 호텔에서 머물거나 빠 뜨나에서 머물면서 와이살리를 순례하게 된다. 빠뜨나의 숙소에 대해서 는 빠딸리뽓따-빠뜨나 박물관 편을 참고하기 바란다.

---

*부처님께서 와이살리(웨살리)를 처음 방문하신 것은 깨달음을 성취하신 후, 다섯 번째 우기를 지내신 다음이다. 그 당시 웨살리에는 7007명의 왕과 그들의 왕궁이 있었다고 한다. 왓지 왕국의 사람들이 가뭄에 의한 기근과 전염병을 물리치기 위 해 라즈기르(왕사성)에 계신 부처님과 500명의 비구 스님을 청해서 모셔 왔다. 부 처님께서 500명의 비구 스님들과 함께 웨살리의 곳곳을 다니시며 보배경^{Ratana sutta}

를 외우자 큰 비가 내리면서 기근과 전염병이 물러갔다고 전한다.

*부처님의 충직한 시자侍者였던 아난다Ananda 존자의 사리탑이 마가다 왕국과 왓지 왕국에 각각 세워졌다고 전하는데 왓지 왕국의 사리탑은 남아 있으나 마가다 왕국의 아난다 존자 사리탑은 현재까지 밝혀진 것이 없다.

*와이살리는 자이나교(한문 경전에서는 옷을 입지 않고 사는 나형외도裸形外道)의 교주인 니간타 나따뿟따Nigantha Nātaputta의 고향이기도 하다. 그는 부처님보다 몇 살이 더 많았던 것으로 알려져 있다. 그는 라추아르Lachuar 왕국의 왕자로서 왕자 때의 이름은 와르다만Vardhaman이었다. 그는 부처님처럼 32상을 갖추고 태어났으며, 그가 태어났을 때, 제석천Indra이 천상의 우유를 가져다가 목욕을 시켰다고 한다.

오랜 고행을 통해 깨달음을 얻은 그는 자신을 자이나교의 제 24대 띠르탕까라Tirthankara이며, 마지막 띠르탕까라라고 하면서 가르침을 폈다. 영혼설을 주장했으며, 철저한 무소유와 불살생의 가르침, 행위에 의한 업보인 업Karma은 절대 변하지 않는다는 가르침을 폈다.

이러한 가르침은 부처님 가르침과 업에 관한 견해가 달랐다. 철저한 무소유 정신에 의해 나체로 생활을 하지만 입을 가리는 마스크, 물을 걸러 먹는 천, 바닥을 쓸 수 있는 빗자루는 가질 수 있다. 현재 여성의 출가를 허용하는 백의파白衣派Svetambara와 여성의 몸으로는 깨달음을 성취할 수 없다며 출가를 인정하지 않는 공의파空衣派Digambara로 나누어져 있다.

*부처님께서 혼자 안거를 보내실 때, 원숭이가 부처님께 꿀 공양을 올렸다. 부처님

께서 꿀 공양을 받지 않으시고 잠자코 계시자 원숭이가 꿀 속을 살폈다. 꿀 속에 벌이 살아서 움직이는 것을 보고 건져낸 뒤, 부처님께 공양을 올리자 부처님께서 받아 드셨다. 이것을 기뻐한 원숭이가 숲을 뛰어다니다가 나무에 찔려 죽었다. 하지만 그 원숭이는 꿀 공양을 올린 공덕으로 천상계의 천신으로 태어났다고 한다.

*기녀 암라빨리가 부처님께 공양을 올리겠다고 말씀드리자 부처님께서는 묵묵히 승낙하셨다. 그녀가 부처님과 승가에 공양 올릴 음식을 준비하기 위해 자신의 마차를 타고 돌아가는데 부처님께 공양청을 하러 가는 왕자들을 만났다. 왕자들은 암라빨리가 자신들을 제치고 부처님의 승낙을 받은 것을 알고 그녀에게 수만금을 제시하며 공양청을 양보할 것을 요구했다. 그녀는 일언지하에 거절을 했으며, 부처님께 공양을 올린 뒤에 법문을 듣고는 출가하여 깨달음을 성취했다.

*가섭Mahakassapa 존자의 고향은 석가모니 부처님 이전부터 많은 아들을 낳게 해달라고 빌던 다자탑이 있는 곳의 근처라고 전한다. 부처님께서 다자탑이 있는 공터에서 설법하실 때, 가섭 존자가 늦게 법회에 참석했다. 이때 부처님께서 모인 대중의 번거로움을 피하기 위해 가섭 존자에게 당신의 옆자리에 앉아서 법문을 듣도록 했다는 일화가 후대에 중국 선종禪宗에서 부처님께서 가섭 존자에게 법을 전했다는 설화說話를 만드는 배경이 되었다. (다자탑전 분반좌多子塔前 分半座)

*부처님께서 고향인 까빌라왓투를 방문하였을 때, 양모 마하빠자빠띠Mahāpajāpatī Gotamī / Sk. Mahāprajāpatī Gautamī를 비롯한 500명의 석가족의 여인들이 부처님을 와이살리까지 맨발로 따라와서 출가를 청하였다. 부처님께서 세 번이나 거절을 하시자 아난다

존자에게 부탁하여 다시 출가를 청하였다.

부처님께서는 아난다 존자에게 거부한다는 뜻을 분명히 전하셨지만, 아난다 존자가 "여인은 깨달음을 성취할 수 없습니까?"라는 질문을 하자 부처님께서 "여인의 몸으로 깨달음을 성취한 사람이 헤아릴 수 없이 많다"고 대답을 하셨다.

이 대답을 하심으로써 여인의 출가를 허락하게 되었다. 부처님께서 당시 인도 상황에 맞게 팔경계법을 제시하셨고, 여인들이 이것을 지키겠다고 약속함으로써 비구니 승가가 성립하게 되었다.

이것을 기념하기 위해 베트남 비구니 스님들이 여성의 첫 출가지인 와이살리에 불교 사원을 세웠다. 스리랑카 사원 건너편에 있다.

제 2차 결집

부처님께서 반열반을 하신 뒤 백년이 지나, 꼬삼비 지역에서 수행을 하던 야사^{Yasa} 장로가 와이살리를 방문하게 되었다. 이때 와이살리 지역의 비구들이 율장과 다르게 열 가지 비법을 행하므로 이것에 대해 지적을 하였지만, 이 지역의 비구들에게 받아들여지지 않았다.

그래서 레와따^{Revata} 장로를 비롯한 다른 지역의 비구들을 불러와서 계율에 관한 논의를 시작하였다. 웨살리 지역의 비구들이 계율을 잘못 이해하고 어겼다는 결론을 내렸지만 웨살리의 비구들은 인정하지 않았다. 이에 야사 장로를 비롯한 칠백 명의 비구가 모여 제 2차 결집을 봉행하게 되었다. 이것에 대해 불만을 표시하는 비구들이 따로 모여서 결집을 하였다. 이것을 근본 분열이라고 한다. 계율에 관한 문제의 차이일 뿐 경전에 관한 부분에서는 차이가 없었다.

십사비법十事非法, 十非事

1. 염정鹽淨/鹽事淨 : 남은 소금은 버리지 않고 갈무리했다가 다른 날에 먹어도 된다는 주장

2. 이지정二指淨 : 정오 이전에 마쳐야 하는 공양을 해시계의 그림자가 손가락 마디 두 개의 길이가 될 때까지는 할 수 있다는 주장

3. 수희정隨喜淨/聚落間淨 : 공양을 끝낸 뒤일지라도 정오를 넘지 않았으면 다른 곳에서 다시 먹을 수 있다는 주장.

4. 주처정住處淨 : 정해진 곳에서만 포살布薩해야 하는데 임시로 다른 곳에서 포살을 행해도 된다는 주장

5. 수의정隨意淨 : 정족수定足數가 미달될 때는 갈마羯磨를 행하지 말아야 하는데 정족수에 미달되더라도 나중에 불참한 비구의 승낙을 예상하고 갈마를 행해도 된다는 주장

6. 구주정久住淨 : 스승의 습관적인 행위(先例)를 따르면 비록 계율에 위배되어도 죄가 되지 않는다는 주장

7. 생화합정生和合淨/酪漿淨 : 오후불식午後不食 계율이 있지만 오후에 우유는 마셔도 된다는 주장

8. 수정水淨/治病淨 : 술(酒)이 되기 전의 발효된 야자즙은 마셔도 된다는 주장

9. 좌구정坐具淨/不益縷尼師壇淨 : 니사단尼師壇^{niṣīdana}은 좌구坐具인데 마음대로 좌구의 크기를 정해도 된다는 주장

10. 금은정金銀淨 : 비구는 비축備蓄하지 말아야 하는 계율이 있는데 금이나 은을 받아 비축해도 된다는 주장

육사외도六邪外道

1. 뿌라나 까사빠Purana Kassapa : 도덕 부정론(쾌락주의)

2. 막칼리 고살라Makkhali Gosala : 우연론 · 숙명론(유물론적)

3. 아지따 께사깜발리Ajita Kesakambali : 유물론(감각론, 쾌락주의)

4. 빠꾸다 깟짜야나Pakudha Kaccayana : 7 요소설(유물론)

5. 산자야 벨라티붓따Sanjaya Belatthiputta : 회의론(불가지론不可知論)

6. 니간타 나타붓따Nigantha Nataputta : 자이나교Jainism

(나형외도裸形外道)

꾸시나가르 Kusinagar

인도 웃따르 쁘라데쉬 Uttar Pradesh 주州

개요

동쪽 하늘이 검푸르게 밝아 오고 새벽 안개가 그림처럼 피어오르면 열반당에 괴색壞色의 가사袈裟를 입은 스님들이 하나둘씩 모여든다. 낮고 우렁차지만 결코 들뜸이 없는 불·법·승 삼보에 대한 귀의歸依와 삼보예경이 이어지고, 예찬禮讚과 독경이 가득 퍼져 간다. 비록 늙고 병든 몸이지만 승가를 위해 마지막 유훈을 남기시고자 어렵게 먼 길을 걸어오신 부처님께서 누우셨던 곳에 무릎 꿇고 앉아서 맞이하는 새벽의 꾸시나가르는 부처님께서 반열반에 드시는 모습을 그려 보는 일이 자연스럽고 넉넉한 여유로 다가오도록 해 준다.

부처님께서는 와이샬리에서 릿차위족 사람들과 헤어지신 후, 빠와Pava 마을에서 금세공업자인 쭌다Cunda의 공양을 받으시고 병을 얻으셨다. 병으로 인한 극심한 고통을 극복하신 부처님께서는 까꿋타Kakutthā脚俱多 강에서 목욕을 하시고 히란냐와띠Hiraññavatī熙連禪河 / 希連禪河 강을 건너셔서 꾸시

나가르^{Kusinārā / Kushinagar}拘尸那羅에 도착하셨다. 부처님께서는 살라나무 숲으로 가셔서 두 그루의 살라나무 사이에 자리를 펴고 북쪽으로 머리를 두시고 서쪽으로 얼굴을 향하신 채, 반열반을 준비하셨다.

이러한 과정이 진행되는 동안 벌어진 일들인 아난다 존자의 슬픔, 마지막 제자인 수밧다의 깨달음과 반열반, 말라족 사람들의 예경禮敬 등등, 부처님 생애의 마지막 장면들이 그림처럼 지나가는 듯한 착각을 느끼게 되는 곳이다.

길에서 태어나셔서 길에서 생을 마치신 부처님의 위대한 삶의 편린片鱗들이 북인도의 곳곳에 있기는 하지만, 마지막 순간까지 중생에 대한 한량없는 자애와 연민을 실천하신 부처님의 위대한 자취가 남아 있는 꾸시나가르에서 부처님에 대한 한없는 존경을 담은 마음이 솟아나는 것은 단지 불자들만의 마음은 아닐 것이다. 불교를 부처님의 가르침이라고 생각하는 사람이라면, 부처님의 가르침을 올바로 이해하고 실천하려는 사람이라면, 누구나 부처님의 위대함에 절로 고개를 숙이게 된다.

역사

1. 초기 역사

경전에 의하면 꾸시나가르는
부처님 당시에 꾸시나라Kusinārā
로 불렸으며, 말라Malla족의 영
토였다. 부처님께서 이곳을 반
열반의 장소로 선택하시자 아
난다 존자는 더 크고 유명한 도

시를 원하였다. 부처님께서는 오랜 옛날 '마하수닷사나Mahasudassana'라는 전
륜성왕의 이야기를 하시면서 꾸시나가르가 꾸사와띠Kusavati라는 큰 도시였
으며, 오랜 역사를 가졌음을 설명하셨다. 부처님의 반열반 이후에 말라족
사람들이 탑을 세워 부처님을 기렸고, 사원을 지어 승가에 공양을 올려
많은 스님이 살았다.

아소까 대왕이 이곳을 순례하고 탑과 석주를 세웠지만, 지금은 석주의
자취를 찾을 수 없다. 5세기에 꾸시나가르를 순례한 법현 스님은 사리탑
과 아소까 석주가 있는 아름다운 모습으로 묘사한 기록을 남겼다. 꾸마라
굽따Kumaragupta(413~455) 왕 때에 하리발라Haribala 스님이 현재 이곳에서 볼
수 있는 열반상을 조성하고 사원을 보수하였으며, 승원을 새로 지어 스님
들이 모여 살도록 하였다. 7세기에 이곳을 순례한 현장 스님은 "성城은 허
물어졌지만 사원과 탑이 남아 있다"고 기록하였다.

2. 후기 역사와 발굴

12세기 이후, 이슬람의 침공으로 사람들의 기억 속에서 사라진 곳이 되
었으나 1838년 동인도 회사 직원인 부차난Francis Buchanan이 이곳을 방문하

여 유적을 조사하였다. 1854년 윌슨H.H. Wilson이 이곳을 방문하여 이곳이 "고대 꾸시나라와 동일한 곳일지 모른다."라고 언급을 했고, 1861년 커닝엄A. Cunningham이 약 2년 간 발굴을 하여 이곳이 부처님께서 반열반하신 곳임을 확인하였다. 1876년 A. 커닝엄의 조수였던 칼레일A.C.L. Carlleyle이 많은 유물을 발굴하고 보수하였다.

현재 볼 수 있는 열반상을 이때 보수하고 복원하였다. 그 이후 1904~1907년 보겔J.P. Vogel, 1910~1912년 샤스트리Hirananada Shastri가 이곳을 다시 발굴하여 꾸시나가르인 것을 재차 확인하였고, 1890년부터 1920년까지 이곳에서 살았던 마하위라Mahavira 스님의 노력으로 이곳이 정비, 보존되어 오늘에 이르게 되었다.

20세기에 들어와서 미얀마 스님들이 꾸시나가르의 유적들을 정비하고 탑을 세웠으며 사원을 지어 성지 수호에 많은 공헌을 하였고, 수십만의 인도인들을 불교로 개종시키는 일에도 관여를 하였다.

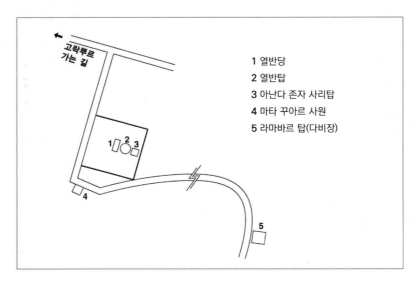

1 열반당
2 열반탑
3 아난다 존자 사리탑
4 마타 꾸아르 사원
5 라마바르 탑(다비장)

유적

열반당과 열반탑이 있는 유적지에는 많은 사원 유적과 사리탑, 봉헌탑들이 있다. 이 유적들은 2~11세기 때의 것으로 추정한다.

1. 열반당과 열반상

부처님께서는 두 그루의 살라^{Sala}나무 사이에 자리를 펴시고, 머리는 북쪽, 얼굴은 서쪽을 바라보고 누워서 반열반에 드셨다. 바로 그 자리에 열반당이 세워졌다. 현재 열반당은 높이가 약 12m이며, 13세기 무슬림의 침공으로 사원과 주변이 모두 불에 타 버린 것을 1876년의 복원을 거쳐, 1956년 미얀마 스님들이 재건을 하여 지금에 이르게 되었다. 열반당 안

에는 열반상이 있는데 굽따 왕조의 꾸마라굽따 왕 시절 하리발라 스님이 만든 것으로 길이는 6.1m이며, 원래 재료는 붉은 사암이다. 발굴 당시에는 심한 파손을 입은 상태였으나 19세기 말에 칼레일이 복원 작업을 하여 지금에 이르게 되었다. 열반상의 하단부에는 3명의 인물이 새겨져 있는데 부처님의 머리 쪽에는 슬픔에 울부짖는 말리까Malika 부인, 중앙에는 묵묵히 수행하는 부처님의 마지막 직계 제자 수밧다 존자, 다리 쪽에는 슬픔에 젖어 있는 아난다 존자의 상이 있다. 일설에는 수밧다 존자가 아니라 이 와불상을 만든 하리발라 스님이라고 전한다.

2. 열반탑(아소까 탑)

현장 스님은 "아소까 왕이 세운 탑으로 높이 60m이며 여래께서 입멸한 사적이 적혀 있으나 날짜는 없다고 한다."라고 기록하였다.

자료를 보면 원래는 작은 탑이었으나 여러 번에 걸쳐 증축되어 지금의 크기가 되었다고 한다. 현재의 높이는 바닥에서 25m, 기단부를 제외하면 20m이다. 1910년 샤스트리가 발굴을 할 때 탑의 내부에서 약간의 브라흐미 문자와 스님들의 장례식용 장작더미와 숯, 불에 탄 흙 등이 발굴되었다. 브라흐미 문자 내용에는 하리발라 스님이 열반탑의 보수에 관여한 기록이 있다.

1927년 미얀마의 우 포큐^{U Pokyu} 스님과 우 포흘라잉^{U Pohlaing} 스님에 의해 현재와 같은 완전한 모습으로 복원되었는데, 이때 많은 공양물과 명문銘 文을 새긴 동판을 넣었다고 한다.

3. 아난다 존자 사리탑

열반탑의 동쪽에 기단부만 남 은 사각형의 기단을 가진 작은 탑 유적은 고고학적으로 확인되지는 않았지만, 부처님을 가장 오래 모 신 시자인 아난다 존자의 사리탑 이라고 전해진다.

4. 마타 꾸아르 Māthā Kuar 사원

열반당 입구에서 부처님의 다 비장으로 가는 길목 100m 지점 에 있는 마타 꾸아르는 죽은 왕자 라는 뜻으로 '까삘라왓투 왕국의 싯닷타 왕자(석가모니 부처님)'를 위하여 세워진 사원이다. 발굴 당 시 거대한 탑이 있었던 유적을 발 굴하였으나 복원하지는 않았다.

1927년 미얀마 순례자들에 의 해 재건된 길이 182m, 폭 91m에 이르는 사원 유적만 남은 이곳의

작은 건물에는 3m 높이의 불상이 모
셔져 있다. 항마촉지인의 수인을 한 이
불상은 10~11세기경 '칼라츄리' 왕조
때 조성이 되었으며, 19세기 말 칼레
일에 의해 복원되었다. 사원은 10세기
보다 훨씬 이전부터 있었을 것으로 추정한다. 일부 사람들은 여기서 부처
님의 마지막 설법이 행해졌다고 믿는다.

5. 라마바르 Rāmabhar 탑

열반상이 있는 열반당으로부터 동쪽
1.6km 지점에 있다. 원래는 말라족의
왕들이 대관식을 거행하던 '마꾸따 반
다나 차이띠야Makuta Bandhana Chaitya(천관사
天冠祠 또는 보관사寶冠祠)라고 불리는
말라족의 성지聖地였다. 다뚜 쩨띠Dhatu-
ceti라는 이름도 가지고 있다. 부처님께
서 반열반에 드신 후, 7일이 지나서 말
라족 사람들이 부처님의 유체遺體를 살
라나무 숲에서 이곳으로 옮겨와 전륜성왕의 장례식처럼 치렀다고 대반열
반경에 기록되어 있다.

현장 스님은 "이곳의 땅은 황금색이며, 마음을 가다듬어 찾으면 부처님
사리를 발견할 수 있다."고 하였다. 예전에는 이곳의 지하 통로로 향하는
입구 쪽에는 불에 탄 흙처럼 보이는 흙이 쉽게 발견이 되었다고 한다.

현재 남아 있는 탑의 기단부는 지름이 47m이고, 탑신의 지름은 34m이

며, 높이가 15m인데 반구형의 모습을 하고 있다. 현재 남아 있는 유적의 크기로 본다면 이러한 형태의 인도 전통 탑 중에서는 가장 큰 불탑이었을 것으로 추정된다.

6. 주변 유적

① 빠와 Pava 마을과 쭌다의 집터

쭌다의 집터는 현재 꾸시나가르 남동쪽 20km 지점에 있는 파질나가르^{Fazilnagar}에 있다. 이곳에서는 근본 8탑의 하나인 빠와의 말라족 탑으로 추정되는 탑의 유적이 발굴되었다.

현재 꾸시나가르 북쪽 22km에 있는 빠드라오나^{Padraona}도 쭌다의 집터로 추정하였으나, A. 커닝엄은 현장 스님의 기록 등을 토대로 파질나가르를 쭌다의 빠와 마을이라고 인정했다.

② 까꿋타 Kakutthā 강과 히란냐와띠 Hiraññavatī 강

빠와 마을에서 쭌다의 공양을 드시고 꾸시나가르로 향하는 도중, 심한 통증으로 자주 휴식을 취하시며 꾸시나가르로 가신다. 부처님께서 꾸시나가르로 가시는 중간에 심한 설사와 갈증이 나셔서 아난다 존자에게 마실 물을 부탁하셨지만, 아난다 존자가 오백 대의 수레가 지나가서 물이 흐리다고 두 번이나 거절을 하였다. 부처님께서 세 번째로 말씀하시자 부처님의 말씀에 따라 강으로 물을 뜨러 가니, 부처님의 위신력으로 강물이 맑아져 있었다. 까꿋타 강에서 마지막 목욕을 하신 부처님께서는 병든 몸을 이끄시고 아난다 존자를 비롯한 제자들과 함께 히란냐와띠(熙連禪河)강을 건너 말라족이 사는 꾸시나가르의 살라나무 숲으로 가셨다.

순례 가는 길

1. 드나드는 길

- 꾸시나가르를 가기 위해서는 북인도의 교통 중심 도시인 고락뿌르^{Gorakhpur}를 가는 것이 가장 좋다. 뉴델리 공항에서 항공편으로 고락뿌르 공항까지 연결되므로 항공편을 이용하는 것이 가장 빠르다. 뉴델리에서 기차를 이용하여 이동하는 경우에는 이 기차(No.12558, 14:50-03:50 / No.12554, 19:50-09:05)가 유용하다. 바라나시에서 출발하는 경우에는 기차(No.15003, 00:30-06:50 / No.15104, 05:45-11:10 / No.15017, 13:00-19:10)를 이용하는 것이 현재까지 가장 무난하다.

- 고락뿌르의 기차역 광장의 남쪽 150m 지점에 고락뿌르 시외버스 정류장이 있다. 이곳에서 매 30분마다 꾸시나가르 행 버스가 출발한다. 꾸시나가르는 고락뿌르에서 동쪽으로 55km 떨어져 있으며 약 2시간 정도가 소요된다. 꾸시나가르 입구에서 하차하여 남쪽으로 400m를 가면 열반탑과 열반당의 유적이 나온다.

- 고락뿌르역 광장에서 택시를 타고 다녀오는 것이 가장 편한 방법이다.

- 참고로 인도에서 네팔의 룸비니를 가는 길이라면 고락뿌르를 거쳐서 가는 것이 가장 좋은 선택이다. 바라나시로 연결되는 시외버스는 깟차리^{Katchari} 버스 스탠드에서 출발과 도착을 하는데 드물게 에어컨 버스가 운행되기도 한다. 바라나시까지는 5~6시간이 소요된다. 꾸시나가르역이나 역 앞의 시외버스 정류장에서 싸이클릭샤를 이용하여 이동하면 된다.

2. 묵을 곳, 먹을 곳

- 중국, 미얀마, 티베트 등의 사원에서 숙식을 해결할 수 있다. 이곳의 사원에서 머문 후에는 보시^{donation}하는 것이 보편적인 예의이다. 사원에서는 기

본적인 예의를 지켜야 한다. 한국 사찰인 대한사가 있기는 하지만 한국 스님이나 한국인 관리자가 없는 경우가 더 많다.

Lotus Nikko Hotel, The Royal Residency, Imperial Hotel 등 고급 호텔이 몇 곳 있는데, 주로 여행사를 통한 단체 순례자들이 이용한다. UP 주정부에서 운영하는 숙소가 열반당 앞에 있는데 중급 수준의 호텔로서 빈방이 있다면 좋은 선택이 될 수도 있다. 버스 정류장과 유적지 사이에 몇몇 저렴한 숙소들이 있다.

• 버스 정류장에서 열반당에 이르는 길에 간이식당과 과일가게, 상점 등이 있으므로 필요에 따라 이용할 수 있다.

• 만약 고락뿌르에서 머무는 경우라면 고락뿌르역 앞에 많은 숙소와 식당이 있으므로 형편에 따라 선택하면 된다. 기차역에도 휴게소와 식당이 있으므로 이용하면 된다. 고급 숙소와 식당은 시내의 중앙우체국 근처에 많이 있다.

근본 8탑

부처님의 반열반 이후에 다비를 마치고 수습한 부처님의 유골(사리)을 서로 차지하려고 전쟁이 일어나기 직전까지 이르게 되었다. 이때 도나$^{Dona/Sk.\ Drona}$香姓라는 브라만 계급의 사람이 중재하여 사리를 공평하게 8등분하여 나누어 가졌다. 부처님 진신사리를 배분받은 사람들은 각자의 나라로 돌아가서 탑을 세웠는데 그것을 '근본 8탑'이라고 한다. 사리를 나눈 후에 사리를 담았던 병瓶을 모신 탑과 다비를 했던 곳에 있던 재灰를 가지고 세운 탑까지 모두 10개의 탑이 세워졌다.

① 마가다^{Magadha}국 아자따삿뚜^{Ajātasattu} 왕 : 라즈기르^{Rajgir} 탑

② 와이살리^{Vaisali} 릿차위^{Lichhavi} 족 : 와이살리 탑

③ 까삘라왓투^{Kapilavatthu} 사캬^{Sakya} 족 : 까삘라왓투 탑

④ 알라깝빠^{Allakappa} 불리^{Buli} 족 : 알라깝빠 탑

⑤ 라마가마^{Ramagama} 꼴리야^{Koliya} 족 : 라마그라마^{Ramagrama}(랑그람) 탑

⑥ 웨타디빠 바라문^{Vethadipa brahman} : 웨타디빠^{Vethadipa} 탑

⑦ 빠와^{Pāva} 말라^{Malla} 족 : 빠와^{Pāva} 탑

⑧ 꾸시나가르 말라^{Malla} 족 : 꾸시나가르 탑

---

⑨ 도나^{Dona} 브라만 : 사리병(단지) 탑

⑩ 삡팔리와나^{Pipphalivana} 모리야^{Moriya} 족 : 재灰탑

*대반열반경에는 다음과 같은 부처님의 마지막 가르침이 남아 있다.

세존께서는 비구들을 불러서 말씀하셨다.

"비구들이여, 참으로 이제 그대들에게 당부하노니

형성된 것들은 소멸하기 마련인 법이다.

방일하지 말고 해야 할 바를 모두 성취하라."

이것이 여래의 마지막 유훈遺訓이다.

"handa dāni, bhikkhave, āmantayāmi vo,

vayadhammā saṅkhārā appamādena sampādethā"ti.

Ayaṃ tathāgatassa pacchimā vācā.

〈대반열반경〉 초기불전 연구원

*부처님의 유체를 모셔 놓고 향유香油를 붓고 장작을 쌓아 다비 준비를 끝낸 뒤, 말라족 사람들이 모두 모여 부처님의 유체를 올려놓은 장작에 불을 붙였지만, 불길이 일어나지 않았다. 말라족 사람들이 이상하게 생각하고 천안제일天眼第一 아누룻다^{Anuruddha}阿那律 존자에게 불이 붙지 않는 이유를 물었다. 아누룻다 존자가 천안으로 살핀 뒤, 많은 선신善神들이 가섭^{Maha Kassapa} 존자와 오백 명의 비구들을 기다리고 있음을 알고서 사람들에게 가섭 존자가 올 때까지 기다려 달라고 말했다. 마침내 도착한 가섭 존자와 그 일행이 부처님의 유체를 모신 관을 올려놓은 장작 더미를 오른쪽으로 세 바퀴를 돈 뒤에 관棺의 발 부분을 열어 부처님의 발에 이마를 대어 예배하였다. 부처님의 유체에 이렇게 예경이 끝나자 저절로 불이 붙어서 다비가 되었다고 한다.

〈대반열반경〉 초기불전 연구원

부처님의 마지막 공양

대반열반경에 따르면 부처님께서는 쭌다^{Cunda}가 공양 올린 수까라 맛다와^{sūkara maddava}를 드시고 심한 병이 나셨다. 경전에는 "부처님께서는 붉은 피가 쏟아지고 죽음에 가까운 극심한 통증을 느끼게 되었다"라고 표현하였다. 많은 학자가 식중독에 의한 설사가 아닐까 추측한다. 수까라는 돼지고기, 맛다와는 부드럽다는 의미이므로 '부드러운 돼지고기'라고 번역을 한다. 당시 인도의 기후와 환경을 생각한다면 수까라 맛다와가 상했을 것으로 추정할 수 있다.

대승 불교에서는 전단나무버섯이라고 주장한다. 하지만 인도의 전통 요리 중에 버섯 요리는 없으며, 인도 사람들은 음지陰地에서 자라는 식물이란 이유로 먹지 않는다. 약재藥材로 쓰이는 버섯이라는 이야기도 전해 온다.

어리석은 자는

언젠가 죽어야 한다는 것을

알지 못하기에 다투고

지혜로운 이는

잘 알기에 다투지 않는다

-법구경 6

삐쁘라흐와 Piprahwa

인도 웃따르 쁘라데쉬 Uttar Pradesh 주州

개요

넓게 펼쳐진 논밭을 가로질러 달리다 보면 드문드문 마을이 보이고 오고 가는 사람의 흔적조차 드물게 된다. 도로의 끝자락이 보일 때, 눈길을 북쪽으로 두면 인도·네팔의 국경이 보이고, 서쪽을 보면 크고 넓은 유적이 자리를 잡고 있다. 관광버스나 택시가 보이면 온 동네 아이들이 우르르 몰려와서 손을 내민다. 유적지 관리자는 별 할 일이 없어도 순례자의 뒤를 졸졸 따라다닌다. 순례자들이 많이 오기 시작한 뒤로부터 근처에 인도 불교 사원이 생기고 인도 스님들이 상주하기 시작했다. 삐쁘라흐와를 가는 길이 쉽지는 않지만, 고즈넉한 시골 동네의 인도적인 정취가 진하게 묻어나는 곳으로 부처님의 발자취를 따라 순례하는 길이라면 빼놓을 수 없는 곳이다.

삐쁘라흐와는 인도에서 주장하는 까삘라와스뚜Sk. Kapilavastu/P. Kapilavatthu迦毘羅城인데, 네팔에서 주장하는 까삘라와스뚜는 이곳으로부터 북서쪽에 있

는데 직선거리로 약 20km 지점에 있다. 인도·네팔의 국경에서 겨우 500m 떨어져 있으며 '까삘라와스뚜의 승가'라는 글씨가 새겨진 유물이 발견되기도 했다. 하지만 그 유물이 이곳을 까삘라와스뚜라고 증명하는 것은 아니다. 아직도 인도와 네팔은 서로 자신의 영역에 있는 유적이 까삘라와스뚜라고 주장한다. 판단은 순례자 개개인의 몫이지만 일반적으로 네팔의 까삘라와스뚜 성城을 석가족의 왕궁으로 인정한다.

역사

이곳에서 발굴된 유적들을 연구한 학자들은 서기전 800년 경부터 사람이 살기 시작해서 꾸샨Kushan 왕조 말기인 서기 300년 경에 도시가 사라진 것으로 추정한다. 현장 스님의 기록에는 "이곳에는 3,000명의 스님이 살고 있었던 번성한 곳이며, 아시따Asita 선인이 태자의 관상을 보던 곳이다."라고 하였다. 혜초 스님의 기록에는 "성은 황폐되고 사람은 살지 않으며 스님들도 없다."고 하였다. 하지만 이 두 기록이 정확하게 삐쁘라흐와를 의미한다고 할 수는 없다. 두 스님이 언급한 곳이 네팔의 까삘라와스뚜를 의미할 수도 있기 때문이다.

1897~98년 사이에 펩페W.C. Peppe가 삐쁘라흐와의 탑에서 부처님의 유골이 들어 있는 사리함과 원구형圓球形의 사리호舍利壺를 발굴했다. 1972년 인도인 고고학자 스리바스타바K.M. Srivastava가 다시 삐쁘라흐와 탑을 발굴하여 원구형의 사리호舍利壺와 사리를 발견했다.

ASI에서 1971년과 1975년에 걸쳐 삐쁘라흐와와 간와리아에 대한 발굴조사를 하였다. 인도 정부와 학자들은 이곳의 발굴을 통하여 탑에서 붓다의 사리가 모셔진 사리병과 명문을 발견하였고, 인장印章 등 많은 유적을 발굴함으로써 이곳이 까삘라와스뚜라고 주장하게 되었다. 하지만 인도와 네팔의 어느 곳에서도 결정적인 유물은 나오지 않아서 서로의 주장이 엇갈리고 있다. 이 발굴을 하기 전까지는 까삘라와스뚜는 네팔 쪽의 '띨라우라꼬뜨'에만 위치한다고 믿었다.

유적

1. 진신사리 탑

삐쁘라흐와의 진신사리 탑은 인도에서 발견된 초기 불탑 양식으로 현재 한 변의 길이가 25m인 정사각형의 기단基壇 위에 높이 6.5m의 탑 유적만 남아 있다. 서기전 5세기 경에 처음 만들어졌는데 단순한 돔Dome 형태의 불탑이었으며, 150년이 지난 다음에 증축되었음이 발굴 조사로 밝혀졌다. 발굴 당시의 탑은 지금보다 원형이 더 많이 남아 있었는데 당시 탑의 정상에서 아래로 5.4m가 되는 지점에서 펩페가 사리함과 사리호를 발굴하였다. 납석으로 만들어진 이 사리호에는 "이것은 석가모니Sakyamuni(석가족의 성자)의 사리(유골)로서 그의 형제, 자매, 가족들이 탑을 세워 모신 것이다."라는 명문이 확인되었다. 발굴한 사리호의 명문銘文으로 이 탑이 석가Sakya 족에 분배된 부처님의 사리를 모신 탑임을 증명하게 되었다.

1972년 인도 고고학자 스리바스타바가 다시 삐쁘라흐와 탑을 조사했는데, 이때 펩페가 사리 장엄구를 발견한 지점보다 아래쪽에서 활석으로 만든 원구형圓球形 사리호舍利壺를 추가로 찾아냈다. 사리호 안에는 불에 탄 인골편人骨片이 들어 있었다. 이를 근거로 스리바스타바는 "삐쁘라흐와 탑을 근본 8탑의 하나"라고 추정했다. 같이 발굴한 토기土器의 연대가 서기전 5~4세기 것으로 밝혀져, 삐쁘라흐와 탑이 근본 8탑의 하나라는 것을 뒷받침해 주었다. 일반적으로 아소까 대왕이 근본 8탑을 열어 사리를 나누어 많은 탑을 세웠다고 하는데 이 사리탑은 개봉한 흔적이 없어서 일반적으로 전해지는 역사 기록과는 차이를 보인다.

2. 승원 유적

사리탑의 동쪽에는 사방 각 35m의 승원 유적이 있는데 모두 31개의 방을 가지고 있다. 유적의 내부에는 정사각형의 마당을 가지고 있으며 정문은 사리탑이 있는 서쪽을 향해 있다. 사리탑의 남쪽과 북쪽에는 비슷한 크기의 승원 유적이 각각 하나씩 있다. 남쪽에 있는 승원 유적은 한쪽 면의 길이가 24m의 정사각형의 승원이다. 북쪽의 승원은 두 곳으로 나누어지는데 하나는 남쪽의 사원 유적과 비슷한 크기로서 정사각형의 형태이고, 하나는 동쪽 승원과 연결된 부분이다. 스님들의 거처로 사용된 것으로 보인다.

사리탑에서 서쪽으로 100m 떨어진 곳에 또 다른 승원 유적이 있다. 사방 각 25m의 승원 유적으로 스님들의 거처와 중앙에 정사각형의 마당을 가지고 있다. 유적지의 남쪽에는 연못이 있는데 지금은 아름다운 연꽃이 많이 피어 있는 곳이다. 인도·네팔의 불교 유적 중에서 대규모의 승원이 있는 곳이라면 거의 모든 곳에 스님들이 목욕하던 연못이 있다. 승원 유적과 탑 유적이 곳곳에 남아 있어서 현장 스님의 기록을 뒷받침해 주고 있다.

3. 간와리아Ganwaria

이 유적은 삐쁘라흐와 탑의 남서쪽 1km 지점에 있는데 인도 고고학회 측에서는 까삘라와스뚜의 왕궁터라고 주장한다. 왕궁으로 추정하는 사방

각 35m 크기의 건물 유적과 사방 각 25m 크기의 유적, 그리고 크고 작은 몇 개의 건물 유적과 탑 유적이 흩어져 있는 곳이다. 서기전 800년에서 서기 4세기에 이르는 광대한 시대의 유물이 출토되었다. 현재 남아 있는 2개의 큰 건물 유적은 다른 불교 사원 유적과 동일한 형태의 사원 유적으로 보인다.

4. 기타

삐쁘라흐와 탑의 동쪽에도 몇 개의 유적이 있다. 그리 중요한 유적은 아니고 크게 주목할 만한 유물이 발견된 곳은 아니지만 이러한 유적을 통해 추측해 보면 이 지역은 석가족이 살았던 곳이고, 많은 스님이 살았던 불교 사원이 있었던 것은 분명해 보인다.

순례 가는 길

1. 드나드는 길

• 삐쁘라흐와는 인도와 네팔의 국경에서 겨우 500m 떨어져 있지만, 인도와 네팔 사람이 아니라면 지나다닐 수 없는 국경이다. 고락뿌르Gorakhpur나 소나울리Sonauli, 양쪽 모두 삐쁘라흐와까지 가는 정기 버스 노선이 없으므로 택시를 타고 다녀오는 방법이 가장 좋다.
네팔에서 출발하여 삐쁘라흐와를 가려면, 인도의 국경 도시인 소나울리에서 택시를 타고 콜후이 바자르^{Kolhui Bazar}를 거쳐서 삐쁘라흐와로 가는 것이 좋다. 인도의 고락뿌르에서 출발한다면 아난드나가르^{Anandnagar}를 거쳐서 나우가르^{Naugarh}를 지나서 삐쁘라흐와로 가는 것이 좋다.

- 삐쁘라흐와로 가는 버스 노선이나 기차 노선은 없다. 가장 가까운 도시는 19km 떨어져 있는 나우가르^{Naugarh}이다. 나우가르에 기차역이 있지만, 때때로 운행을 하지 않는 경우가 있으므로 운행 시간표를 반드시 확인해 봐야 한다. 버스를 이용할 계획이라면 소나울리나 고락뿌르에서 버스를 타고 아난드나가르까지 가서, 나우가르로 가는 버스로 갈아타고, 나우가르에서 택시나 오토릭샤를 타고 다녀오는 방법이 있기는 하지만, 나우가르나 아난드나가르에서는 숙소를 구할 수 없다.

- 단체로 성지 순례를 하는 경우라면 룸비니에서 인도로 넘어오는 길(콜후이 바자르 경유)이거나, 꾸시나가르에서 룸비니로 넘어가는 길(아난드나가르/나우가르 경유)에, 또 스라와스띠에서 룸비니로 넘어가는 길(나우가르 경유)에 삐쁘라흐와를 순례하고 다음 목적지로 갈 수 있다.

2. 묵을 곳, 먹을 곳

- 삐쁘라흐와 근처에는 숙박 시설이나 식당이 전혀 없다. 호텔 간판이 보이기는 하지만 외국인이 개인적으로 머물거나 식사할 수 있는 곳은 없다. 나우가르에는 열악한 시설의 숙소가 있기는 하지만 선뜻 외국인을 받아들이려고 하지 않는다. 고락뿌르(꾸시나가르 참조)까지 가서 머무는 것이 가장 좋은 방법이다.

- 나우가르에는 몇몇 인도 식당과 시장, 상점들이 있으므로 간단한 식사를 하기에는 문제가 없다.

*19세기에 서양의 고고학자들에 의해 삐쁘라흐와 탑에서 부처님의 사리가 발견됨에 따라 석가모니 부처님이 신화적인 존재가 아니라 역사적인 실존 인물이었음이 증명되었다. 그 이전까지 유럽의 학자들은 중국을 통해 전해진 대승 불교 경전의 내용을 보고 부처님을 신화적인 존재로 여겼다. 이 사리가 발굴됨으로써 세계적으로 남방 상좌부 불교Theravada Buddhism의 빨리Pali어 경전이 부처님 원음에 더 가깝다는 사실을 인정받고 주목받게 되었다.

*삐쁘라흐와를 처음 찾아가던 날, 지금보다 더 열악한 환경이었던 나우가르에서 잠잘 곳을 찾지 못해 고락뿌르로 가는 버스를 알아보고 있는데 점잖게 생긴 사람이 다가와서 어디를 찾느냐고 물었다. 숙소를 찾는 사정을 이야기했더니 작은 병원 한 곳을 안내해 주면서, 병원 침대 중에 빈 곳이 있으니 거기서 자고 내일 아침에 목적지로 가면 어떻겠냐고 제안을 해 왔다. 망설일 이유가 없어서 좋다고 승낙을 하고, 촛불 하나를 밝힌 병원 침대에서 바나나와 과자, 짜이(우유 홍차)로 끼니를 해결하고 밤을 새운 적이 있다. 지금도 삐쁘라흐와를 가면서 나우가르를 지날 때면 그때가 생각나서 피식 웃게 된다.

꼬삼비 | Kosambi/Sk. Kaushambi
인도 웃따르 쁘라데쉬 Uttar Pradesh 주州

개요

야무나Yamuna 강에서 불어오는 바람이 잠시 더위를 식혀 주고, 넓은 들판의 사탕수수가 바람 따라 물결처럼 흔들리는 곳에 서서 옛 도읍지를 바라보면 부처님의 가르침이 어디에선가 묻어올 것만 같은 꼬삼비. 싱사빠Simsapā숲이 있던 곳이 어디인지는 몰라도 손에 싱사빠 나뭇잎을 들고 설법하시는 부처님을 뵐 수 있을 것 같다는 착각이 일어나는 곳이 꼬삼비이다.

부처님께서 승가의 화합을 강조하고 가르치셨던 곳이며, 두 번의 안거를 보내신 곳이기에 찾아가는 길이 쉽지 않아도 순례할 만한 곳이다. 승가의 지계持戒 정신과 화합, 재가 불자들의 현명함이 승가를 올바로 존속시킬 수 있음을 생각하게 하는 곳이다.

허허로운 바람이 지나가는 넓은 들판에 남아 있는 유적들을 보며 무상無常과 연기법, 인과의 작용들을 생각하게 되는 것은 굳이 신심이 돈독한 불자가 아니어도 자연스러운 일일 것이다.

역사

인도 고대 도시의 모든 역사가 그렇듯이 이곳도 마하바라타와 라마야나의 전설로부터 시작이 된다. 고대의 토기土器와 석기들이 발견된 것으로 미루어 아주 오래전부터 사람이 살았던 것으로 보인다. 고고학적 연구를 통해 서기전 8세기에서 서기 6세기까지 도시가 번성했던 것으로 추정하고 있다.

부처님 당시에 16강대국 중의 하나였던 왐사Vamsā / Sk. Vatsa / Vaccha 왕국의 수도였던 꼬삼비에는 야무나 강변에 왕궁과 성벽의 유적이 그대로 남아 있다. 부처님 당시의 왕은 우데나Udena / Udayana 憂梅王이었으며, 부처님께서는 성도 후 여섯 번째와 아홉 번째 안거를 보내신 곳이다. 우데나 왕은 붓다의 가르침을 믿지 않는 외도였는데, 사마와띠Sāmavatī 왕비의 교화로 부처님께 귀의한다. 후대에 16강대국의 하나였던 아완띠Avanti 왕국에 의해 멸망하며 사원도 파괴되었다. 이곳에는 고시따라마Ghositarama, 꾸꾸따라마Kukkutarama, 빠와리까 암바와나Pāvārika Ambavana라는 3개의 사원이 있었다.

아소까 대왕이 이곳을 방문하고 석주를 세웠으며 중국의 법현 스님과 현장 스님이 순례하고 기록을 남겼다. 법현 스님은 "고시따라마 정사精舍에 스님들이 살고 있었다"고 기록하였다. 현장 스님은 "부처님께서 도리천에 계실 때 우전왕King Udayana이 조성했다는 불상이 있었다, 아소까 대왕이

세운 탑이 허물어져 있고, 사원들은 폐허
가 되었다"고 기록하였다. 1951년 고대
도시 꼬삼비를 발굴하는 과정에서 아소
까 석주, 고시따라마 정사를 비롯한 불교
유적이 세상에 알려지게 되었다.

유적

1. 아소까 석주와 사원 유적

마을에서 도로를 따라 남쪽으로 1km를 가면 중간 부분이 부러지고 상
단부의 장식이 사라진 아소까 석주가 유적지의 한 곳을 차지하고 있다.
석주에서 비문이 발견되지는 않았지만, 후대에 써 놓은 것으로 보이는 많
은 낙서가 있다. 석주 주변에는 사원 유적, 작은 건물 유적, 봉헌탑奉獻塔
Offering stupa 유적이 남아 있고, 우물 유적도 남아 있다. 현재까지 체계적인
발굴이 이루어지지 않았음을 보여 주고 있다. 또 다른 아소까 석주가 있
었는데 지금은 알라하바드에 있는 알라하바드 성Allahabad Fort 내에 있다. 무
굴 제국의 아크바르Akbar 황제의 명에 의해 꼬삼비에서 알라하바드 성으로
자리를 옮겨 놓았다. 높이 10.6m 크기의 이 석주에는 승가의 화합을 강
조하는 아소까 칙령Minor Pillar Edict 2이 새겨져 있다고 한다. 군사 시설 내에 있
어서 특별한 허가가 없으면 볼 수 없다.

2. 고시따라마 Ghositarama / Ghoshitarama 정사精舍

아소까 석주에서 남동쪽으로
500m 떨어진 곳에 고시따라마 정
사 유적이 있다. 고시따Ghosita 장자
에 의해 세워진 사원이며, 그 이
후 꾹꾸따Kukkuta 장자와 빠와리까
Pāvārika 장자에 의해 2개의 사원이
더 세워졌으나 현재 고시따라마
정사만 발굴이 되어 있다. 부처님
당시, 꼬삼비에 세워졌던 최초의
사원이며, 성 외곽이 아닌 성 내부
에 세워진 사원이다.

스님들의 거처와 모임을 가질 수 있는 공간들이 있고 배수 시설이 되어
있는 사원이다. 발굴 과정에서 여러 번에 걸쳐 덧지어진 흔적을 발견했
다. 현재 발굴된 사원에는 모두 23개의 승방僧房이 있으며, 사원의 외벽
중에는 두께가 4m에 달하는 곳도 있다.

발굴 과정에서 서기 1세기 경의 비문이 발견되었다. 석판에는 '석가모
니께서 주석하셨던 고시따라마 수도원에 거주하는 승려들이 모든 부처님

을 경배하기 위하여'라는 글씨가 새겨져 있는데 파골Phagol이라는 스님이 봉헌한 것으로 확인되었다. 현장 스님은 "이곳에 마우리야 왕조(아소까 대왕) 때 세워진 큰 불탑이 있었다"고 기록했는데 현재 한 변이 25m인 불탑의 흔적이 남아 있다.

3. 쁘라보사 언덕 Prabhosa hill / Prabhasgiri

고시따라마 유적에서 북서쪽으로 7km(자동차로 가면 11km) 떨어진 곳에 부처님께서 성도 후 여섯 번째 안거를 보내신 곳이라고 추정되는 만꿀라 언덕Mankulapabbata이 있다. 만꿀라 언덕은 꼬삼비 근처에 있다는 것 말고는 따로 자료가 발견되지 않았지만, 학자들은 이곳을 만꿀라 언덕이라고 추정하고 있다. 현장 스님이 이곳을 방문하였을 때 동굴 근처에서 2개의 불탑을 보았다고 기록하였다. 하나는 아소까 대왕이 쌓은 것이고, 다른 하나는 부처님의 머리카락과 손톱을 모신 것이라고 기록하였지만 지금은 그 자취를 찾을 수 없다.

4. 빠릴레이야 숲 Palileyya forest

꼬삼비의 비구들이 사소한 일에서 비롯된 분쟁에서 벗어나지 못하자 부처님께서는 탁발을 마치시고 조용히 꼬삼비 비구 대중을 떠나 홀로 빠릴레이야 숲에서 머무셨다. 부처님께서는 그 숲에 사는 수컷 코끼리 빠릴레이야까Palileyyaka와 원숭이들의 시봉侍奉을 받으시며 우기雨期Vassa / Sk. Varṣa를 보내셨다. 꼬삼비의 동쪽에 있는 숲으로 추정한다. 자설경自説經Udana 4~5를 설하신 곳이다.

5. 기타

고시따라마 유적에서 서쪽으로 1.5km 떨어진 곳의 야무나 강변에 꼬삼비에 있던 왐사 왕국의 왕궁과 성벽 유적이 남아 있다. 그리고 꼬삼비 전체를 둘러 가며 옛 성벽 유적이 언덕처럼 남아 있다. 이곳에서 발견된 유물들은 쁘라야그라즈의 쁘라야그라즈 박물관과 쁘라야그라즈 대학 내에 있는 꼬삼비 박물관에 전시되어 있다.

순례 가는 길

1. 드나드는 길

- 꼬삼비를 가려면 힌두교의 성지인 뜨리웨니 상감Triveni Sangam이 있는 쁘라야그라즈Prayagraj를 먼저 가야 한다. 쁘라야그라즈는 옛 이름이 '알라하바드'라서 아직도 많은 사람이 그렇게 부르는 곳으로, 많은 기차가 지나가는 곳이어서 기차를 이용하는 일은 어렵지 않다. 뉴델리에서 쁘라야그라즈로 가는 기차(No.12402, 20:10-05:05 / No.12418, 21:25-06:45)가 가장 유용하다.

- 꼬삼비는 쁘라야그라즈에서 서쪽으로 약 50km 떨어진, 야무나 강변에 자리하고 있다. 쁘라야그라즈의 기차역 광장에서 택시를 타고 다녀오는 방법이 가장 무난하다. 택시를 타고 간다면 2곳의 불교 유적지와 왕궁터, 쁘라보사 언덕을 둘러보기가 쉽다.

- 버스를 타고 다녀오려면 쁘라야그라즈역 앞, 리더 로드^{Leader Rd.}의 쿠스루 박^{Khusru Bagh} 입구에서 꼬삼비 행 합승 버스를 타면 된다. 버스는 보통 30분마다 한 대씩 출발하며 3~4시간 정도 걸린다. 꼬삼비 입구까지 가는 버스가 있고, 꼬삼비를 지나가는 버스가 있으므로 버스 기사나 차장에게 반드시 확인해 봐야 한다.

- 버스는 통상적으로 꼬삼비 지역경찰서^{Thana Kaushambi} 앞에 서는데 이곳에서 2곳의 불교 유적지(1km, 1.5km)까지는 걸어가야 한다.

- 초전법륜 성지인 사르나트와 힌두교 성지로 유명한 바라나시^{Varanasi}는 쁘라야그라즈에서 동쪽으로 130km가 떨어져 있는데, 버스나 기차로 쉽게 연결되므로 아침 일찍 쁘라야그라즈에 도착해서 택시를 타고 꼬삼비를 다녀와서 바로 바라나시로 이동하는 것이 순례 일정을 조정하는 데 도움이 된다.

2. 묵을 곳, 먹을 곳

- 꼬삼비는 정말 작은 시골 마을이다. 게스트하우스나 호텔이 없다. 스리랑카 사원과 새로 짓기 시작한 태국 사원이 있으므로 1~2명이 순례를 하는 경우라면 잠자리를 부탁할 수도 있다. 또한 미리 부탁하면 스리랑카 사원에서 공양에 동참할 수도 있다. 숙박을 하였거나 공양에 동참했을 경우, 보시하는 것을 잊지 말아야 한다. 밤늦은 시간에 도착했고 스리랑카 절에서 잘 수 없는 경우에는 자이나교 순례자 숙소를 알아보는 것도 좋을 것이다. 간단한 인도식 간식을 파는 곳이 있으므로 요기는 할 수 있다.

- 특별한 경우가 아니라면 쁘라야그라즈에서 당일로 다녀오는 것이 가장 좋다. 쁘라야그라즈는 큰 도시에 속하므로 기차역 주변에는 많은 호텔과 식당이 있다. 경제적인 형편에 맞춰서 호텔과 식당을 고를 수 있다.

꼬삼비야경 Kosambiya sutta. M48

"비구들이여, 승가의 참된 본질은 화합이다. 다음과 같은 원칙을 따른다면 그 화합이 실현될 것이다

1. 숲이나 승원 같은 보편적인 장소를 공유한다.
2. 일상생활의 필수 사항들을 함께 나눈다.
3. 공동체를 와해시킬 수 있는 말들은 피하고 함께 가르침을 따른다.
4. 조화로움과 이로움을 주는 말만을 한다.
5. 통찰과 이해를 함께 나눈다.
6. 타인의 견해를 존중하고 남에게 자기의 견해를 강요하지 않는다.

이 원칙들을 잘 따르는 승단은 행복과 화합을 얻게 될 것이다. 비구들이여, 이 여섯 가지 규율을 준수하도록 하라."

부처님으로부터 이 가르침을 받은 비구들은 행복하였다. 부처님께서는 그들에게 작별을 고하고 빠릴레이야^{Pārileyya} 근처에 있는 숲으로 걸어갔다.

(부처님의 가르침을 듣고도 비구들이 분쟁을 멈추지 않자, 부처님께서는 비구들을 떠나 홀로 숲으로 가셨다.)

*꼬삼비의 비구들이 사소한 문제로 논쟁이 벌어지자 부처님께서는 그들에게 화합을 가르치셨지만, 부처님의 가르침을 듣지 않고 계속 논쟁을 벌였다. 부처님께서

는 탁발을 끝내신 뒤, 비구 대중들에게 알리지 않으시고 홀로 꼬삼비 동쪽에 있는 빠릴레이야 숲으로 가셔서 빠릴레이야카^{Palileyyaka}라는 수컷 코끼리와 원숭이들의 시봉을 받으시면서 지내셨다. 꼬삼비의 재가 불자들이 이러한 사실을 알고 부처님께 공양 공덕을 지을 수 있는 기회를 빼앗은 비구들의 탁발에 응하지 않고, 공양을 올리지도 않겠다고 선언을 한다. 비구들이 재가 불자들의 결정에 부끄러워하며 화합하였으나, 재가 불자들은 비구들이 부처님께 직접 참회하기를 요구하였다. 이러한 재가 불자들의 요구를 받은 꼬삼비의 비구들은 부처님께 참회하러 갔다. 부처님께서는 비구들의 참회를 받아들이시기는 하셨지만 계속 그 숲에서 머무셨다.

*제 2차 결집에서 주도적인 역할을 한 야사^{Yasa} 장로는 꼬삼비의 승가에 속해 있었다. 또한 제 2차 결집에서 가장 수좌首座였던 사르와까마^{Sarvakāma} 장로도 이곳의 승가에 속해 있었다. 사르와까마 장로는 아난다 존자의 제자로서 당시 법랍이 120세였다고 전해진다.

께사리야 Kesariya
인도 비하르 Bihar 주州

개요

불교 사원도 없고 불교도도 남아 있지 않는 들판과 시골 마을의 한 가운데 작은 언덕이 있었다. 고고학자들이 흙을 깎아내리며 발굴하기 전에는 아무도 그것이 탑이라고 생각하지 않았다. 발굴 작업을 하면서 흙이 조금씩 깎여 나가자 차츰 거대한 탑의 모습이 드러났고 마침내 께사리야 Kesariya, Kesaria 탑의 모습이 세상에 나오면서 부처님께서 릿차위족 사람들에게 건네주신 발우鉢盂Patta를 넣고 쌓은 탑이라는 것이 밝혀졌다.

이곳은 경전에서 께사뿟따Kesaputta라고 알려진 곳이기도 하며, 부처님의 관용과 이해가 가장 잘 드러난 가르침인 깔라마경Kalama Sutta이 설해진 곳이기도 하다.

예전에는 가는 길도 쉽지 않고 유적 주변의 가까운 곳에 쉴만한 장소도 없어서 순례하는 일이 쉽지 않았지만, 지금은 도로가 잘 정비되어 부처님의 마지막 발자취를 따라가는 순례길이라면 꼭 찾아가야 하는 곳이다.

역사

부처님께서 와이샬리를 떠나 꾸시나가르로 가시면서 뒤따라온 릿차위족의 사람들에게 그만 돌아갈 것을 말씀하셨다. 이별을 아쉬워하는 릿차위족 사람들이 떠나지 않자 부처님께서는 릿차위족 사람들에게 발우를 건네 주시면서 신통력으로 부처님과 릿차위족 사람들 사이에 큰 강을 만드시어 사람들이 더 이상 따라오지 못하게 하시고 작별을 하셨다. 부처님과의 이별을 아쉬워하던 릿차위족의 사람들이 이곳에 부처님의 발우를 봉안한 탑을 세웠다고 전해 온다.

아소까 대왕이 이 탑을 증축하였고 숭가 왕조, 쿠샨 왕조 때에도 보수와 증축을 하여 거대한 불탑이 되었다. 6세기 굽따 왕조 때 차끄라와르띠 Raja Chakravarti 왕이 탑을 증축하면서 탑 표면을 수많은 조각으로 장식하였다. 이 불탑을 원형原型으로 하는 불탑이 카시미르, 부탄, 티벳, 미얀마에 세워졌다고 한다.

현장 스님의 기록에 의하면, 부처님이 전생에 벤Ben 왕이었을 때 이곳에서 살았다고 한다. 1862년 커닝엄A. Cunningham에 의해 처음 발굴되어 테라스를 가진 5층의 불탑인 것을 밝혀냈다. 1911년 영국의 역사학자 오말리L.O. O'Malley에 따르면 당시 유적은 야생 식물로 덮여 있었으며, 전체 둘레는 427m, 전체 높이는 45.7m였다고 한다.

1998~2001년 ASI의 발굴에서 유적의 앞부분을 드러내는 것만을 성공했다. 현재 땅속에 묻힌 것이 얼마나 되는지 더 조사해 봐야 한다고 한다. 이 발굴 결과로 어쩌면 께사리야의 불탑이 세계 최대의 단일 불탑인 보로부두르보다 더 컸을지도 모른다고 추정하고 있다. 현재에도 인도다운 방법으로 발굴이 수시로 진행되고 있다.

유적

1. 께사리야 발우탑

커닝엄은 발굴 조사 후에 둘레가 427m이고 높이가 15.5m인 불탑이라고 발표했으며, 허물어진 상단의 반구형의 탑신 높이는 21.4m라고 추정했다. 사람 크기의 불상이 발굴되었으며 5층으로 된 이 탑은 테라스 형태의 중간 부분이 있고, 상단은 반구형의 탑신이 있었을 것이라고 발표했다. 또한 위에서 보면 만다라Mandala 형태의 모습을 가지고 있다고 발표했다.

오말리에 따르면, 유적은 전체 둘레가 427m, 높이 19m였으며, 유적지는 야생 식물로 덮여 있었다고 한다. 기단부를 포함하는 테라스 부분의 높이가 24.5~17.5m, 반구형의 상단 탑신을 포함한 전체 높이는 45.7m이었을 것으로 추정하였다. 1934년 비하르 지역의 지진으로 탑의 일부가 무너졌다.

현재 발굴된 모습은 6층으로 된 테라스 형태의 기단이 있고, 상단부는 원형의 단을 쌓았으며, 그 위에 반구형 탑신이 일부 남아 있다. 목이 부러지거나 상체의 일부가 훼손된, 하반신만 남은 실제 사람 크기의 불상들이 남아 있다. 탑의 중심부는 흙으로 되어 있으며, 그 위에 벽돌을 쌓고 벽돌 위에 조각彫刻한 석판들, 또는 스투코stucco로 부조浮彫를 조성한 탑이었으나 지금은 벽돌만 볼 수 있다.

인도 학자들의 주장에 따르면 상단 반구형 탑신의 지름이 보로부두르 불탑보다 크다고 한다. 그것을 기준으로 추정하여 께사리야의 불탑이 세계 최대의 불탑인 보로부두르보다 컸을 것으로 주장하고 있다.(현재까지 드러난 것으로는 라우리아 난당가르 탑이 인도에서 가장 크다)

2. 도나 탑 – 사리병 탑

께사리야에서 남서쪽으로 약 90km가 떨어진 곳에 돈Don이라는 작은 마을이 있다. 이곳 마을의 주택가에 흔적만 남아 있는 불탑이 있는데 이 불탑이 부처님의 사리를 분배하는 일에 중재를 맡았던 도나 브라만이 부처님의 사리를 보관했던 사리병을 모시고 탑을 세웠다고 전하는 곳이다.

순례 가는 길

1. 드나드는 길

- 께사리야로 바로 가는 시외버스나 기차는 없다. 께사리야에서 가장 가까운 차끼아^{Chakia}역은 동쪽으로 12km 떨어져 있다. 차끼아역은 고락뿌르^{Gorakhpur}, 하지뿌르^{Hajipur}, 무자빠뿌르^{Muzaffarpur}, 락사울^{Raxaul}에서 출발하는 기차가 지나가는 곳이다. 차끼아에서 내려서 택시를 타고 다녀오는 방법이 가장 빠르다. 하지만 연결되는 기차 시간이 좋지 않아서 권할 만하지 않다.

- 하지뿌르(와이살리 참조)에서 택시를 타고 와이살리와 께사리야를 하루 만에 다녀오는 것이 좋은 방법이다. 와이살리와 께사리야는 50km 거리에 있다. 현재 74번 국도가 잘 정비되어 있어서 순례를 다녀오기가 쉬워졌다.

- 만약 와이살리에서 꾸시나가르로 가는 순례 일정이라면 와이살리–께사리야–꾸시나가르의 순서가 좋은 방법이 된다. 반대의 경우도 좋은 순례 길이 될 수 있다.

2. 묵을 곳, 먹을 곳

께사리야 탑 유적 근처에는 숙소와 식당을 겸한 숙소가 딱 한 곳이 있다. 께사리야에 순례객이 드나들면서부터 영업을 시작한 이 식당 겸 숙소는 한국 음식에 가까운 음식을 만들어 팔기도 하지만, 비수기에는 문을 닫는 경우도 많으므로 순례에 나서기 전에 음료수와 간식을 챙겨 두는 것이 필요하다. 인도식 간식이나 간단한 물건을 파는 작은 상점들이 있기는 하지만 그리 유용하지 않다. 그러므로 빠뜨나, 하지뿌르, 와이살리, 고락뿌르, 꾸시나가르 등에 머물면서 다녀오거나 다른 곳을 순례하는 길에 방문하는 것이 좋다.

*이곳에서 멀지 않은 데오라Deora 지역에는 부처님의 전생담과 연관이 있는 왕궁터가 있다고 한다. 1862년에 키토에 대위Capt. Markham Kittoe에 의해 처음 발굴되었으며, 라니바스Ranivas(여왕의 궁전)라는 지역 이름이 아직도 전해지는 곳이다. 이곳에서는 승원 유적과 상단부에 한 마리의 사자가 장식된 아소까 석주가 발견되었다. 법현 스님과 현장 스님이 이곳을 순례하고 기록을 남겼다. 하지만 기록만 가지고 찾아다니다가 정확한 위치를 찾지 못하여 이러한 기록이 있다는 사실만 남겨 둔다.

빠뜨나 박물관 Patna Museum
빠딸리뿟따 Pataliputta

인도 비하르 Bihar 주州

개요

빠뜨나Patna의 옛 이름은 빠딸리뿟따Pataliputta / Sk. Pāṭaliputra이고 한문 경전에서 화씨성和氏城 / 華氏城, 또는 화자성華子城이라고 하는 곳이다. 인도의 주도州都 중에서 가장 치안이 불안한 곳이다. 정치적 테러가 가장 많이 일어난 도시라는 오명汚名을 가지고 있으며, 다른 지역으로부터 범죄자의 유입이 가장 많은 곳이라는 오명도 가지고 있다. 하지만, 서기전 4~2세기 때는 인도 역사의 중심이었던 도시이다. 부처님께서 화재, 홍수, 전쟁(不和)이라는 3가지 재앙이 있을 것이라고 예언하신 그대로 이루어진 도시라는 생각을 젖혀 놓아도, 이곳에 머물 때마다 현재의 빠뜨나에 대해서는 개인적으로 애정이 쉽게 생겨나지 않는다.

빠뜨나에서 갠지스 강을 가로지르는 7.5km 길이의 마하트마 간디 다리를 건너면 와이살리로 가는 길이 나온다. 부처님께서 배를 타고 마지막으로 갠지스 강을 건너셨던 장소가 어디쯤일까 하는 마음에 다리 위에서

목을 길게 뽑아 보지만 2500여 년의 세월은 흔적을 남겨 두지 않았다.

역사

　라즈기르의 마가다^Magadha 왕국이 점점 번성하면서 용수用水가 부족하여 도시의 기능이 어렵게 되었다. 마가다의 아자따샷뚜 왕이 재위在位하고 있을 때 수니다^Sunidha와 왓사까라^Vassakara라는 신하를 보내 빠딸리뿟따에 성을 쌓고 이곳으로 천도遷都하여 수도로 삼았다. 또한, 아자따샷뚜 왕이 이 두 신하를 부처님께 보내 가르침을 청하자 부처님께서는 계戒를 지켜서 얻는 공덕과 계戒를 지키지 않아서 잃는 것의 가르침을 베푸신다.

부처님께서 와이살리로 떠나실 때 지나가신 성문을 고따마 성문, 강을 건너기 위해 배를 타신 곳을 고따마 가트^{Gotama Ghat}라고 하였으나 지금은 찾아볼 수 없다. 법현 스님과 현장 스님이 이곳을 방문하고 빠딸리뿟따와 꿈라하르에 대한 기록을 남겼다.

유적

1. 빠뜨나 박물관

1917년 4월 3일에 처음 문을 연 이 박물관은 식민지 시대풍의 건물에 인도스럽다는 느낌이 드는 색깔의 페인트로 단장을 해 놓았지만, 방문객의 시선을 끄는 유물이 많이 전시되어 있다.

※ 두 종류의 입장료가 있음 ‒ 일반 입장료와 부처님 진신사리가 모셔진 특별 전시실 입장료(특별 전시실 입장권을 사면 일반 입장권은 사지 않아도 됨), 월요일 휴관

① 특별 전시실

근본 8탑 중의 하나로
서 와이살리에 있는 릿차
위족의 탑에서 발굴된 부
처님의 진신사리(가루사
리)가 모셔진 곳이다. 철
문으로 굳게 닫힌 이 특
별 전시실에 모셔진 부

처님의 유골분遺骨粉사리는 릿차위족의 탑에서 발굴된 뚜껑이 있는 토기
土器 안에 모셔져 있다. 전시실 내에 탑의 모형을 설치하고 그 안에 사리
가 담긴 토기가 안치되어 있어서 유골분사리를 직접 눈으로 볼 수는 없
다. 관람객을 위하여 전시실의 벽에 발굴 당시에 발견된 사리용기와 내용
물(사리, 구리동전, 작은 조개껍질, 유리구슬 2개)들의 사진, 발굴 당시의
지층 사진, 관련 내용을 전시해 놓고 있다.

② 일반 전시실

10세기를 전후한 시대(팔라 왕조)에 청동으로 조성된 불상과 보살상,
검은색 편암Schist으로 조성된 다양한 불상과 보살상, 다양한 형태의 탕카

(탱화), 테라코타 등의 유물이 많이 전시되어 있다. 고대 인도인들의 토속신 중에서 눈여겨볼 만한 것이 많다. 다르간즈 약쉬Didarganj Yakshi 여신상이 가장 인기가 많으며 힌두교와 관련된 조각들이 다양하게 전시되어 있다.

박물관 1층에는 2억년의 나이를 가진 거대한 나무 화석이 전시되어 있다. 빠뜨나 주변에서 발굴된 화석과 고대의 유물들도 다수가 전시되고 있다. 인도 초대 대통령인 라젠드라 프라사드Dr. Rajendra Prasad와 관련된 컬렉션이 따로 마련되어 있다.

2. 빠딸리뿟따 – 꿈라하르 Kumrahar/Kumhar

1895년 영국군 중령인 와델L.A. Waddell이 발굴 작업을 했고, 1912~1913년 미국인 고고학자 스푸너D.B. Spooner가 발굴 작업을 하였으며, 1951~1955년 인도학자 자이스왈K.P. Jaiswal이 발굴 작업을 하였다.

빠뜨나정선Patna Junction 기차역에서 동쪽으로 6km 떨어진 곳에 있는 이곳은 마우리야 왕조의 왕궁 유적이다. 왕궁의 바로 옆에 제 3차 결집지인 꾹꾸따라마Kukkutarāmā 鷄園寺가 있었다고 한다.

꿈라하르 유적지에는 과거에 높이가 약 10m인 80개의 큰 돌기둥을 가

진 건물 유적이 있었던 것으로 조사되었는데 각 기둥의 간격은 4.75m이
며, 10개의 기둥이 8열로 배치된 건물이었다. 기둥 위에는 목조 건물이 있
었던 것으로 조사되었다.

　현재 이곳에는 부러진 석주 한 개가 꿈라하르 유적지의 한쪽에 전시되
어 있다. 일설에 따르면 80개의 기둥을 가진 이 건물에서 3차 결집을 했
다고도 한다. 꿈라하르 유적지 내에는 왕궁의 건물 유적들은 거의 남아 있
지 않고, 몇 개의 작은 건물 유적들이 기단부만 남은 채 자리를 지키고 있
다. 또한, 불교 사원인 아난드 사원^{Anand Vihar} 유적, 힌두 사원인 아로갸 사원
^{Arogya Vihar}과 두라키 데위 사원^{Durakhi Devi Temple} 유적이 남아 있다. 이곳에서 발
굴된 유물은 빠뜨나 박물관에 전시되고 있다.

순례 가는 길

1. 드나드는 길

・부처님 당시부터 큰 도시였던 빠뜨나는 현재 비하르 주의 주도州都이다.
　인도 전역으로 연결되는 항공편과 기차가 있어서 드나드는 일에 불편함은 없는 곳이다. 빠뜨나는 빠뜨나정션역과 라젠드라나가르^{Rajendranagar}역이 있는데 거의 모든 기차는 주역主驛인 빠뜨나정션역에서 출발과 도착을 한다. 뉴델리에서 빠뜨나로 오는 기차는 1일 20편이나 되기 때문에 기차 표를 구하는 일에 어려움은 없다. 빠뜨나정션역에서는 라즈기르로 가는 기차(No. 3234, 09:15)가 매일 있다.

- 시외버스 정류장은 빠뜨나정션역 광장의 길 건너 서쪽에 있다. 하지뿌르, 라즈기르, 가야로 가는 버스를 탈 수 있다.
- 빠뜨나 박물관(위치 : Buddha Marg)은 빠뜨나정션역에서 북쪽으로 1.2km 떨어져 있는데 걷거나 싸이클릭샤를 타고 가는 것이 좋다.
- 꿈라하르(빠딸리붓따)는 빠뜨나정션역에서 동쪽으로 6km가 떨어져 있고, 라젠드라나가르역에서는 동쪽으로 2km가 떨어진 대로변에 자리 잡고 있다. 오토릭샤나 시내버스를 타고 이동할 수 있으나 시내버스를 타는 것은 권하지 않는다.

2. 묵을 곳, 먹을 곳

- 빠뜨나에는 고급 호텔부터 저렴한 게스트하우스까지 다양한 숙소가 있으므로 여행 예산에 맞춰서 숙소를 구할 수 있다. 대부분의 저렴한 숙소는 빠뜨나역 광장을 중심으로 북쪽과 동쪽에 분포되어 있다. 일부 저렴한 숙소에서는 외국인을 수용하지 않는 경우가 있으므로 반드시 확인해야 한다. 빠뜨나는 치안이 좋지 않은 곳이므로 방을 결정하기 전에 잠금장치가 잘 되어 있는지 확인하고 결정해야 한다. 고급 호텔은 빠뜨나정션역의 북쪽에 있는 프레이저 로드^{Fraser Rd} 주변과 간디마이단^{Gandhi maidan} 주변에 있다.
- 숙소와 마찬가지로 빠뜨나역 광장을 중심으로 북쪽과 동쪽에 많은 식당이 밀집되어 있다. 인도식 패스트푸드 식당도 있고, 에어컨이 가동되는 식당과 길거리 음식도 많이 있다. 먹을 것에 대한 선택의 폭이 넓은 곳이

다. 에어컨이 설치된 식당은 음식값에 봉사료와 세금이 따로 청구되므로 유념해야 한다. 심리적으로 불안하다면 빠뜨나정선역에 있는 식당을 이용하는 것도 좋은 방법이다.

*부처님께서 이곳을 지나면서 "장차 이곳은 큰 도시가 될 것이며, 세 가지 재앙으로 망할 것이다"라고 예언을 하셨다. 부처님의 예언대로 빠딸리뿟따는 갠지스 강의 범람으로 물의 재앙을 만났고, 두 번째로 큰불이 일어나 도시를 모두 태우는 재앙을 만났다. 마지막은 사람들이 서로 다툼(불화)으로써 도시는 망하고 말았으니 이 것은 서기전 3세기 때의 일이다. 지금도 이 도시는 갠지스 강의 범람으로 도시가 자주 침수가 되고 테러와 분쟁이 자주 일어나는 곳이다.

제 3차 결집(화씨성 결집, 1000결집)

1. 빠딸리뿟따 결집華氏城 結集, 1000결집이라고 부른다.

2. 아소까 대왕이 서기전 260년에 칼링가 전투에서 전쟁의 참혹함을 보고 전쟁에 의한 정복의 중단을 선언하고 불교에 귀의한 뒤 265일 동안 불교 성지를 순례한다.

3. 아소까 대왕은 법Dhamma / Dharma으로 백성을 다스리며, 존경받을 만한 스님을 전국으로 보내, 부처님의 가르침을 전하도록 하였으며, 대중을 교화敎化하고 포교布敎를 하게 한다. 특히 아소까 대왕 13년에는 담마마하마트라Dhammamahamatra(담마집행관)를 임명하여 담마(진리)를 전파하였으며, 멀리 그리스 지배를 받던 박트리아Bactria까지 불교 전법사를 파견한다.

4. 결집 동기

　　가. 당시 빠딸리뿟따성城의 꾹꾸따라마Kukkutarāmā 鷄園寺에서 7년간이나 포살布薩 등의 작법作法을 하지 않고, 외도들이 불법佛法에 의탁하여 살고 있었

기 때문에 아소까 대왕이 담마집행관을 보낸다.

나. 담마집행관이 꾸꾸따라마 상황을 보고 비법非法을 행하던 승려들을 모두 학
살虐殺하였다. 이러한 일들이 마무리되고 난 7일 후, 승가를 정화淨化하는 성
격을 가지고 꾸꾸따라마 내에 장막을 치고 목갈리뿟따띳사Moggaliputta-tissa 帝須
장로 스님을 상수로 한 여러 장로 스님이 대좌對坐하여 스님들 가운데서 비
구와 비법외도非法外道들을 가리기 위한 심사를 시작한다.

다. 장부 니까야Dīgha nikāya의 범망경梵網經Brahmajāla sutta, D1을 바탕으로 하여 62가
지 삿된 견해(邪見)에 저촉되는 경전을 따르거나 수행을 하고 있으면 가사를
벗기고 승단에서 출송出送하였다.

라. 이러한 정화 작업을 통해 선발된 비구들 가운데 1,000명을 가려 뽑아 9개월
간 결집을 하였다. 이때가 아소까 대왕의 대관식 후 18년(불멸 236년 또는
237년)이 된다.(와이살리의 제 2차 결집 후 136년으로 추정, 아소까 대왕의
즉위 연대에는 이견이 있음)

까삘라왓투 Kapilavatthu
데와다하 Devadaha

네팔 까삘라와스뚜 Kapilavastu district
루빤데히 Rupandehi District

개요

한적한 까삘라왓투^{Kapilavatthu / Sk. Kapilavastu}迦毘羅城의 유적지를 거닐다 보면 인간의 생로병사로부터 초월하여 완전한 행복을 꿈꾸던 왕자 고따마 싯닷타^{Gotama Siddhattha}의 고뇌가 곳곳에서 배어 나오는 듯하다. 동문東門 유적에 서서 왕궁 밖을 바라보면 모든 존재의 행복을 위해 거룩한 출가를 하시는 왕자 고따마의 뒷모습이 보이는 듯한 착각이 들기도 한다.

룸비니의 서쪽에 있는 까삘라왓투는 네팔에서 주장하는 석가^{Sakya}족의 왕궁이 있던 곳이다. 현재 남아 있는 유적의 모습이 인도에서 주장하는 까삘라왓투보다 훨씬 왕궁 유적에 가까워 보인다. 또한 왕궁 유적에서 가까운 곳에 숫도다나^{Suddhodana} 왕과 마하마야^{Mahamaya} 왕비의 것으로 추정되는 사리탑이 발견된 것도 네팔의 이러한 주장을 뒷받침하고 있다. 지금은 띨라우라꼬뜨^{Tilaurakot}라는 지명으로 불리는 곳에 부처님과 까삘라왓투와 관련된 많은 유적이 남아 있고, 많은 유물이 발견되었다.

　이곳에서 동쪽으로 가서 로히니^Rohini 강을 건너면 부처님의 외가外家 종족인 꼴리야족의 데와다하 왕국이 있던 곳이 나온다. 로히니 강에 놓인 다리를 건널 때마다 석가족과 꼴리야족이 로히니 강물 때문에 전쟁 직전까지 갔을 때, 부처님께서 설법으로 전쟁을 막으신 곳이 어디쯤일까 생각하며 순례의 발길을 옮기게 된다.

역사

　석가족의 왕국은 당시 인도 16대 강국 중의 하나인 꼬살라^Kosala 왕국에 속한 작은 왕국이었다. 부처님께서 살아계실 때, 꼬살라의 왕 빠세나디^Pasenadi의 아들인 위두다바^Vidudabha가 석가족의 까삘라왓투를 멸망시킴으로써 왕국의 명맥이 끊겼다. 데와다하의 꼴리야족이 세운 왕국은 언제 어떻게 사라졌는지는 기록에 남아 있지 않다.

아소까 대왕은 룸비니와 까삘라왓투, 데와다하 등을 방문하고 여러 곳에 석주와 탑을 세웠다. A. 커닝엄과 그의 조수인 칼레일의 발굴과 연구, A. 휘러의 발굴과 연구로 까삘라왓투가 네팔에 있다고 발표하였으나 인도와 네팔 간의 논쟁은 계속되었다.

1899년 영국 식민 정부의 의뢰로 인도인 고고학자 무케르지[P.C. Mukherjee]가 법현 스님과 현장 스님의 기록을 근거로 하여 조사 · 연구를 하였다. 그는 조사 · 연구 끝에 네팔의 까삘라왓투가 석가족의 왕국이 있던 곳이라고 발표하였다. 1899년 발굴에서 직사각형의 성벽이 발굴되었고, 1966년 ASI가 주관하는 발굴에서는 왕궁으로 추정되는 건물터와 많은 고대 주거지와 유물들이 발굴되었다. 지금까지 8개의 언덕을 발굴하였고, 13개 층의 주거지가 발굴되었다.

이러한 발굴을 분석한 결과, 까삘라왓투 지역에는 최소한 서기전 8세기 초부터 서기 2세기까지 사람들이 거주했음이 밝혀졌다. 여러 연구 발표에도 불구하고 네팔과 인도의 논쟁이 계속되자 1997년 유네스코[UNESCO]에서 R. 커닝엄[Robin Cunningham]과 A. 슈미츠[Armin Schmidt], K. 아츄리아[Kosh Achrya]를 보

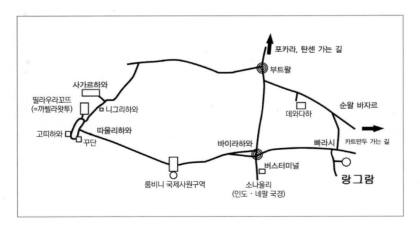

내 연구하도록 하였고, 그들은 네팔의 까삘라왓투가 석가족의 왕국이 있던 곳이라고 인정하였다.

유적

1. 까삘라왓투

남북 500m, 동서 450m 크기의 직사각형 성벽이 발굴되었고, 왕궁으로 추정되는 건물터와 많은 고대 주거지와 유물들이 발굴되었다. 현재 3m의 폭을 가진 구운 벽돌로 쌓은 성벽과 여러 개의 건물 유적이 남아 있다. 계속된 발굴 작업으로 여러 건물 유적이 속속 드러나고 있다. 동쪽과 서쪽에는 성문으로 추정되는 유적이 남아 있다.

동쪽 성문 밖에는 부처님께서 출가하실 때 타고 가셨던 말(馬) 깐다까Kandaka의 탑이 있다. 부처님께서 출가하신 후에 왕궁으로 돌아온 깐다까는 왕자를 그리워하며 성에 들어가지 않고 동쪽 성문 밖에서 죽었는데, 그곳에 탑을 세웠다고 한다. 깐다까 탑으로 추정되는 곳이 동문 바깥쪽 약 100m 지점에 있다.

성벽을 벗어나서 북쪽으로 200여 m를 가면 두 개의 탑 유적이 나오는데 큰 것은 숫도다나 왕과 마하마야 왕비의 사리를 합장合葬한 탑이고, 작은 것은 신하들의 유골탑이라고 전한다. 또 다른 견해로는 큰 것은 숫도다나 왕 사리탑, 작은 것은 마야 왕비 사리탑이라고 한다.

동쪽 문

왕궁터

서쪽 문   숫도다나 왕-마야 왕비의 사리탑

2. 꾸단 Kudan

　부처님께서 아버지인 숫도다나 왕의 청을 받아들여 고향인 까삘라왓투를 방문하였을 때, 숫도다나 왕과 양모養母인 마하빠자빠띠Mahāpajāpatī / Sk. Mahāprajāpatī 왕비가 이곳에서 부처님을 기다렸다가, 부처님이 되신 이후로는 처음 만난 곳임을 기념하여 탑을 세웠다고 한다. 또 다른 이야기로는 부처님께서 왕궁으로 들어가지 않으시고 이곳에서 머무셨기 때문에 숫도다나 왕과 왕비가 이곳까지 직접 와서 부처님을 만난 곳이라는 것을 기념하여 탑을 세웠다고도 한다.

　현재 남은 탑 유적의 상부에 '시바링가와 요니'가 있는 탑이 그것이다. 그 옆에는 양모인 마하빠자빠띠 왕비가 부처님께 금색 가사를 공양 올린 것을 기념해서 세운 탑이 있다. 유적지의 한쪽에는 작은 둔덕 위에 힌두 신전이 자리 잡고 있는데 이 작은 둔덕이 부처님의 아들이자 스님이었던 라훌라 존자의 사리탑이라고 전한다.

3. 고띠하와 Gotihawa

꾸딘의 서쪽 2.5km 지점에 있는 유적으로 부러진 아소까 석주가 남아 있다. 과거 7불의 한 분인 구류손불Krakucchanda Buddha의 탄생지라고 추정되는 곳으로 한문 경전에서는 안화성安和城이라고도 한다.

현장 스님의 기록에는 "커다란 탑이 있으며 아소까 대왕이 세운 돌기둥이 있다"고 하였다. 1898년 발굴을 하였지만, 현재까지 탑 유적은 찾지 못하였다. 일부 학자들은 이곳을 석가족이 위두다바에게 몰살된 곳이라고 추정하기도 한다.

4. 니그리하와 Nigrihawa / Nigalihawa

띨라우라꼬뜨의 북동쪽 5km 지점에 있는 니그리하와는 아라우라꼬뜨 아소까 석주 Araurakot Asoka pillar로도 알려진 곳으로, 과거 7불 중의 한 분인 구나함모니불Koṇāgamana / Sk, Kanakamuni Buddha의 탄생지라고 전해진다. 부러져서 여러 조각이 된 채 누워 있는 아소까 석주에는 고대 문자로 구나함모니불의 탄생지에 아소까 대왕이 석주를 세웠음을 알리는 내용이 있다. 아소까 석주의 일부는 땅에 박

혀 있다. 그 옆에 팔라^{Pala}시대
(8~12세기)의 부처님 입상立像
이 있다. 마을 주변에 고대 탑
유적과 사원 유적이 있지만, 현
재까지는 체계적인 발굴이 이
루어지지 않고 있다.

5. 사가르하와 Sagarhawa / Nigali Sagar

까삘라왓투 유적으로부터 동
북쪽으로 7km 떨어진 곳에 있
는 호수이다. 꼬살라 왕국 위두
다바 왕의 침략으로 석가족이
멸망할 때, 당시 석가족의 마하

나마 왕이 호수 바닥의 풀뿌리에 머리카락을 감고 죽음으로써 많은 석가
족의 생명을 구한 연못이라고 전해지는 곳이다.

6. 랑그람 탑 Rangram / Ramagrama Stupa

룸비니에서 동쪽으로 약
50km 떨어진 곳에 있다. 근본
8탑(꾸시나가르편 참조) 중의
하나인 꼴리야족이 세운 부처
님 진신사리탑이다. 아소까 대

왕은 근본 8탑을 헐어 사리를 나누어 인도의 곳곳에 많은 탑을 세웠다. 그
러한 여정旅程으로 아소까 대왕이 랑그람 탑에 도착해서 탑을 해체하려고

했다. 그런 아소까 대왕에게 나가Naga 蛇神王(한문 경전에서는 용왕)가 나타나 "우리가 탑에 공양 올리는 것보다 더 잘할 수 있다면 탑을 헐어도 좋습니다." 라고 말했다고 한다.

다음날 아소까 대왕이 탑으로 갔을 때, 나가들이 온몸으로 탑을 닦고 진귀한 것들로 공양을 올리는 것을 보게 되었다. 아소까 대왕은 나가들보다 더 잘 공양 올릴 수 없음을 탄식하고, 탑을 해체하지 않고 보존했다는 이야기가 전해 오는 탑이다.

이러한 이유로 근본 8탑 중에서 현재까지 유일하게 발굴·해체를 겪지 않은 탑으로 전해지고 있다. 이 이야기는 인도 불교 미술에서 좋은 소재로 사용되어 인도의 여러 불교 유적에 이 이야기를 상징하는 조각들이 남아 있다.

법현 스님과 현장 스님은 "부처님이 태어나신 곳에서 동쪽으로 5유순 (60km, 또는 75km)을 가면 연못 옆에 사리탑이 있으니 연못의 용이 항상 탑을 수호하며 주야로 공양을 올린다."고 기록을 했다.

7. 데와다하 Devadaha

랑그람 탑에서 북서쪽으로 약 20km 떨어진 바와니뿌르Bhawanipur 마을에 있는 유적이다. 꼴리야족의 왕국이 있던 곳으로 부처님의 어머니인 마하마야와 양모인 마하빠자빠띠, 아내였던 야소다라Yasodhara의 고향이다. 현재 남아 있는 유적 중에서 불교적인 것을 찾기는 어렵다.

마야데위Mayadevi라는 힌두교의 신神으로 변해 버린 마하마야 왕비를 모신 조그만 힌두 사원이 있고, 그 안에 마야데위 신상神像이 있다. 힌두교에서 마야데위라는 이름으로 마하마야 왕비를 신으로 섬기고 있다. 최근 새로운 조사를 통해 고대 성벽과 아소까 석주, 우물 등을 발굴하였다.

데와다하와 룸비니 중간에는 로히니 강이 흐르는데 석가족과 꼴리야족이 가뭄 때문에 이 강물을 두고 전쟁 직전까지 분쟁이 일어나자 부처님께서 중재하신 곳이다.

순례 가는 길

1. 드나드는 길

• 룸비니와 함께 이 유적지들을 하루 만에 모두 순례하기는 거의 불가능하다. 룸비니에서 하루를 더 묵으면서 다녀오는 것이 가장 좋다. (드나드는 길은 룸비니 참조)

  까삘라왓투 지역의 유적과 데와다하 지역의 유적을 모두 순례하려면 택시를 타는 것이 가장 좋으며 유일한 방법이다. 각 유적지까지 가는 버스가 없기 때문이다. 아침 일찍 서둘러서 출발한다면 하루 만에 모두 순례할 수 있다.

• 룸비니를 가기 위해 반드시 들러야 하는 바이라하와Bhairahawa에 머물면서

다녀올 수도 있는데, 여기서도 역시 택시를 타고 다녀오는 방법 이외에는 없다.

2. 묵을 곳, 먹을 곳

• 머무를 곳과 먹을 곳은 룸비니를 참고로 하면 된다. 대성석가사에 머물면서 다녀오는 방법이 가장 좋은데, 순례를 떠나기 전에 간식과 음료수는 미리 챙기는 것이 유용하다.

• 까삘라왓투 지역과 데와다하 지역의 곳곳에 식당과 시장, 상점이 있으므로 필요에 따라 이용할 수 있다.

*출생 신분Caste / Varna 때문에 석가족에게 모욕을 당한 위두다바는 석가족에 대한 복수심으로 아버지 빠세나디 왕으로부터 왕위를 찬탈簒奪하였다.

왕이 된 위두다바는 부처님께서 3번이나 만류하셨지만, 기어이 군대를 이끌고 가서 석가족의 왕족들을 몰살시켰다. 당시 석가족의 왕이었던 마하나마는 위두다바에게 자신이 연못에 들어가서 나오지 않을 동안만 석가족 사람들이 도망을 갈 수 있도록 해달라고 부탁했다.

위두다바가 허락하여 마하나마 왕이 연못에 들어갔지만 오랜 시간이 지나도록 왕의 시신이 떠오르지 않았다. 위두다바가 사람을 시켜 연못 속을 조사하니 마하나마 왕이 연못 속의 나무뿌리에 머리카락을 묶은 채 죽어 있었다.

이렇게 마하나마 왕이 죽어 가는 동안 석가족 사람들은 사방으로 도망쳤다.

과거 7불過去七佛

1. 비바시불毘婆尸佛^{Vipassī Buddha}

2. 시기불尸棄佛^{Sikhī Buddha}

3. 비사부불毘舍浮佛^{Vessabhū Buddha}

4. 구루손불拘留孫佛^{Kakusandha / Krakucchanda Buddha}

5. 구나함모니불拘那含牟尼佛^{Koṇāgamana / Kanakamuni Buddha}

6. 가섭불迦葉佛^{Kassapa Buddha}

7. 석가모니불釋迦牟尼佛^{Sākyamuni Buddha}

8. 미래불未來佛 : 미륵불彌勒佛^{Metteyya / Maitreya Buddha} (현재는 보살^{Bodhisatta})

라우리아 난당가르
Lauria Nandangarh

인도 비하르 Bihar 주州

개요

까뻴라왓투의 동쪽 성문을 벗어난 싯닷타 태자는 마부 찬나Channa와 애마 깐다까Kandaka와 함께 아노마Anoma 강을 건넌 뒤에 이들과 이별을 한다. 몸에 있던 모든 장신구를 벗어서 마부 찬나에게 건네고, 머리카락을 잘라 출가 수행자가 될 것을 선언한다. 그리고 사냥꾼의 거친 옷과 자신의 비단옷을 바꾸어 입고서 수행자의 길을 시작한다.

위대한 부처님의 출현은 이러한 시작으로부터 비롯되었다. 부처님께서 이렇게 수행자의 길을 시작하신 곳이라고 추정되는 장소에 세워진 라우리아 난당가르Lauria Nandangarh의 아소까 석주는 인도에서도 가난하기로 소문난 비하르 주의 아주 외진 시골의 작은 마을에 있다. 교통도 많이 불편하고 주위에 다른 흥미로운 것도 없어서 이곳만을 순례하러 가려면 따로 시간을 내어야 하는 불편함이 있다.

라우리아 난당가르는 아노마 강으로 추정되는 부르히 간닥Burhi Gandak 강

변에 있는 마을로써 비하르 주의 웨스트 참빠란^{West Champaran} 지역에 있다.

역사

1862년 커닝엄^{A. Cunningham}이 일부를 부분적으로 발굴하였으며 옹벽과 벽돌(51×20cm)을 발견하였다. 개릭^{Henry Bailey Wade Garrick}이 몇 개의 둔덕을 발굴하였지만 큰 성과는 없었다.

1905년 블록^{T. Block}이라는 고고학자가 북쪽에서 남쪽으로 줄지어 있는 두 줄의 둔덕(탑 유적)을 발굴하였다. 발굴 작업 중에 한 둔덕의 1.8m 지점에서 금으로 된 잎사귀와 서 있는 여성의 조각상을 발굴하였고, 3.6m 지점에서 목탄과 섞인 인간의 뼈를 발굴하였다.

그리하여 그는 이곳이 베다^{Veda}에 의한 마우리아 왕조 이전의 무덤이라

고 주장하였다. 하지만 커닝엄의 기록에 의하면 현지인들은 이 고분을 비사Bhisa라고 부르며, 26m가 넘는 높이의 고대 벽돌 둔덕이 부처님의 유골이 모셔져 있는 탑이라고 믿었다.

1935~36년 고고학자인 마줌다르Nani Gopal Majumdar는 4개의 둔덕을 재검토하여 고고학자 블록이 발견한 금으로 된 잎사귀가 삐쁘라흐와Piprahwa의 석가족 사리탑에서 발굴된 유물과 같은 것임을 밝혀내었고, 서기전 300년 이전의 불교 유물인 것을 확인하였다. 라우리아 탑은 베다의 매장법과 관련이 없으며, 서기전 300년 이전의 불교 유물과 같은 시대에 함께 조성되었다고 밝혔다. 블록의 이론을 뒷받침하던 노란 점토층은 고고학자인 고쉬Amalananda Ghosh의 연구에 따라 진흙과 곡물의 껍질, 짚 등으로 만들어진 벽돌인 것이 밝혀졌다.

유적

1. 아소까 석주

마을 중심에서 북동쪽으로 500m 정도 떨어진 곳에 사암으로 된 약 12m 높이의 아소까 석주가 있다. 이 석주의 상단부에는 복련문양覆蓮紋樣(연꽃을 뒤집어 놓은 듯한 문양)의 받침대 위에 거위들이 줄지어 조각된 좌대가 있고, 그 위에 한 마리 사자獅子 상이 있다. 상단의 사자는 입 부분이 부서져 있고 석주에는 수많은 낙서가 새겨져 있어 오랫동안 방치되었던 흔적이 눈에 많이 드러나서 아쉬움의 탄식이 새어 나오는 곳이다. 1660년에 이름이 알려지지 않은 영국 군인들이 대포를 쏘아서 사자의 입 부분이 부서졌다고 전해 온다. 석주의 중심부에는 브라흐미Brahmi 문자로 아소까 석주 칙령이 1번에서 6번까지 새겨져 있다.

2. 탑

아소까 석주에서 남서쪽으로 약 2km 지점에 있는 거대한 탑이다. 1935년 N.G.마줌다르에 의해 발굴이 시작되었고, 1939년까지 A.고쉬에 의해 발굴 작업이 이어졌다. 발굴 전에는 흙으로 덮인 둔덕이었으나 발굴 과정에서 진흙을 구워 만든 벽돌탑인 것이 밝혀졌다. 탑에서 약 1.6km가 떨어진 곳에 마을 외벽이 있는데 이 마을은 라우리아 탑을 건립하고 유지했던 사람들이 살았던 것으로 추정한다. 이곳에서 나온 유물을 바탕으로 숭가 왕조(서기전 187년~서기전 78년) 이전부터 쿠샨 왕조(서기 30년~230년)까지 사람들이 거주한 것으로 연구되었다.

현재까지 연구된 결과로는 탑의 상단부를 형성하던 돔Dome이 사라져서 정확한 크기를 측정할 수 없지만, 인도에서 가장 높고 큰 탑이었던 것으로 추정하고 있다. 현재 남아 있는 유적의 크기는 높이 25m, 둘레 460m이다. 탑의 입구라고 추정되는 사방에 있는 돌출부의 폭은 각각 32m의 크기이고, 동쪽 끝에서 서쪽 끝까지 탑의 직경은 약 165m이다. 입구에서 다른 입구까지는 다각多角polygonal의 형태로 지그재그처럼 보이는 모습을 하고 있다. 이 모습은 께사리야 탑에서도 볼 수 있다.

현재 탑은 하단부만 발굴한 상태인데 각층에는 테라스가 있으며 정상 부분은 원형이었을 것으로 추정하고 있다. 각 층의 테라스마다 남쪽으로 향하는 통로가 있지만, 정상까지 올라가는 계단은 발견되지 않았다. 탑의 중심부에서는 숭가 왕조와 쿠샨 왕조 때의 것으로 추정되는 흙으로 만든 수많은 동물과 사람 조각상, 펀칭punching으로 만든 문양이 있는 동전과 주조된 동전, 서기전 2세기~서기전 1세기 때의 테라코타 인장, 철鐵로 된 몇 가지 유물들이 발굴되었다.

탑을 세우기 위한 벽돌을 만든 흙은 외부에서 반입된 것으로 조사되었지만, 이 지역에서 흙을 파냄으로서 생긴 연못이나 구덩이는 발견되지 않았다. 돔 형태의 탑의 상단부는 평탄한 모습으로 남아 있는데 19~20세기 초 이름이 알려지지 않은 탐험가에 의해 잘려나간 것으로 알려져 있다.

　ASI에 의해 발굴 조사를 하는 과정에서 탑의 상단 중앙에서 4.3m를 팠을 때 1m 높이의 제단이 발견되었다. 제단의 바닥에서 다시 4.6m를 팠을 때 손상되지 않은 사각형의 옥개석이 있는 완전한 형태의 소형 탑이 발굴되었다. 이 탑의 높이는 3.6m로 다각형의 모습을 하고 있다. 탑의 내부를 조사했지만, 특별히 의미가 있는 것은 발견되지 않았다. 다만 탑의 옆에서 철사로 뚜껑이 채워진 작은 구리 그릇이 발견되었는데 그 안에서 경전이 기록된 나무판이 발견되었다.

　경전이 기록된 나무판들은 4세기 때의 것으로 추정하는데, 손상 없이 펴 보기가 어려운 상태였다. 간간이 보이는 글자 중에 니로다^{Nirodha}(滅=괴로움의 소멸)가 몇 번이나 반복되는 것으로 봐서 연기법緣起法^{paṭicca-samuppāda / Sk. pratītya-samutpāda}에 관한 내용으로 추정하고 있다. 더 깊이 파 내려가는 발굴은 이루어지지 않았다.

순례 가는 길

1. 드나드는 길

• 라우리아 난당가르를 가기 위해서는 인도 중북부의 주요 도시인 고락뿌르 Gorakhpur까지 먼저 가야 한다. 뉴델리에서 출발하는 항공편이 있다. 뉴델리에서 고락뿌르정션역까지 가는 기차는 많은 편이라 선택의 폭이 넓다. 고락뿌르정션역에서 기차(No.15706, No.15274, No.19269)를 타고 나르까띠아간지 정션Narkatiaganj Junction역에서 내려서 택시를 타고 직선 거리로 약 15km가 떨어진 유적지를 다녀오는 방법이 가장 무난하다.

• 고락뿌르에서 택시를 타고 다녀오는 방법도 좋은 선택의 하나이다. 자동 차를 타고 순례하는 길이라면 와이살리에서 꾸시나가르 가는 길에, 또는 그 반대의 경우에 둘러서 가는 방법도 있다.

2. 묵을 곳, 먹을 곳

• 라우리아 난당가르 지역에는 외국인이 묵을 곳이 없다고 보는 것이 좋다. 성지 순례길에서 방문하게 되는 고락뿌르, 께사리야, 와이살리 등의 도시 에서 숙박하고 이동하는 것이 가장 좋은 방법이다.

• 라우리아 난당가르 지역에는 인도 식당들이 많이 있기는 하지만 외국인 들이 드나들기에는 많이 부족해 보인다. 인도 음식을 잘 먹는 사람이라면 아무런 지장 없이 음식을 사 먹을 수 있다. 시장과 노점상, 식당들이 많이 있다. 성지 순례길에서 방문하게 되는 고락뿌르, 께사리야, 와이살리 등 에서 미리 먹을 것을 준비해서 가는 것도 좋은 선택이다.

아레라즈 Areraj/Lauriya Araraj

인도 비하르 Bihar 주州

개요

라우리아 난당가르에서 시작된 보살 고따마의 구도 행각은 당시 유명한 수행자들이 많이 있던 남쪽으로 향해 가던 중에 이곳에 도착한다. 혼자서 수행하던 보살 고따마는 자신을 지도해 줄 스승이 있을지도 모른다는 생각으로 스승을 찾아다니다가 이곳에서 제자들을 지도하던 알라라 깔라마 Ālāra Kālāma / Sk. Ārāḍa Kālāpa에게 무소유처정無所有處定을 배웠다.

그의 가르침으로는 만족하지 못한 보살 고따마는 알라라 깔라마의 만류에도 불구하고 새로운 길을 찾아 떠났다. 그 알라라 깔라마의 수행처가 있던 곳에 세워진 석주가 있다. 어지간히 눈썰미가 좋지 않고는 안내 팻말마저 찾기 어려운 곳이다. 녹슨 철문을 밀고 들어가니 덩그러니 남아 있는 석주. 이곳이 인도 땅이니 세월을 탓해 무얼 하겠는가.

겁劫 kappa / Sk. kalpa이라는 시간을 논하는 인도에서 겨우 2300여 년이야 티끌 같은 시간과 다름없지 않겠는가. '그나마 이렇게라도 발굴하고 보존해

놓은 것이 얼마나 다행한 일인가' 하며 석주를 마주하니 긴 세월을 지나와
서도 반짝이는 표면에 그저 감탄사만 연발하게 된다.

역사

서기전 249년, 아소까 대왕이 이곳을 순례하고 석주를 세웠다. 고대 인
도어로 'Stambh dharma lekh'라는 이름을 가진 석주로 알려졌는데, 그
의미는 '담마Dhamma, Sk. Dharma를 새긴 석주'라는 뜻이다.

1784년 로우Law라는 사람에 의해 처음 언급되었다고 하지만 불분명하
고, 1834년 호지슨Hodgson이 아레라즈 석주의 그림을 프린세프James Princep에
게 보냈다. 1835년 프린세프가 이 그림 속의 석주에 대한 책을 출판했고,
커닝엄A. Cunningham이 석주에 대해 언급한 부분이 있다. 지금까지 대규모의
발굴이 진행되지 않아서 정확한 규모나 유물들에 대한 자료는 없다. ASI
는 이 석주를 보호 기념물로 지정하였다.

유적

1. 아소까 석주

아소까 대왕이 담마의 순례를 하면서 깨달음을 성취하기 전의 수행자인 보살 고따마가 알라라 깔라마에게 무소유처정을 배웠던 곳을 기념하여 석주를 세웠다. 현재 남아 있는 아소까 석주는 하단부의 지름이 1.06m이고 상단부의 지름은 0.95m이다. 현재 석주의 높이는 11.1m, 무게는 땅속에 묻힌 부분까지 약 40톤이나 된다. 상단부에 있었을 것으로 추정되는 동물상은 꼴까따에 있는 인도 박물관에 있다고 전하지만 상세한 내용을 알 수 없다.

사암으로 된 이 아소까 석주에는 북쪽 면에 18줄, 동쪽 면에 23줄의 아소까 칙령이 새겨져 있다. 아소까 칙령은 크게 바위 칙령Rock Edicts과 석주 칙령Pillar Edicts으로 나누는데 이곳의 석주에는 아소까 석주 칙령 1번에서 6번까지 새겨져 있다.

2. 사원 유적

작은 크기의 사원 유적이 석주의 동쪽에 있다. 법당과 승방, 공동 마당을 가진 모습으로 법당은 동쪽 면에 자리 잡고 있다. 그 밖에도 유적들이 있을 것으로 추정되는 벽돌 등의 흔적이 있지만 특별한 것은 보이지 않는다.

순례 가는 길

1. 드나드는 길

- 아레라즈를 가기 위해서는 인도 중북부의 주요 도시인 고락뿌르, 또는 비하르주의 주도인 빠뜨나까지 먼저 가야 한다. 두 도시 모두, 뉴델리에서 출발하는 항공편이 있다. 공항에서 택시를 타고 다녀오는 방법이 있고 기

차역으로 가서 기차를 이용하는 방법도 있다.

• 기차로 가는 방법은 뉴델리에서 고락뿌르정션역까지 가서 그곳에서 벳띠아 Bettiah로 가는 기차를 타는 것이 좋다. 뉴델리에서 고락뿌르정션역까지는 많은 기차가 운행되므로 선택의 폭이 넓다. 고락뿌르정션역에서 기차(No.15706, No.15274, No.19269)를 타고 벳띠아 Bettiah역에서 내려서 택시를 타고 직선거리로 약 35Km가 떨어진 유적지를 다녀오는 방법이 가장 무난하다.

• 고락뿌르나 빠뜨나, 또는 하지뿌르 Hajpur에서 택시를 타고 다녀오는 방법도 좋은 선택의 하나이다. 자동차를 빌려서 순례하는 길이라면 와이샬리에서 꾸시나가르로 가는 길에, 또는 그 반대의 경우에 께사리야 탑 근처에 있는 이 유적지를 들러서 가는 방법도 있다.

2. 묵을 곳, 먹을 곳

• 아레라즈 지역에는 외국인이 묵을 곳이 없다고 보는 것이 좋다. 성지 순례길에서 방문하게 되는 고락뿌르, 께사리야, 와이샬리 등의 도시에서 숙박하고 이동하는 것이 가장 좋은 방법이다.

• 아레라즈 지역에는 인도 식당들이 있기는 하지만 외국인들이 드나들기에는 많이 부족해 보인다. 인도 음식을 잘 먹는 사람이라면 시장을 비롯해 식당과 노점상들이 많이 있어 사 먹을 수 있다.

성지 순례길에서 방문하게 되는 고락뿌르, 께사리야, 와이샬리 등에서 미리 먹을 것을 준비해 가는 것도 좋은 방법이다.

아소까 석주 칙령 Major Pillar Edicts

전체 내용이 많아서 간략하게 정리한 것이다. 전체적인 내용을 알고 싶다면 Edicts of Ashoka, 또는 Major Pillar Edicts을 검색해보기를 바란다.

석주 칙령 I

이 세상과 다음 세상의 행복을 위해 담마[Dhamma / Sk. Dharma](진리, 법)에 대한 열렬한 사랑, 경각심, 순종, 죄짓는 일을 두려워함, 끊임없는 노력이 필요하다. 나는 담마로서 국가와 국민을 보호할 것이다.

석주 칙령 II

최소한의 결점缺點, 많은 선행, 자비, 자선, 자유주의, 진실성 및 순결성을 나는 담마라고 한다. 이것으로서 법을 정할 것이고, 순응하는 사람은 행복할 것이다.

석주 칙령 III

자신이 선행한 것을 알아차리기는 쉽지만, 자신이 악행을 한 것을 알아차리기는 어렵다. 가혹함, 잔인함, 분노, 자존심, 시기심 등이 악행을 생산한다.

석주 칙령 IV

내가 임명한 담마집행관[Rajukas]들은 사람들의 복지와 행복을 위해 활동하도록 임무를 부여받았다. 나는 그들에게 법을 집행하고 처벌하는 일에 독립적인 권한을 부여했으며 일관성 있는 법의 집행을 당부하였다.

석주 칙령 V

죽이지 말아야 할 동물의 목록을 기록했고, 동물을 함부로 죽이지 말 것을 강조했으며, 매월 음력 보름과 그믐에는 도살屠殺하지 말 것을 명령했다. 동물을 동물의 먹이로 사용하지 말 것도 명령했다. 왕이 된 후, 26년 간 25명의 죄수를 석방했다.

석주 칙령 VI

가까운 친척에게 행복을 나눠주듯 가깝거나 먼 관계인 것을 가리지 않고 세상 모든 존재의 복지와 행복을 위해 담마를 실천한다. 불교뿐만 아니라 모든 종교와 종파를 존중하며 그들의 가르침을 직접 실천하는 것이 유익함을 알린다.

석주 칙령 VII

담마 정책을 실천하기 위해 담마를 널리 알리고 집행하는 담마집행관들을 곳곳에 파견하였다. 그들은 종교나 지위를 가리지 않고 공공의 이익을 위해 노력하는 사람들이다. 그들에게 왕과 왕족을 대신하여 자선을 베풀 것을 지시하였다. 그리하여 담마의 영광은 전 세계에 걸쳐 증대될 것이며, 자애, 자선, 진리, 순결, 온화함, 미덕의 형태로 증장增長할 것이다.

보살菩薩

보리살타菩提薩埵의 준말인데, 보리살타는 인도의 Bodhisatta / Sk. Bodhisattva를 소리 나는 대로 옮긴 것이다. 단어 의미로서의 보살은 어떠한 과위果位도 성취하지 않은 존재로서 깨달음을 향해 나아가는 수행자일 뿐이다. 범부凡夫의 다섯 가지 신통을 가질 수는 있겠지만, 탐·진·치 삼독三毒으로부터 자유로운 존재는 아니다. 깨달음을 성취하고자 노력하는 모든 수행자를 의미하기도 하지만, 초기 경전에서는 세 종류의 보살이 언급된다.

1. 자따까(=본생담)에 나오는 수행자로서의 부처님 전생의 존재
2. 29세에 출가하여 35세까지 6년 동안의 고행을 하던 수행자 고따마 싯닷타
3. 다음 세상에 오실 미륵彌勒^{Metteyya / Sk. Maitreya} 부처님이 현재 수행자의 신분이므로 미륵 보살

초기 경전에는 이렇게 세 분의 보살^{Bodhisatta}만이 언급되어 있다.

CHAPTER 3

불교대학

날란다 대학
위끄람쉴라 대학

감각적 욕망의 진흙 수렁을 건넌 사람

욕망의 가시를 뽑아 버린 사람

어리석음에서 벗어나 열반에 이른 사람

그런 사람은 행복하거나 괴롭거나

마음에 흔들림이 없다

-자설경 自說經 Udana

날란다 대학 Nalanda University

인도 비하르 Bihar 주州

개요

　날란다 유적의 가운데 앉아서 눈을 감고 있으면 수많은 스님이 경을 읽는 소리가 들리는 듯한 느낌과 단말마의 비명이 들리는 듯한 착각이 번갈아 가며 바람결에 묻어온다. 불교 최고最古의 대학이며, 불교 문학의 산실이자, 훌륭한 논사論師와 학승學僧들을 배출한 불교 대학 날란다는 부처님께서 생전에 자주 지나다니셨던 곳이고, 사리뿟따(사리불) 존자와 목갈라나(목련) 존자의 고향이며, 자이나교의 교주인 마하위라Mahavira가 활동했던 곳이기도 하다.

　신라의 스님들도 이곳을 다녀가신 것으로 기록하고 있는데 의정義淨 스님의 저서인 〈대당서역구법고승전大唐西域求法高僧傳〉에는 아리야발마阿離耶跋摩, 혜업慧業, 현태玄太, 현각玄恪, 현조玄照, 혜륜慧輪 스님과 이름을 알 수 없는 신라의 두 스님이 구법순례를 하였다는 기록이 남아 있지만, 모두 날란다 대학에서 수학하신 것으로 기록되어 있지는 않다. 중국

과 한국의 스님들뿐만 아니라 동남아시아의 많은 스님들이 불법을 공부하기 위해 날란다로 와서 입학을 기다렸다고 한다. 하지만 입학을 허락받는 스님들은 전체의 20%를 넘지 않았다고 한다. 날란다 대학 밖에서 긴 여정에 지친 몸을 추스르며 입학을 기다린 스님들의 간절함이 날란다 곳곳에 배어 있음을 온몸으로 느끼게 되는 곳이다.

12세기 이슬람의 침공으로 멸망될 때까지 인도 불교의 중심지라고 해도 과장이 아닐 정도로 번성하였으나 지금은 붉은 벽돌만이 넓은 들을 채우고 있다.

역사

1. 초기 역사

부처님 당시에 이곳의 상인 500명이 망고동산을 기증했다고 기록에 남아 있으나 불교 대학이 있었다는 기록은 없다. 부처님의 두 상수제자上首弟子인 사리뿟따Sāriputta 존자와 목갈라나Moggallāna 존자의 고향이자, 두 분이 입적入寂하신 곳이다. 부처님과 동시대 인물인 자이나교주인 마하위라와도 인연이 깊은 곳으로 그가 이곳에서 깨달음을 성취했다고 한다. 아소까 대왕이 이곳을 방문하고 부처님의 사리탑을 증축하였으며, 사리뿟따 존자 사리탑을 건립했다고 한다.

2~3세기 때의 나가르주나^Nāgārjuna龍樹 스님, 4세기 때의 아상가^Asaṅga無着 스님, 바수반두^Vasubandhu世親 스님이 날란다에서 수학修學하신 것으로 기록이 남아 있으나, 일반적으로 최초 건립 연대는 5세기 때로 추정하고 있다. 5세기 초에 이곳을 방문한 법현 스님이 날란다 대학에 대한 언급을 하지 않은 것으로 미루어 용수 스님, 아상가(무착) 스님, 바수반두(세친) 스님이 날란다와 연관이 있을 수는 있으나, 날란다 대학에서 수학修學하거나 가르치지는 않았던 것으로 보인다.

굽따 왕조^Gupta Empire의 꾸마라굽따 1세^Kumaragupta-I로 알려진 샤끄라디뜨야^Shakraditya / Sk.Śakrāditya(재위 415~455)왕 시대인 427년에 처음 건립된 것으로 추정한다.

현장 스님은 1500명의 교수 스님과 8500명의 학생 스님들이 있었다고 기록하였다. 입학을 허락받는 경우가 전체의 20%밖에 되지 않았다고 하므로 실제 입학을 위해 날란다 대학 밖에서 기다리던 스님들의 수효는 3만 명에 가까웠던 것으로 추정한다.

의정義淨 스님도 673년에 이곳을 방문하고 많은 스님과 사원이 있었음을 기록으로 남겼다. 8세기 때, 신라의 혜초 스님도 인도를 순례하고 이곳에서 수학하였으며 〈왕오천축국전往五天竺國傳〉에 그 기록을 남겼다. 뿌쉬야부띠Pushyabhuti 왕국 까나우즈Kanauj의 하르샤와르다나Harshavardhana (590~647)왕과 팔라 왕조(8세기~12세기)의 역대 왕들이 날란다를 후원하였다.

왕성한 활동을 하던 날란다 대학은 1193년 맘루크Mamluk 왕조의 박띠야르 칼지Bakhtiyar Khalji가 이끄는 이슬람 군대에 의해 멸망한다. 날란다가 이슬람의 침공으로 불탈 때, 6개월 동안이나 불길과 연기가 끊어지지 않았다고 기록되어 있다. 1235년 티벳의 번역가인 차그 롯사와Chag Lotsawa(1197~1264) 스님이 이곳을 방문하였을 때, 2개의 사원만이 남아 있었고, 90세가 된 라훌라 스리바드라Rahula Shribhadra 스님이 70명의 스님을 가르치고 있었다고 기록하였다.

유식학唯識學을 발달시킨 날란다 대학은 후대로 갈수록 힌두교의 사상을 불교에 혼합시켜, 불교 철학의 이단異端이며 사생아인 밀교密敎 사상을 발생시켰다. 이로써 불교와 힌두교 간의 경계가 모호하게 되는 일들이 벌어지게 되고, 일부 스님들은 밀교적 수행을 한 것으로 전해진다. 이러한 일들이 이어져서 재가 불자들에게 혼란을 부추기고 승단의 지지 세력을 약화시켰다. 당시 인도에는 날란다, 위끄람쉴라Vikramshila, 오단따뿌라Odantapurā, 소마뿌라Somapura, 작가달라Jaggadala라는 5개의 유명한 불교 대학이 있었다고 한다.

2. 발굴과 보존

1811~1812년 F. 뷰캐넌과 해밀턴^{Francis Buchanan / Hamilton}에 의해 처음 날란다의 존재와 유물에 대한 논의가 시작되었으며, 1861~1862년 A. 커닝엄이 처음 발굴을 하였고, 1915~37년 ASI에서 발굴하였으며, 1974~82년 ASI에서 다시 발굴하였다. 현재도 발굴하는 중이며, 현재 발굴 작업이 되어 있는 유적지는 남북으로 500m, 동서로 250m 크기인데, 모두 14ha(4만2천 평)의 넓이이며, 전체 유적의 1/10 정도의 규모라고 한다.

현재 발굴된 유적은 사리뿟따 존자가 부처님의 머리카락과 손톱을 모신 것이라고 전해지는 사리탑, 벽돌로 지은 4개의 법당과 110개의 승원, 크

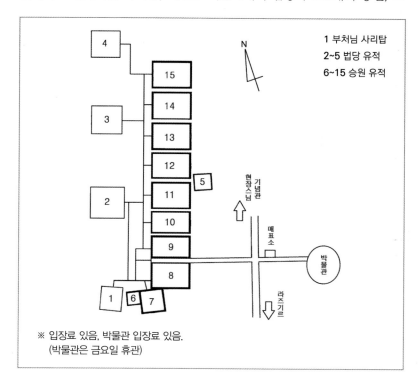

1 부처님 사리탑
2~5 법당 유적
6~15 승원 유적

※ 입장료 있음, 박물관 입장료 있음.
(박물관은 금요일 휴관)

고 작은 봉헌탑, 작은 승원 유적들이다. 벽돌을 쌓고 회반죽을 입혀서 불상을 만들었음을 보여 주는 유물들이 있다. 이곳에서 발굴된 유물은 날란다 대학 유적의 건너편에 있는 박물관에 전시하고 있다.

유적

1. 부처님 사리탑

사리뿟따 존자가 부처님의 머리카락과 손톱을 모신 탑^{Sariputta Stupa}이라고 전해지며, 아소카 대왕이 증축한 것을 포함하여, 모두 7차례에 걸친 증축이 있었던 것으로 연구, 발표되었다. 1860년 A. 커닝엄이 발굴을 하였을 때, 날란다 대학의 공인 문장이 있는 '성스러운 날란다 마하위하라(大寺)의 존경할 만한 비구들의 승가 공동체^{Sri Nalanda Mahavihara Arya Bhikkhu Sanghasya}'라고 쓰인 석판이 발견되었다.

탑의 복원 상상도가 입구에 팻말로 세워져 있으며, 벽돌을 쌓고 그 위에 회반죽을 쌓아서 완성한 불상과 여러 조각상이 많이 남아 있다.

의정 스님은 "이 탑에는 붓다의 머리카락과 수염이 있으며, 이 탑을 '근본향전根本香殿'이라고 부르고, 부처님께서 수행하셨던 곳이며, 날란다에서 가장 크고 화려한 건물이었다."고 기록하였다. 탑과 1번 사원 사이에는 벽돌 위에 회벽^{stucco} 마감한 불상과 보살상이 있는 기둥(탑?)이 있다.

2. 승원

현재 발굴된 승원은 모두 10개이며, 각 승원은 하나의 건물에 한 개의 출입문을 통하여 드나들게 되어 있다. 현재 발굴된 승원 중에서 8개의 승원 입구는 서쪽을 향해 있다. 승원은 불전佛殿과 중앙 광장을 중심으로 승방이 배치된 구조로 되었으며, 대부분 우물이 있다. 승원의 벽은 여름에는 시원하고 겨울에는 따뜻하도록 벽돌로 두껍게 지어졌다. 방은 2인 1실을 기준으로 되어 있는데 승랍僧臘이 높으면 높은 침대를, 승랍이 낮으면 낮은 침대를 사용하는 것이 승가의 법도이다. 벽에는 작은 감실龕室이 있어서 개인 물품을 둘 수 있도록 하였다. 마당에는 음식을 데워 먹을 수 있는 화덕이 있는 곳도 있으며 우물은 원형의 모습이 대부분이지만 팔각의 형태를 가진 것도 있다. 배수로 시설도 잘 되어 있는 것을 볼 수 있다.

3. 법당 유적

승원들의 서쪽에는 비슷한 크기와 형태의 3개의 법당 유적이 나란히 있는데 그중에서 제일 남쪽에 있는 법당 유적에 가장 많은 유물이 남아 있다. 이 법당 유적은 동서 50m, 남북 50m의 정사각형의 모습을 하고 있으며 중앙에 부처님을 모신 법당을 배치하고, 네 모퉁이에 작은 탑 형식의 부속 건물이 있다. 이 부속 건물은 도서관 또는 법당을 관리하는 스님들의 거처로 보인다.

4. 기타 유적들

많은 봉헌탑이 있는데 부처님의 일대기에서 중요한 장소인 4대 성지, 8
대 성지를 나타낸 조각이 새겨진 것도 있다. 봉헌탑의 일부로 보이는 여
러 가지 수인의 불상이 새겨진 석판도 여러 개가 있다. 그리고 벽돌로 쌓
아서 만든 불상의 흔적이 남아 있는데, 벽돌로 골격을 만들고 그 위에 회
반죽을 발라 불상을 완성한 것이다.

의정 스님과 현장 스님의
기록에는 "사원 서쪽의 불치
림佛齒林이 있으며 신라 혜업
스님이 이 불치목佛齒木 아래
서 〈섭대승론〉과 〈섭대승론
석〉을 베껴 적었다"고 기록하
였다. 또한 "그곳 서쪽 언덕길
에는 수계受戒를 위한 계단戒
壇이 있어 60cm 정도의 단이
설치되었고 사방 3m 정도의
벽돌 공간이 만들어져 있었으
며, 그 중앙에는 작은 탑이 세

워져 있다"라고 기록하였고, 동쪽 전각에는 "부처님께서 경행을 하시던 터가 있다"라고 기록을 남겼으나 정확한 위치를 알 수 없다.

5. 박물관

날란다 지역에서 발굴된 유물을 전시하
고 있는 박물관으로 석재와 청동으로 된
조각상이 많이 전시되고 있다. 12개의 팔
을 가진 관세음보살Avalokitesvara Bodhisatta을 비
롯하여 문수보살Manjusri Bodhisatta, 따라보살
Tara Bodhisatta 등의 밀교와 관련된 불교 조각
상들과 청동으로 된 불상과 불탑, 여러 종
류의 보살상이 많이 남아 있다. 날란다 대
학 내에서 발굴된 힌두교 신상과 힌두교
와 관련된 조각들, 다양한 시대의 동전들
과 문자판, 비석들도 전시되어 있다.

순례 가는 길

1. 드나드는 길

- 날란다는 라즈기르('라즈기르' 편 참고)에서 17km가 떨어진 곳에 있다. 라즈기르의 버스 정류장에서 버스나 합승지프를 타고 날란다 마을 입구까지 가서, 그곳에서 합승템포나 싸이클릭샤, 통가로 갈아타고 가면, 날란다 유적지 입구에서 내릴 수 있다. 어두워지고 난 뒤에는 이동하지 않는 것이 안전하므로 해가 지기 전에 일정을 마치도록 하는 것이 좋다.

2. 묵을 곳, 먹을 곳

- 날란다 유적만 순례하는 일은 거의 없으므로 라즈기르에서 머물면서 다녀오는 것이 가장 좋은 방법이다. 라즈기르 편을 참고하기 바란다. 날란다 입구에 중국 사원이 있기는 하지만 외국인이 머물 수 있는 형편은 아닌 것으로 보인다.
- 날란다 유적지 건너편에 있는 박물관 입구에는 비하르 주정부에서 운영하는 작은 식당이 있다. 몇 가지 먹을 만한 음식을 사 먹을 수 있다. 날란다 유적지 내에는 작은 매점이 있지만 그리 유용하지 않고, 날란다 입구에는 많은 상점이 있으므로 간단한 스낵이나 음료수 등을 사 먹을 수 있다.

*당나라의 의정義淨 스님은 〈남해기귀내법전南海寄歸內法傳〉의 저자로도 유명하다. 이 책은 동남아시아의 해로海路를 통한 인도 구법 순례의 과정을 기록한 것으로 지금의 수마트라 섬에 머물면서 쓴 기록과 동남아시아에 대한 중요한 기록을 담은 책이다.

*날란다는 티베트에 불교를 확산시키는데 매우 큰 영향력을 끼쳤다. 8세기 중반에 티베트의 왕은 영적 지도자로 유명한 날란다의 불교 학자 샨띠락시따^{Santiraksita}를 초대했다. 그는 여러 해 동안 티베트에 살면서 불교를 가르쳤고, 762년 티베트에서 죽었다. 그 뒤 날란다의 불교 학자인 빠드마쌈바와^{Padmasambhava}蓮華生가 부처님의 가르침을 포교하기 위해 티베트로 가서 티베트 불교의 전통을 일으켰다. 그리고 11세기에는 위끄람쉴라^{Vikramshila} 대학의 학장인 아띠샤 디빤까라 슈리즈나나^{Atiśa Dipankara Shrijnana}가 티베트로 건너가서 밀교를 확립하는데 큰 역할을 함으로써 티베트 불교의 설립자로도 알려져 있다.

*1951년에 생긴 '나바 날란다 마하위하라^{Nava Nalanda Mahavihara}'는 날란다의 명성을 되찾기 위한 운동으로 설립된 불교 대학이다. 동남아 국가의 스님들과 인도 스님들이 불교 경전과 수행을 배우고 있다.

*필자는 날란다 대학의 멸망 이유를 찾아보는 과정에서 부처님 가르침이 아닌, 다른 여러 가지 교리나 가르침을 함부로 수용하는 것에 대한 문제와 부처님께서 정해 놓으신 계율을 지키는 것에 대한 문제를 심각하게 고민하게 되었다. 필자의 과문寡聞함 때문인지는 모르겠지만, 이슬람의 침공으로 수많은 스님이 죽어 가는 데도 재가 불자들이 스님들을 위해 적극적으로 변명을 하거나 옹호를 해 준 흔적을 찾지 못하였기 때문이다. 스님들이 무슨 이유로 재가자들의 보호나 옹호를 받지 못하였을까?

위끄람쉴라 대학
Vikramshila University
인도 비하르 Bihar 주州

개요

위끄람쉴라Sk. Vikramaśīla 대학은 부처님 당시에 빠딸리뿟따라고 부르던 비
하르 주의 주도인 빠뜨나에서 동쪽으로 290km 떨어진 곳에 있다. 날란
다Nalanda, 오단따뿌리Odantapuri와 함께 인도에 남아 있는 3대 불교 대학 중의
하나이다. 가까운 곳에 있는 큰 도시로는 바갈뿌르Bhagalpur가 있는데 이곳
에서 동쪽으로 약 40km 떨어진 곳에 유적이 있다.

외부인은 거의 들어가지 않는 곳이고 워낙 외진 곳이라 순례하기가 쉽지
는 않다. 기록에 의하면 인도에서 가장 큰 불교 대학이었다고 하니 순례의
발길을 향할 수밖에 없는 곳이다. 비록 늦게 생겨났지만 유명한 날란다보
다 규모가 더 컸다고 기록되어 있다.

이곳도 날란다처럼 12세기 말에 이슬람이 인도를 점령할 때 사라졌다.
이곳에서 공부하던 많은 스님이 티베트로 옮겨가서 티베트 밀교의 발전에
영향을 끼쳤다고 기록되어 있다.

역사

위끄람쉴라 대사원^{Mahavihara}은 팔라^{Pala} 왕조의 다르마팔라^{Dharmpala} (783~820) 왕에 의해 8세기 후반 또는 9세기 초반에 설립되었다. 12세기에 몰락할 때까지 4세기 동안 번성하였다. 위끄람쉴^{Vikramshil}은 왕에게 헌정된 이름이었던 것으로 보인다. 이 사원에 세워진 왕실 대학^{Royal University}이 위끄람쉴라 대학이다.

이 대학은 밀교密敎의 중심지였던 것으로 알려져 있다. 밀교(현재 공식적인 명칭은 Vajrayāna Buddhism, 금강승金剛乘불교라고 불린다)는 불교 승려들이 좀 더 많은 왕조王朝와 민중들의 지지를 얻기 위해 힌두교의 사상과 신비주의적인 주술들을 받아들여서 탄생한 것으로 추정한다. 이 밀교가 티베트로 전해지면서 많은 영향을 끼쳤고, 특히 이곳에서 공부하고 티베트로 건너간 아띠샤 디빵까라 슈리즈냐냐^{Atiśa Dīpaṃkara-śrījñāna}

(980-1054)는 티베트 라마교Tibet Lamaism의 설립자로 알려져 있다. 이 대학의 입학을 위해서는 엄격한 시험을 거쳐야 했던 것으로 기록되어 있고, 날란다 대학과 교환 교수 제도가 있었다. 교환 교수 제도가 가능했던 것은 이 두 대학의 지원자가 다르마팔라 왕이었기 때문이다.

중국 현장 스님의 기록에는 이 대학이 나타나지 않는다. 날란다 대학과 많은 유대관계가 있었음에도 불구하고 날란다 대학이 쇠락해가는 동안 이곳이 각광을 받기도 하였다.

1193년 맘루크Mamluk 왕조의 박띠야르 칼지Bakhtiyar Khalji에 의해 역사 속으로 사라졌고, 많은 스님이 티베트로 망명을 하여 사람들의 기억 속

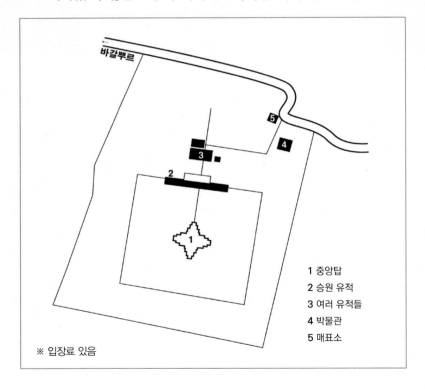

1 중앙탑
2 승원 유적
3 여러 유적들
4 박물관
5 매표소

※ 입장료 있음

에서 사라지게 되었다. 1960~1969년 빠뜨나 대학에서 발굴하였으며, 1972~1982년 ASI에서 다시 발굴하여 많은 유물을 찾아내었다. 유물은 입구에 있는 박물관에 전시되어 있다.

유적

한때 이곳에는 모두 108개의 사원이 있었다고 한다. 하지만 지금은 아주 일부분의 유적만이 남아 있다. 유적지 주위는 논과 밭이 되었고 더 이상의 발굴은 이루어지지 않고 있다. 현재 발굴된 유적은 40만m²(12만 평) 정도이다.

1. 중앙 탑

현재 남아 있는 것은 불교 대학의 중앙에 있던 십자형의 탑이다. 벽돌을 쌓아올려 만든 이 탑은 다층의 구조로 되어 있다. 층層이 높아질수록 좁아지는 기단을 가지고 있으며 입구는 북쪽이다. 동서남북, 각 방향으로 입구를 가진 방이 남아 있는데 이곳에 불상을 모셨다.

불상은 벽돌을 쌓아 기본 틀을 만들고 그 위에 회반죽stucco을 발라서 모양을 갖추는 방법으로 만들었다. 불상이 모셔진 곳에는 각각의 방향에 석주를 세워 지붕이 있는 테라스를 만들었다. 탑신에는 관세음보살 Avalokiteshvara, 문수보살Manjusri, 미륵보살Maitreya, 부귀의 신Jambhala, 우주의 창조자Marichi, 따라보살Tara 등등 여러 보살상과 신상神像이 석조 또는 테라코타 조각으로 남아 있다. 중앙탑의 각 모서리 부분은 다각多角polygonal의 형태로 지그재그처럼 보이는 모습을 하고 있다.

중앙탑 북쪽 입구의 좌우에 마주보고 있는 두 개의 직사각형의 건물은 도서관인데 수로를 파서 건물의 뒷벽에 물이 흐르도록 하여 내부 온도를 조절했다. 도서관 내부의 중요 경전이나 문서를 보관하기 위한 것으로 조사되었다.

2. 승원

십자형 중앙탑을 중심으로 정사각형의 건물이 배치되어 있는데 각 변의 길이가 330m 크기인데 도서관 건물, 승방, 공동생활 공간 등이 배치되어 있다. 208개의 방이 있는데 출입을 위한 52개의 베란다가 있고, 몇 개의 크기가 다른 방들은 고승이나 교수 스님들을 위한 방으로 추정된다. 배수 시설이 되어 있고 2층 이상의 건물이었을 것으로 추정한다.

3. 기타 유적

탑과 승원의 정문인 북쪽 입구에는 작은 탑과 함께 완벽한 배열을 가진 문이 있다. 또한 많은 봉헌탑이 있으며 이곳에 있던 탑의 부재部材로 보이는 많은 석조물이 있다. 입구로부터 중앙탑으로 들어오는 작은 길의 북쪽에는 밀교 계열의 사원과 힌두 신전들의 유적이 남아 있다. 여러 유적은 불에 탄 흔적을 보여 주는 것이 많이 남아 있다. 이것은 이슬람의 공격 이후에 불탄 것으로 연구되었으며 기록된 역사가 사실임을 보여 주는 유물이라고 추정한다.

4. 박물관

매표소가 있는 입구에는 이곳에서 발굴된 유물을 전시하는 박물관이 있다. 관冠을 쓴 불상Crowned Buddha이 남아 있고, 불탑 신앙을 보여 주는 테라코타, 불교에 힌두교가 접목되는 과정을 보여 주는 일련의 보살상들이 있다.

순례 가는 길

1. 드나드는 길

• 워낙 외진 곳이라 교통이 매우 불편하다. 뉴델리에서 바로 가는 기차는 하루 2편이 있는데 그중의 하나는 연착되지 않을 경우 약 30시간

이 걸린다. 가장 적당한 기차는 델리역^{Old Delhi}에서 까할가온역까지 가는 기차(No.14056, 23:40-20:26)이다. 빠뜨나^{Patna}에서 간다면 기차(No.13236, 05:30-11:07)를 이용하여 까할가온역이나 위끄람쉴라^{Vikramshila}역에 내려서 택시를 타고 다녀오면 된다.

뉴델리에 있는 아난드 위하르^{Anand Vihar}역에서 바갈뿌르^{Bhagalpur}까지 기차(No.12368, 14:40-12:25)를 타고 가거나 빠뜨나에서 바갈뿌르까지 기차(No.12368, 06:55-12:25)를 타고 가서 바갈뿌르에서 택시를 이용해서 다녀오는 방법도 괜찮다.

비하르 주의 주도인 빠뜨나에서는 모두 13편의 기차가 있으나 바갈뿌르에 도착하는 시간이 그리 좋은 편이 아니다. 만약 밤늦게 도착했다면 역 근처의 숙소에서 잠을 자고, 다음날 이동하는 것이 좋다. 비하르 주의 대부분 지역은 치안이 좋지 않으므로 밤에는 이동하지 않는 것이 좋다. 다른 도시에서 빠뜨나까지는 많은 항공편과 기차가 있다.

• 바갈뿌르역과 까할가온역 앞에는 택시들이 줄지어 기다리고 있으므로 흥정을 해서 다녀오면 된다. 바갈뿌르역에서 위끄람쉴라 유적지까지는 약 40km가 떨어져 있고, 소요 시간은 1시간 30분~2시간 정도이다. 까할가온역에서는 약 13km, 소요 시간은 30~50분 정도이다.

• 꼴까따에서 오는 길이라면 하우라^{Howrah Junction}역에서 출발하는 기차(No.13119, No.13023, No.13071)를 타고 까할가온에서 내리면 된다. 위끄람쉴라 유적지를 순례하고 꼴까따로 갈 예정이면 까할가온역에서 꼴까따로 가는 기차(No.13024, 21:10-03:40, No.13072, 21:26-05:30)를 이용할 수도 있다. 물론 이 기차들은 바갈뿌르를 거쳐서 온다. 기차표를 미리 예매해야 안전한 여행을 할 수 있다.

2. 묵을 곳, 먹을 곳

- 위끄람쉴라 유적지는 워낙 외진 곳에 있어서 그 주변에서는 숙소와 식당을 찾아볼 수가 없다. 까할가온에 몇 개의 숙소와 식당이 있다. 치안이 좋지 않으므로 숙소를 정할 때 신중해야 한다.
- 바갈뿌르역 근처에 몇 개의 숙소가 있고 인도의 소도시다운 식당들이 있다. 기차역 내의 식당을 이용하는 것도 나쁘지 않다.
- 만약 빠뜨나에서 머물 생각이라면 빠뜨나역 앞에 있는 숙소들을 이용하면 된다. 자세한 것은 빠딸리뿌뜨라-빠뜨나 박물관 편을 참고하기 바란다.

석굴

욕망의 꽃을 따 모으느라

제정신이 없는 사람을

죽음이 먼저 끌고 가리라

욕망을 미처 채우기도 전에

−법구경 48

아잔타 석굴군 Ajanta Caves
인도 마하라슈트라 Maharashtra 주州

개요

데칸 고원의 서남쪽에 숨어 있듯 자리하고 있는 아잔타. 불교 미술의 정수를 보여 준다는 찬탄이 전혀 아깝지 않은 석굴들이 말발굽처럼 돌아가는 계곡을 따라 빼곡히 들어서 있다. 석굴 하나를 조성하는데 수십 년에서 백 년이 넘게 걸린 노력의 흔적을 보면서 그들의 삼보三寶에 대한 신심과 수행의 자세를 가늠케 한다.

전 세계 석굴 사원의 최고봉이라고 해도 전혀 과언이 되지 않는 아잔타는 불교 미술사에서 빼놓을 수 없는 위치를 차지하고 있다. 한국의 경주 석굴암石窟庵을 비롯하여 중국의 돈황 막고굴敦煌 莫高窟, 운강 석굴雲崗 石窟, 용문 석굴龍門 石窟 등등의 석굴들이 모두 아잔타의 영향에서 벗어났다고 말할 수는 없을 것이다.

석굴은 구조와 양식에 따라 다음 세 가지로 나눈다.

첫 번째는 쩨띠야Cetiya 양식인데 법당 양식의 석굴Cetiya-guhā / Sk. Chaitya-griha이

라고 번역하였다. 쩨띠야의 원래 뜻은 부처님의 사리를 모신 탑, 또는 기념할 만한 이유로 조성한 탑을 의미한다. 부처님을 인간의 모습으로 불상을 조성하기 전에는 탑, 보리수, 빈 의자, 법륜 등으로 부처님을 상징하였다. 탑, 보리수, 빈 의자, 법륜 등에 예배하는 것이 부처님께 예배하는 것이었다.

두 번째는 꾸띠Kuti 양식의 석굴인데 승원으로 번역하였다. 꾸띠의 원래의미는 작은 움막인데 스님들의 거처로 쓰이는 작은 건물을 말한다. 법당이 없거나 불상이나 탑을 모시지 않고 스님들의 거처로만 쓰이는 건물은 꾸띠라는 이름으로 불린다.

세 번째는 위하라Vihara 양식의 석굴이다. 법당과 스님들의 거처를 모두 갖춘 형태의 사원을 위하라라고 하는데 이렇게 법당과 스님들의 거처가 있는 석굴을 위하라 양식의 석굴이라고 한다.

이러한 다양한 석굴들이 시대에 따라, 후원자에 따라, 긴 세월 동안 각기 다른 모습으로, 또는 비슷한 모습으로 만들어진 아잔타 석굴은 부처님의 제자가 아니라도 흥미와 감동을 얻을 수 있을 것이며, 부처님의 제자들에게는 진리와 깨달음의 길을 찾아가는 정진精進을 이어 가게 할 것이다.

아잔타 석굴은 모두 연결된 한 개의 바위로 되어 있다. 석굴 내부의 모든 바위는 외부에서 들어온 것이 하나도 없다. 모든 석굴은 외부 입구에서부터 내부로 깎아 들어가며 조성된 석굴이다.

역사

서기전 2세기 경 이곳을 통치하던 사따와하나^{Sātavāhana} 왕조 때부터 서기 7세기까지 조성된 아잔타 석굴은 와까따까^{Vākāṭaka} 왕조의 하리쉐나^{Harishena} 왕 때(서기 460~480년)를 정점으로 그 이후 점점 쇠퇴의 길을 간 것으로 보인다. 브라운$^{Percy Brown}$에 따르면 642년에 이르러 찰루키야^{Chalukya} 왕조의 나라쉼하와르만^{Narashimhavarman} 1세가 자신의 궁전을 짓기 위하여 기술자를 데리고 갔기 때문에 아잔타 석굴의 조성이 중단되었다고 한다. 하지만 일반적으로 당시 데칸 고원에서 힌두교가 급속하게 힘을 얻고, 상대적으로 불교는 세력을 잃었기 때문에 이에 따라 많은 스님이 다른 지역으로 옮겨갔고, 석굴을 조성하던 숙련공들이 엘로라 석굴군 등 다른 지역의 힌두 석굴을 만들기 위하여 옮겨갔다고 추정한다. 이러한 과정을 거쳐 7세기 이후 사람들의 기억 속에서 사라진 채 정글 속에 묻혀 있었다.

640년 현장 스님이 이곳을 방문하고 뛰어난 아름다움에 감탄하며 기록을 남겼다. 1819년 4월 28일 마드라스(지금의 첸나이^{Chennai})에 주둔하고 있던 영국군 대위 스미스$^{Capt. John Smith}$가 호랑이 사냥을 하러 갔다가 지금의 10번 석굴을 발견하고 연필로 자신의 사인을 남겼다. 1839년 영국인 퍼거슨$^{James Ferguson}$이 상세하게 조사를 하여 초기 불교의 석굴 유적지인 것을 밝혀내고 정리하여 동인도주식회사에 보고하였다. 이후 많은 연구와 약탈을 거치면서 지금에까지 이르게 되었다. 1983년 유네스코^{UNESCO}에 의해 세계 문화유산으로 지정되었다.

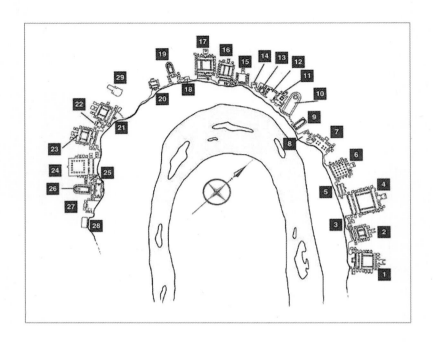

유적

1. 1번 석굴

1번 석굴은 위하라Vihara 양식의 석굴로, 조성된 연대는 아잔타의 전성기인 5세기 말로 추정한다. 아름다운 조각이 되어 있는 둥근 기둥과 팔각기둥이 입구에 늘어서 있고, 입구의 문틀 또한 기하학적 무늬로 장식된 석굴이다. 석굴 내부로 들어서면 석굴 중앙은 광장처럼 넓게 조성되어 있는데, 석굴 중앙 내부에 다시 굴을 파서 설법인의 불상을 조성

해 놓았다. 상인방上引枋lintel에 불상이 조성
된 석굴 입구는 좌우에 천상 선녀와 뱀신蛇神
의 왕인 나가Naga가 장식되어 있다. 전체 크기
는 35.7m×27.6m이고, 중앙 광장은 16m×
12m의 크기인데 이 광장을 중심으로 벽면에
스님들의 거처가 배치되어 있다. 스님들의 거
처에는 침상이 조성된 곳도 있다.

아잔타의 아름다움을 이야기할 때 빼놓을
수 없는 것이 바로 1번 석굴이다. 연화장蓮花藏 또는 연화수蓮花手Padmapani
보살, 금강장金剛藏 또는 금강수金剛手Vajrapani보살, 여섯 개의 상아를 가진
코끼리가 마야 왕비의 태중으로 들어가는 벽화를 비롯한 부처님의 일대
기, 검은 피부색의 아름다운 공주, 춤추는 무희, 황금 거위, 분홍색의 코
끼리 등등 많은 내용이 담긴 그림들이 중앙 광장의 벽면을 가득 채우고
있다.

2. 2번 석굴

1번 석굴과 같이 위하라 양식의 석굴로, 부처님의 일대기 중에서 탄생
에 관한 내용이 벽화로 남아 있다. 천불화현의 모습 또는 사바세계에 가
득하신 많은 부처님으로 이해할 수 있는 일천의 부처님이라는 이름을 가
진 벽화가 남아 있다. 내부 천장은 수많은 천상의 꽃과 기하학적인 배치
와 무늬들로 가득하다. 단순히 채색 그림을 그린 것이 아니라 조각과 채
색이 병행되어 있다.

석굴 입구에는 원래 힌두교의 신이었지만 부처님의 가르침을 듣고 삼보
三寶의 외호자外護者가 된 빤치까Panchika(부동명왕不動明王)와 그의 아내인

하라띠Harati(귀자모鬼子母)의 조각이 있다.

3. 4번 석굴

이 석굴은 5~6세기 때 조성된 위하라 양식의 석굴로, 아잔타 석굴 중에서 가장 큰 석굴이다. 28개의 기둥이 있으며 미완성으로 남은 석굴이다. 내부에 새겨진 불상은 매우 크고 멋진 모습을 보여 주고 있다. 석굴입구의 조각들은 대승 불교가 발달하면서 힌두교의 영향을 많이 받은 것임을 보여 주고 있다. 힌두교 신전에서나 볼 수 있는 힌두교 양식의 신상 조각들이 있다. 팔이 부러져 있기는 하지만 아름다운 관세음보살상의 모습도 남아 있다. 설법인의 불상과 좌대에 새겨진 법륜, 사슴 조각, 불상의 좌우에 연화장보살과 금강장보살이 협시로 배치되어 있다.

4. 5번, 6번 석굴

5번 석굴은 석굴을 조성하다가 중단한 모습으로 남아 있다. 석굴의 조성 방법을 알 수 있는 좋은 자료가 되는 석굴이다. 입구에 남아 있는 조각들은 대승 불교의 영향을 많이 받은 것을 잘 보여 주고 있다.

6번 석굴은 2층 양식의 석굴로서 내부를 통해서 2층으로 올라갈 수 있는 2층 양식의 모습을 잘 보존하고 있다. 아잔타에서 출입이 가능한 유일한 2층 양식의 석굴이다. 대승 불교 양식의 석굴임을 알 수 있으며, 2층에는 광배와 좌대를 갖춘 설법인의 불상이 있고, 좌대에는 법륜, 사슴, 사자가 새겨져 있다. 좌우에는 여섯 분의 부처님 입상이 있는데 다섯 부처님은 여원인이고, 한 분은 시무외인을 하고 있다. 1층에는 채색 벽화가 간간이 남아

있다. 성도成道 직전에 마군魔軍들을 항복시키시는 항마촉지인의 모습과 부처님의 설법을 듣고 기뻐하는 사람들의 모습 등이 그려져 있다. 내부의 계단을 통해 올라가면 통로의 벽면에 작은 불상들이 부조로 새겨져 있다.

5. 7번 석굴

입구, 즉 베란다에 많은 신경을 쓴 위하라 양식의 석굴이다. 네 개의 기둥을 가진 베란다 두 개를 연결해서 입구를 만들었다. 내부는 그리 화려하지도 않고 크지도 않지만 많은 조각을 빼곡히 채워 놓은 것이 특징인 곳이다. 중앙의 불상은 양손이 떨어져 나간 상태이지만 시무외인을 한 모습이며, 좌우에 관음보살상, 천신들, 그리고 여원인을 하고 있는 여섯 분

의 부처님 입상이 있고, 작은 불상이 빼곡히 조각되어 있다.

전실에는 다양한 수인手印의 부처님 입상과 좌상, 보살상, 천신상을 볼 수 있는데 작은 불상을 벽면에 새겨 놓은 것이 눈길을 끄는 곳이다. 프레스코화fresco painting 방식으로 그린 부처님 벽화가 많이 보인다. 천장은 그림이 그려졌던 흔적이 남아 있다.

6. 9번 석굴

불상을 조성하지 않고 탑을 모셔 놓은 석굴로, 법당Cetiya 양식의 석굴이다. 서기전 2~1세기 때 조성된 것으로 여겨지는 석굴인데 좌우에 회랑을 가진 형식으로 만들어졌으며, 23개의 팔각기둥이 있다. 내부 중앙에 조성된 탑은 원통형의 기단 위에 반구형의 탑신이 있고 그 위에 역逆 피라미드 모양의 사각 산개傘蓋가 있다.

기둥과 벽에는 후대後代에 그려진 불화가 있다. 불두佛頭에는 광배光背가 있고 얇은 가사를 수하신 부처님의 모습이 매우 아름답게 표현되어 있으며 벽화에는 많은 꽃도 그려져 있다. 석굴 입구의 좌우 벽면과 말발굽 모양의 창 양쪽에는 후대에 따로 조성된 것으로 보이는 커다란 부처님 입상들과 작은 입상들이 조성되어 있다.

7. 10번 석굴

이 석굴은 영국인 존 스미스에 의해서 최초로 발견되었던 석굴이며, 아잔타 석굴 중에서 가장 먼저 조성된 석굴로 조사되었다. 9번 석굴과 비슷한 연대(서기전 2세기)에 조성된 것으로 추정한다. 이 석굴은 중앙 법당과 좌우 회랑을 갖춘 형태로 된 법당 양식의 석굴인데 길이 28.5m, 폭 12.3m, 천장의 높이는 11m나 된다. 이 석굴도 불상을 모시지 않고 9번 석굴처럼 반구형의 탑을 조성하였다.

이 석굴의 중앙 천장과 좌우 회랑은 목조 건물 양식으로 조성한 석굴이다. 마치 목조 건물의 서까래처럼, 나무로 지은 집의 지붕 버팀목처럼 바위를 깎아서 천장을 만들었다. 석굴 중앙의 천장은 반원형으로 되어 있고, 맨 안쪽에 자리 잡은 탑의 상부 천장은 반구형半球形으로 되어 있다. 모두 39개의 팔각기둥이 세워져 있으며, 기둥에는 후대에 프레스코화 방식으로 그린 부처님 그림이 그려져 있다. 천장에도 다양한 그림이 있다.

후대後代에 그린 아름다운 채색 벽화들은 부처님의 전생에 여섯 개의 상아를 가진 코끼리의 왕으로 태어났을 때의 전생담 내용이 두 가지, 한쪽 눈을 가진 비구를 보살피시는 부처님 이야기 등등 여러 가지 전생담과 부처님 일대기의 사건들이 묘사되어 있지만 알아보기 쉽지 않다. 채색 벽화에 관심이 많은 사람이라면 오래도록 볼만하다.

8. 11번 석굴

위하라 양식의 석굴인데 석굴 내부에 설법인의 불상이 모셔져 있다. 초기 불교와 대승 불교가 공존하던 시대의 석굴, 또는 초기 불교의 양식으로 만들어진 석굴을 대승 불교가 발달하면서 후대에 다시 조각 작업을 한 것으로도 추정한다. 불상의 좌대 아래에는 공양 올리는 사람, 법륜, 사슴, 사자의 조각이 생생히 남아 있다. 내부의 조각이 단순

하기는 하지만 다양한 불화가 그려져 있다. 부처님께서 가사를 왼손으로 잡고 계시는 벽화가 매우 아름답게 남아 있다.

9. 12번, 13번 석굴

12번 석굴은 승원 양식으로 입구가 매우 단순한 사각기둥으로 되어 있고 미완성인 듯한 느낌을 주는 입구를 가지고 있다. 초기에 조성된 승원 양식의 석굴인데 석굴 내부에 있는 스님들의 방 입구마다 말발굽 모양의 장식이 있고 사각형의 감실이 있다.

13번 석굴도 승원 양식으로 되어 있는데 모두 7개의 승방이 있다. 12번 석굴보다 더 단순하며 스님들의 거처만이 매우 소박하게 조성되어 있다. 돌로 된 침상이 두 개씩 조성되어 있는데 하나는 높고 하나는 낮게 만들어져 있다. 일부는 베개 역할을 할 수 있는 턱을 만들어 놓은 곳도 있다. 스님들은 승랍僧臘에 따라 높고 낮은 침상을 사용했다.

10. 14번, 15번 석굴

14번 석굴은 2층으로 된 석굴 사원으로 입구에 있는 미완성의 석굴이다. 13번 석굴 위에 자리 잡고 있지만 입구가 다르다. 미완성인 석굴을 통해 올라갈 수 있지만 늘 문이 잠겨 있다.

15번 석굴에는 둥근 광배를 가진 부처님의 좌상이 모셔져 있는데 양손이 모두 부러져 있다. 입구에는 압사라Apsara(천상 선녀), 나가Nāga와 나기니(뱀신蛇神의 여왕), 그리고 약카Yakkha / Sk. Yakṣa(야차夜叉)가 차례로 입구의 양쪽에 새겨져 있다.

11. 16번 석굴

　두 마리의 코끼리가 무릎을 꿇고 있
는 모습을 바라보며 계단을 통해 올라
가면 마주하게 되는 위하라 양식의 16
번 석굴은 단순한 입구와는 다르게 내
부는 화려한 벽화로 가득하다. 석굴
은 19.5m×22m의 크기로 좌우에 각
각 6개씩 12개의 승방이 있다. 중앙에
모셔진 불상은 설법인Dhammachakka mudrā
을 하고 있으며 의자에 앉아 있는 모
습으로 조성되어 있다. 출입문 틀의
여신상을 제외하면 출입구의 장식이
나 내부 조각들은 매우 단순하다. 입
구의 벽과 천장에 벽화의 흔적이 남
아 있다.

　내부의 왼쪽 벽에는 부처님의 이복동생으로 결혼식을 앞두고 있던 난다
Nanda를 출가시키는 유명한 이야기가 벽화로 남아 있다. 그의 약혼녀 자나
빠다깔리아니Janapadakalyānī가 슬퍼서 통곡하는 장면도 보인다. 부처님께서

발우를 들고 탁발托鉢하는 장면도 벽화로 남아 있다. 부처님께서 깨달음을 성취하신 뒤, 까삘라왓투迦毗羅城를 처음 방문하셨을 때, 성안으로 들어가서 머무르지 않고 탁발하며 성 밖에 머무셨던 장면을 그린 것으로 보인다.

부처님께서 왕자로 계실 때 야소다라와 결혼을 하기 위해 많은 다른 왕자들과 야소다라의 약혼자가 되기 위한 시험을 치렀다. 그때 활쏘기 시합이 있었는데 그 모습을 그린 벽화도 있다. 도리천忉利天Tāvatiṃsa에 천신으로 태어난 어머니 마야 왕비에게 설법하고 상카샤로 내려오시는 장면도 벽화에서 확인할 수 있다.

수따사마Sutasama(석가모니 부처님의 전생)가 야차夜叉에게 붙잡혔을 때, 부처님께 꽃을 공양 올리고 야차에게 돌아와 몸을 보시하겠다는 약속을 하고 풀려난 뒤에 그 약속을 지킨다는 내용의 전생담을 벽화로 그려 놓은 것도 있다. 또 누워 있는 마야 왕비의 모습도 어렵지 않게 찾을 수 있다.

12. 17번 석굴

이 석굴은 34.5m×25.6m 크기의 석굴로 아잔타에서 가장 훌륭하고 가장 다양한 벽화가 있으며, 보존이 잘된 석굴로 알려져 있다. 16번 석굴과 동시대인 5세기 때 조성되었으며 전실前室이 따로 만들어진 것이 특징인 위하라 양식의 석굴이다. 16번 석굴보다 기둥의 조각도 좀 더 섬세하다.

입구의 문틀 상단에 그려진 일곱 분의 부처님과 한 분의 보살 그림이 독특하다. 일곱 분의 부처님은 석가모니 부처님을 포함하는 과거 칠불七

佛이며, 한 분은 미래 부처님인 미륵^{Metteyya / Sk. Maitreya}보살이다. 시대에 따라
인간의 욕망이 변화하여 미륵보살이 미래의 구원불救援佛로서 대중들의
희망이 되고 있었음을 보여 주는 시대 상황의 예例라고 할 수 있다.

내부 천장 높이는 약 4.5m인데 오른쪽에는 왕사성에서 데와닷타가 부
처님을 살해할 목적으로 코끼리 날라기리를 풀어 놓은 모습과 '사왓티
^{Sāvatthi}의 기적 – 망고나무의 기적, 천불화현의 기적, 물과 불의 쌍신변 기
적' – 장면들이 그려져 있으며, 자따까^{Jātaka}에 나오는 부처님의 전생담도
그려 놓았다. 이 벽화들은 부처님 당시, 또는 벽화를 그릴 당시의 생활상
을 엿볼 수 있는 자료들이다.

석굴의 중앙에는 설법인과 결가부좌를 한 불상이 있는데 대들보와 기둥
처럼 깎아 놓은 부분이 마치 전실前室처럼 되어 있다. 여기에는 깨달음을
성취하신 뒤, 처음 까삘라왓투를 방문하신 부처님께서 왕궁으로 가셔서
공양하지 않으시고 탁발을 하시는 모습이 그려져 있다. 부처님께 공양 올
리는 라훌라와 야소다라의 모습을 찾아볼 수 있다. 부처님께서 싯닷타 태
자로 태어나기 이전의 생애 중에서 인간으로 태어난 마지막 생애인 웨산
따라^{Vessantara} 태자의 본생담, 싱할라^{Sinhala}(스리랑카)의 왕이 코끼리를 타고
가는 장면도 벽화로 남아 있다. 이 석굴은 봉건 제후들이 기증한 중요한
위하라 양식의 석굴로 당시 이 지역의 봉건 제후들이 승가에 공양을 올린
것이라는 기록이 남아 있다.

13. 18번 석굴

두 개의 팔각형 기둥만이 남아 있는 작은 석굴인데 내부에 저수조貯水槽가 남아 있다. 석굴의 연결 부분에 흐르는 물을 모을 수 있도록 수로가 있다.

14. 19번 석굴

10번 석굴처럼 말발굽 모양의 입구와 둥근 천장을 가지고 있으며, 양쪽에 회랑이 있는 법당 양식의 석굴이다. 이 석굴은 가장 높은 완성도를 가진 석굴인데 아잔타 석굴 중에서 가장 화려한 입구를 가진 석굴이기도 하다. 입구는 2층으로 되어 있는데 출입하는 문과 말발굽 모양으로 된 채광창의 역할을 하는 창문으로 나누어져 있다. 화려하고 꼼꼼하게 조각된 기둥이 있는 작은 베란다 형식의 입구가 있다. 입구 좌우에는 다양한 수인과 자세를 취한 부처님이 아름다운 모습으로 조각되어 있다.

2층의 창문 옆에는 좌우에 각각 꾸웨라Kuvera라는 수호신이 조각되어 있다. 석굴 입구의 좌측에는 호법선신護法善神을 상징하는 7개의 머리를 가진 나가와 그 좌우에 1개의 머리를 가진 나기니Nagini(뱀신의 여왕)가 조각되어 있다.

입구 제일 상단 부분의 처마처럼 나온 곳에 다양한 짐승들의 머리 부분과 신들의 모습이 조각되어 있고, 그 위에 여러 부처님과 협시 보살들이 조각되어 있다.

내부는 단층인데 석굴의 안쪽 중앙에 모셔진 탑은 기단부, 탑신, 상륜부로 나누어져 있는데 상륜부에는 3단으로 된 보개寶蓋가 있고, 기단부에는 부처님을 받드는 신들의 모습이 조각되어 있다. 탑신은 인도 전통적인 반구형의 탑 모양을 하고 있으며 불상이 조각되어 있다. 이것은 초기 불교와 대승 불교의 만남을 상징하는 것으로 알려져 있다. 초기 불교에서는 불상 대신에 탑을 세웠고 대승 불교에서는 불상을 조성하였기 때문에 탑신에 불상을 새긴 것을 초기 불교와 대승 불교가 혼재混在했음을 설명하는 것이라고 한다.

이 석굴의 중앙 천장은 목조 건물 양식으로 조성한 석굴이다. 마치 목조 건물의 서까래처럼, 나무로 지은 집의 지붕 버팀목처럼 바위를 깎아서 천장을 만들었다. 기둥은 사각 받침 위에 둥근기둥이 있는 것처럼 만들어졌으며 섬세한 조각이 되어 있고, 그 위에 채색이 되었던 흔적을 보여 주고 있다.

15. 20번 석굴

법당 양식의 작은 석굴인데 내부에 공간을 조성하여 설법인의 불상을 그 안에 모셨고, 전실前室을 만들어 전실의 상인방Lintel에는 과거 7불을 조성해 놓았다. 전실의 좌우에는 압사라Apsara를 새겨 놓았는데, 그 아래에는 부동명왕과 귀자모의 모습이 있다. 그 아래에 다시 다섯 개의 머리를 가진 나가를 새겨 놓았다.

16. 21번 석굴

이 석굴은 크고 넓은 테라스를 가진 위하라 양식의 석굴인데 테라스의 왼쪽 벽에는 부처님의 열반상이 있다. 내부에는 설법하시는 부처님의 모습과 설법을 듣는 제자들의 모습을 그린 벽화가 남아 있다. 이 벽화의 왼쪽에는 옷을 벗고 춤추는 모습의 여자들이 있는데 부처님을 유혹하는 마라의 딸들로 추정된다.

석굴의 중앙에는 설법인의 불상과 좌우 협시보살상이 있으며 천신들이 그 위에 조각되어 있다. 불상을 모신 곳의 좌우 측면에는 전실을 가진 방이 있다. 그중에서 좌측에 있는 전실의 기둥은 사람들의 손때가 많이 묻어 있는데 이 기둥을 음악 기둥^{Music Pillar}이라고 한다. 손으로 두드리면 맑고 우아한 소리가 난다.

17. 23번, 24번, 25번 석굴

23번 석굴은 위하라 양식의 석굴로, 베란다의 기둥 상단부와 입구 문틀에는 인도의 여러 신의 다양한 모습이 새겨져 있다. 석굴 내부에는 아름다운 기둥이 많이 있지만 전체적으로는 미완성의 석굴이다. 기둥을 만들고 스님들이 거처할 수 있는 방을 만들다가 중단한 모습으로 남아 있다.

24번 석굴도 미완성인 상태의 위하라 양식의 석굴인데, 만약 완성되었다면 아잔타 석굴 중에서 가장 크고 뛰어난 석굴이 되었을 것으로 추정한다. 크고 아름다운 베란다의 기둥과 여러 힌두교의 신들이 새겨진 문틀이 있지만, 내부는 넓은 석굴을 조성하던 흔적을 남겨 놓은 미완성의 석굴이다. 7세기 후반에 조성된 것으로 알려진 베란다의 기둥은 사각, 팔각, 16각, 원형圓形이 차례로 배치되어 있고, T자 형태의 상부에는 다양한 힌두교의 신들이 조각되어 있다. 불교에서 힌두교의 신들은 대부분 불법을 수

호하는 수호자(호법선신)의 역할을 하는 존재이다.

25번 석굴 입구와 26번 석굴이 연결되는 곳에 아름다운 불상, 보살상이 있다. 투박한 바위에 얇은 가사를 표현한 기법이 돋보이는 조각이다.

18. 26번 석굴

'500~542년 경에 스타위라 아찰라^{Sthavira Achala} 스님이 위대한 스승 부처님을 위하여 만든 석굴'이라는 명문이 발견되었다. 현장 스님이 찬탄을 아끼지 않은 석굴이다. 중앙 법당과 좌우 회랑으로 이루어진 법당 양식의 석굴이다. 천장은 10번, 19번 석굴처럼 반원형의 형태로 목조 건물의 서까래처럼, 나무로 지은 집의 지붕 버팀목처럼 바위를 깎아서 천장을 만들었다. 내부 중앙의 탑에는 의자에 앉아서 설법인을 하고 계시는 불상이 조성되어 있다. 탑신 전체에 여원인與願印^{Varada mudrā}의 불상과 관세음보살, 연화장보살, 금강장보살을 조성해 놓았다. 탑신 중앙에 조성된 불상의 의자 아랫부분에는 사자, 나가, 코끼리 등을 조각해 놓았다.

입구에는 말발굽 모양의 창이 있고, 창의 좌우에는 꾸웨라가 조각되어

있다. 입구의 전면과 좌우 측면에는 헤아리기 어려울 만큼 많은 불상과 좌우 협시보살상, 호법선신들의 상像이 조각되어 있다. 입구에 남아 있는 기둥의 흔적은 테라스를 만들었다가 무너진 것으로 보인다.

내부의 조각 중에 가장 눈에 띄는 것은 부처님의 반열반상이다. 부처님의 반열반을 괴로워하고 슬퍼하며 울부짖는 신들과 사람들, 슬픔에 젖은 채 앉아 있는 아난다 존자, 묵묵히 수행을 이어 가는 스님들, 천상에서 꽃과 화환을 뿌리는 천신들 등등 다양한 모습이 조각되어 있다. 벽면을 돌아가며 8대 성지와 부처님 일대기에서 빼놓을 수 없는 중요한 장소와 사건들을 조각으로 표현해 놓았다.

이 석굴의 기둥은 다른 석굴보다 완성도가 뛰어나며 섬세하고 아름답다. 기둥과 기둥의 상단에는 다양한 모습의 부처님과 좌우 협시보살상, 천상 인간들이 부처님을 찬탄하는 모습 등을 조각해 놓았다.

19. 기타

아잔타 석굴이 있는 계곡을 흐르는 강의 이름은 와고르^{Waghore} 강인데, 석굴이 끝나는 곳에서 계곡을 거슬러 계속 걸어가면 7개의 못(沼)이 계단처럼 되어 있는 폭포가 나온다. 맨 마지막에 호수로 떨어지는 폭포의 높이가 30m는 족히 되어 보이는데 우기가 끝난 직후에 가면 시원한 물줄기

를 감상할 수 있다.

석굴에서 계곡을 건너면 언덕 위에 아잔타 석굴 전경을 한눈에 내려다
볼 수 있는 전망대가 있다. 이 전망대에서 20분을 더 걸어서 올라가면 영
국인 스미스가 처음 석굴을 발견했던 곳이 나온다. 이곳에서 바라보는 아
잔타 석굴은 그냥 지나치기에는 너무나 아름다운 모습이다.

순례 가는 길

1. 드나드는 길

- 아잔타, 엘로라 석굴군石窟群을 순례하려면 아우랑가바드에서 머물면서
차례로 다녀오는 것이 가장 좋다. 아우랑가바드의 시외버스 정류장에는 두
곳의 석굴군을 다녀올 수 있는 버스 노선이 모두 있어 가장 유용하다. 아우
랑가바드까지 가는 방법은 아우랑가바드 석굴군 편을 참고하기 바란다.
아잔타 석굴 매표소에는 가방을 보관해 주는 곳Cloak Room이 있다. 만약 큰
가방이 있다면 자물쇠를 잘 채워서 이곳에 보관하고 가볍게 석굴을 순례
하는 것이 좋다.

- 아우랑가바드역에서 2.5km 떨어져 있는 아우랑가바드 센트럴 버스 정류
장에서는 아침 6시부터 30분 간격으로 버스가 출발한다. 아우랑가바드에
서 북동쪽으로 약 100km(3~4시간) 떨어진 곳에 아잔타가 있다. 아잔타
입구인 파르다뿌르Fardapur에서 내려야 하지만 버스 차장에게 아잔타 석굴
Ajanta caves 앞에서 내려 달라고 미리 말하는 것이 가장 좋다.
아잔타에서 잘가온Jalgaon(60km, 1.5~2시간), 부사발Bhusaval(80km, 2.5~3
시간)로 가는 버스가 파르다뿌르Fardapur(아잔타 입구)에 정차한다. 이 버스
들은 대부분 아우랑가바드에서 출발한다.

- 잘가온에서 아우랑가바드 행 버스를 타면 파르다뿌르에서 내릴 수 있다.

잘가온 버스 정류장은 잘가온역에서 2km 남쪽에 있다. 잘가온에서는 뉴델리로 가는 기차(No.12137, 02:10-21:15, 보팔(09:35) 정차)나 바라나시로 가는 기차((No. 11071, 19:00-19:25(+1), 보팔(03:10) 정차)를 탈 수 있다.

- 부사발에서도 아우랑가바드 행 버스를 타면 파르다뿌르에서 내릴 수 있는데, 부사발역 앞에 있는 버스 터미널에서 탈 수 있다.

부사발에서 뉴델리로 가는 기차(No.12617, 20:05-13:10(NIZ), 보팔(02:35) 정차 / No.11057 / No.12137 / No.12715 / No.11077 / No.12627)가 있고, 바라나시로 가는 기차(No. 11071, 19:35-19:25(+1), 보팔(03:10) 정차)를 탈 수도 있다.

- 파르다뿌르에서 주차장과 관광 상가를 지나면 아잔타 석굴 전용 셔틀버스를 타는 곳이 나오는데 셔틀버스로만 아잔타 입구에 있는 매표소로 갈 수 있다. 예전에는 입구까지 모든 차량이 들어갈 수 있었으나 지금은 저공해 셔틀버스만이 아잔타 석굴 입구에 있는 매표소까지 갈 수 있다. 입장료에 셔틀버스 요금은 포함되어 있지 않다.

- 아우랑가바드의 마하라쉬트라 관광청^{MTDC}에서 운행하는 1일 단체 관광에 참여하면 인도인 가이드와 함께 다녀올 수 있다. 하루 전에 예약해야 하는데 출발과 도착 시간, 아잔타에서 머무는 시간을 잘 확인하고 신청해야 한다. 아우랑가바드 기차역에서 북동쪽으로 난 길을 따라 300m를 가면 마하라쉬트라 관광청 사무실이 있다. 하지만 비정기적이라 마하라쉬트라 관광청^{MTDC}의 홈페이지에서 반드시 확인해야 한다.

- 가장 간단한 방법으로는 택시를 타고 다녀오는 것이다. 대기 시간, 주차 요금 등을 잘 따져서 계약해야 한다. 아잔타 석굴 입구의 주차장까지만 타고 갈 수 있는데 주차장 이용료는 따로 내야 한다. 아우랑가바드 시내에서 아잔타 석굴 주차장까지는 약 100km이므로 흥정에 참고하기 바란다.

2. 묵을 곳, 먹을 곳

- 대부분의 순례자들은 아우랑가바드에서 머물면서 하루 코스로 다녀오는 일정을 선택하는데, 일부 순례자는 아잔타를 순례하고 잘가온, 또는 부사발로 이동하여 밤 기차를 타고 다음 목적지로 이동한다. 아우랑가바드에 머물 예정이라면 아우랑가바드 석굴군 편을 참조하기 바란다.

- 부사발과 잘가온은 큰 도시이고 호텔이나 게스트하우스, 식당들이 많이 있으므로 경제적인 사정에 따라 다양하게 이용할 수가 있다. 만약 밤늦게 도착했다면 기차역 내에 있는 휴게실을 찾아서 날이 밝을 때까지 지내는 것도 좋은 방법이다. 잘가온과 부사발의 역 주변에는 다양한 식당이 있으며, 기차역의 구내식당^{refreshment room}에서 간단한 식사를 할 수도 있다.

- 아잔타 석굴 유적지 매표소 내에 주정부 관광청에서 운영하는 호텔이 있으나 그리 유용하지는 않다. 하지만 며칠간 있으면서 자세하게 보고 싶은 사람에게는 가장 좋은 선택이 된다. 석굴 입구와 유적지 내에는 간단한 매점이 있으므로 필요하다면 이용할 수 있다. 찬찬히 살펴보려면 음료수와 간식, 또는 점심 식사를 미리 준비해서 순례하는 것이 여러모로 좋다.
  시외버스가 정차하는 아잔타 입구의 주차장 옆에는 관광 상가가 형성되어 있는데, 이곳에 몇몇 식당이 있기는 하지만 다른 곳보다 비싸고 맛도 없다.

*아잔타 석굴의 그림들은 천연석天
然石 위에 회칠을 하고 그 위에 채
색 그림을 그린 프레스코화Fresco
painting이다. 프레스코화란, 소석회
消石灰에 모래를 섞은 모르타르
mortar를 벽면에 바르고 수분이 있는
동안 채색하여 완성하는 회화 방식인데, 아잔타의 그림은 엄밀하게 따지면 템페라
Tempera기법이라고 한다. 템페라 기법은 안료顔料에 달걀, 아교 등의 동물성 고착제
를 첨가해서 그리는 방식이다.

*16번 석굴을 올라가는 길에 비록 완전한 형태는 아니지만, 왼쪽에 쿠션을 받치고 앉
아있는 나가Nāga의 모습은 보기 드문 아름다운 자태를 뽐내고 있다.

*일부 석굴에 보살의 모습으로 조성된 미래의 부처님인 미륵부처님이 사바세계에 오
시는 때는 석가모니 부처님 입멸 후, 1겁劫kalpa(약 50억 년)이 지난 뒤라고 한다. 다
른 표현으로 말하자면 석가모니 부처님의 가르침이 사바세계에 단 한 구절도 남아
있지 않은 때가 되면, 그때 미륵부처님이 탄생하셔서서 스스로 깨달음을 성취하여 부
처님이 되시고 중생을 구제하신다고 한다. 근래의 일부 왜곡된 미륵 신앙은 모두 경
전의 몰이해에서 비롯된 오류라고 할 수 있다. 불교 경전 내용을 잘 살펴보면 바로
알 수 있다.

*아잔타 석굴에는 부처님께서 싯닷타 태자로 태어나기 이전의 생애 중에서 인간으로

태어난 마지막 생애인 웨산따라Vessantara 태자의 본생담이 여러 곳에 표현되어 있다. 베풀기를 좋아하는 웨산따라 태자가 왕국의 상서로운 코끼리를 다른 나라에 보시함으로써 시작되는 여러 가지 고난과 극복, 그리고 모든 것을 되찾는 과정을 담은 전생담이다.

*27번 석굴은 26번 석굴과 연결된 승원 양식의 석굴이다. 26번과 27번 석굴 사이에는 수심이 200m나 되는 거대한 지하 저수조貯水槽가 있다. 몇몇 곳의 석굴 입구에도 크고 작은 저수조가 있어서 스님들이 생활용수로 사용한 자취를 볼 수 있다.

*제17번 석굴에는 비불교적인 유명한 그림이 있다고 한다. 아잔타에서 멀지 않은 곳에 웃자인Ujjain이라는 곳이 있는데, 4세기경에 이 지역에서 살았던 칼리다사Kālidāsa라는 시인의 사랑 이야기가 주제가 되어 그려진 인드라Indra 신과 압사라Apsara의 환상적인 사랑 이야기를 그려 놓은 그림이라고 한다. 하지만 필자의 과문寡聞함 때문에 어느 그림인지 찾아내지 못하였다.

엘로라 석굴군 Ellora Caves
인도 마하라슈트라 Maharashtra 주州

개요

　데칸 고원의 서남부 한 자락에 자리 잡은 엘로라는 불교, 힌두교, 자이나교가 400여 년이나 공존했던 모습을 보여 주고 있다. 아잔타 석굴을 먼저 순례를 하고 난 뒤라면 감동이 덜하겠지만 엘로라 석굴을 먼저 순례한다면 바위로 된 절벽을 옆에서 깎아 들어가며 만든 석굴에 감탄과 탄성이 절로 나오게 된다. 인도에서 발생한 대표적인 3대 종교의 석굴이 서로 공존할 수 있는 인도의 포용력에 대해 부러움과 종교적인 성숙함에 대한 경외심이 절로 솟아나는 곳이기도 하다.

　인도 조각 예술의 극치라고 하는 힌두교 석굴인 16번 석굴 카일라사Kailasa는 종교를 초월한 감동을 주기에 충분하다. 12개의 불교 석굴(1~12), 17개의 힌두 석굴(13~29), 5개의 자이나교 석굴(30~34)이 길게 늘어서 있는 엘로라는 종교적 편협성에 빠지기 쉬운 현대인들에게 무언無言의 가르침을 전하고 있다.

역사

사실 이곳에는 100여 개가 넘는 석굴이 있는 것으로 연구되었지만, 현재 공개된 것은 34개에 불과하다. 엘로라 석굴의 대부분은 힌두교와 불교 석굴들을 조성한 힌두교 라쉬뜨라꾸따^{Rashtrakuta} 왕조와 거의 동시대에 자이나교 석굴을 조성한 야다와^{Yadava} 왕조에 의해 조성되었다. 석굴을 조성하기 위한 자금은 왕족, 상인, 이 지역의 부유층에 의해 제공되었다. 이 지역은 고대 남아시아의 무역 루트에 해당하는 곳으로 중요한 상업 중심지였다.

G.H. 말란드라^{Geri Hockfield Malandra}와 일부 학자들은 엘로라 석굴들이 초기 힌두교 시대(서기 550 ~ 600), 불교 시대 (서기 600 ~ 730), 후기 힌두교 및 자이나교 시대(서기 730 ~ 950)에 조성된 것으로 추정하였다. 다른 자료에는 불교 석굴은 4~8세기에 조성되었고, 힌두교 석굴은 6~8세기에 주로 조성되었는데 가장 늦은 것은 10세기까지 조성되었으며, 자이나교의 석굴은 이보다 늦은 9~13세기에 조성되었다고 전한다. 어느 시대에 어떤 석굴이 먼저 조성이 되었거나 각 종교 간의 석굴 사원 양식을 비

교 연구하는 데 많은 도움을 주는 곳이다. 엘로라의 불교 석굴들은 아잔타와 마찬가지로 법당Cetiya-guhā / Sk. Chaitya-griha 양식, 승원Kuti 양식, 법당과 승원이

모두 있는 사원Vihara 양식, 이렇게 세 가지 석굴로 나눈다.

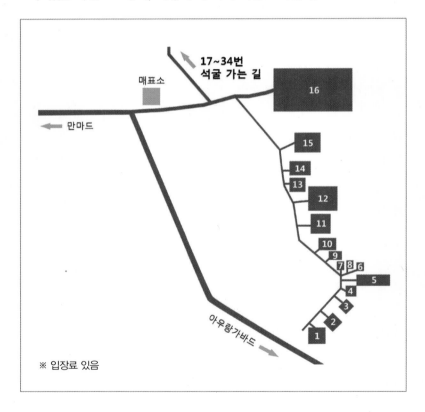

유적

1. 1번 석굴

아주 간단한 구조의 승원 석굴로써 중앙 광장과 9개의 승방이 있다. 석굴을 파서 스님들의 거처를 만든 석굴이다. 입구에 스님들이 사용하던 것으로 보이는 우물이 있다.

2. 2번 석굴

법당^{Cetiya} 양식의 석굴로써 화려한 입구를 가지고 있다. 입구 양쪽에는 보살 입상立像이 조각되어 있고 여러 불상과 보살상이 있다. 입구의 왼쪽에는 부귀신富貴神인 꾸웨라^{Kuvera}가 조성되어 있다. 내부 중앙의 전실前室에는 부처님의 입상 4위位가 여원인의 수인으로 조성되어 있으며 관세음보살과 금강장보살이 조각되어 있다. 중앙의

내부에는 의자에 앉은 설법인의 불상倚像 / 倚子像이 조성되어 있으며 좌우에 보살 입상이 협시挾侍로 배치되어 있다. 내부는 중앙 광장의 기둥 바깥으로 회랑이 배치되었고 승방처럼 배치된 감실에는 다양한 형태의 설법인 불상과 협시보살상이 있다. 사각 위에 구형球形으로 조성된 기둥들은 섬세한 조각을 자랑한다.

3. 3번 석굴

11개의 승방을 가진 위하라 양 식의 석굴로써 내부 중앙에는 의 자에 앉은 설법인의 불상이 모셔 져 있고 좌우에는 여원인의 부처 님 입상과 협시보살 입상이 조성 되어 있다. 회랑의 바깥쪽으로 승

방이 있으며 벽면의 곳곳에 불상이 부조 형식으로 조성되어 있다. 기둥 일부는 화려하지만 대부분 미완성의 모습으로 남아 있다.

4. 5번 석굴

24개의 기둥이 받혀진 길이 35m 폭 17.6m에 이르는 사원 양식의 석 굴이다. 내부 중앙에는 의자에 앉은 설법인의 불상과 협시로 관세음보살, 금강장보살과 천신들이 조각되어 있다. 불상을 모신 전실의 벽에는 연화 장보살과 금강장보살이 조각되어 있다. 기둥은 사각과 원형으로 조각되 어 있으며, 스님들이 모여서 수행과 생활할 수 있는 넓은 중앙 공간이 특 징이다. 중앙의 공간은 질서 있게 앉을 수 있도록 낮은 단을 만들어 놓았 으며, 여기서 법회와 독경, 토론 등의 승가 공동체적인 일을 했던 것으로

보인다. 이러한 형태의 좌석 배치는 현재 티베트 불교의 전통에서 찾아볼 수 있다. 회랑 바깥쪽으로 승방이 배치되어 있는데 중앙의 좌우에는 이중 구조의 승방이 있다.

5. 6번 석굴

전체적인 배치가 조금은 독특한 석굴로서 중앙 광장의 좌우에 다시 광장을 두고 승방을 조성한 석굴이다. 석굴의 내부 중앙에는 의자에 앉은 설법인의 불상과 관세음보살, 금강장보살이 협시보살로 있고 벽면에 다양한 불상들이 있다. 비교적후대에 만들어진 것으로 보이는 이 석굴은 밀교적인 양식의 조각들이 주류를 이룬다. 석굴의 입구와 벽면에 힌두교의 영향이 그대로 보이는 보살상과 여신상들이 있으며 곳곳에 따라(多羅)보살의 모습도 보인다.

6. 7번, 8번, 9번 석굴

한곳에 나란히 붙어 있어서 분리해서 보기가 쉽지는 않다. 7번 석굴은 승방과 중앙 광장을 가진 형태의 석굴인데 미완성이다.

8번 석굴의 내부 중앙에는 의자에 앉은 설법인의 불상과 좌우에는 협시로 연화장보살 입상과 금강장보살 입상이 있다. 석굴 내부의 왼쪽으로만 승방이 있는 구조이다. 불상이 모셔진 곳을 밖에서 돌 수 있도록 회랑처럼 만들어 놓았다.

9번 석굴은 토라나^{torana}처럼 만들어진 입구 상단이 화려한 석굴이다. 아래 줄에는 세 분, 중앙에는 두 분, 상단에는 한 분의 부처님을 감실龕室 안에 피라미드 형식으로 배치하였고, 부처님의 입상과 좌상, 여러 천신을 빼곡히 배치하였다. 내부는 작지만 세 칸으로 나누어서 의자에 앉은 설법인의 불상과 좌우에는 협시로 연화장보살 입상과 금강장보살 입상을 배치했다.

7. 10번 석굴

길이 26m, 폭 13.4m의 10번 석굴은 법당 양식의 석굴로 위스와까르마 석굴 ^{Visvakarma cave}(모든 것을 성취한 자의 석굴)이라고 불리는데 약 700~750년 경에 조성이 되었다. 사원 내부 7번째 기둥에서 13세기 경에 증축된 사실을 기록한 명문이 발견되었다. 아잔타 석굴의 19번, 26번 석굴과 같이 천장은 목조 건물의 구조처럼 되어 있다. 내부에

는 28개의 팔각기둥이 있으며, 중앙 법당과 좌우에 회랑 형식의 공간이 있다. 중앙의 내부에는 높이 8.2m, 직경 4.9m 크기의 탑이 있는데 전면

에 불상을 조성하여 탑과 불상이 하나
로 되어 있다.

불상의 광배 부분에는 보리수와 압사
라^{Apsara}(천상선녀)가 새겨져 있으며, 좌
우에는 관음, 미륵보살이 협시보살로
조각되어 있고, 탑신에는 의자에 앉은
설법인의 불상이 조각되어 있다. 기둥
위의 상인방^{lintel}에는 불상과 협시보살상
이 빼곡히 조성되어 있다. 입구의 테라
스 위에는 채광창이 이중으로 만들어져
있는데 계단을 통해 테라스 위로 올라갈 수도 있다. 채광창의 양쪽에는
압사라의 조각들이 있고 테라스의 난간에도 많은 조각이 빼곡히 조성되
어 있다.

입구의 좌우에는 승방이 배치되어 있는데 2층 구조로 되어 있다. 중앙
광장에 해당하는 부분의 천장이 무너져서 현재의 모습처럼 되었거나 후
대에 추가로 조성한 것으로 보인다. 이 승방들을 포함하여 본다면 10번
석굴은 위하라 양식의 석굴이 된다. 후대에 추가로 조성된 부분에는 힌두
교의 영향을 받은 금강승불교^{Vajrayāna}적인 색채가 강하게 남아 있다.

8. 11번 석굴

3층으로 된 석굴로써 아래층에서 위로 올라갈수록 석굴이 넓다. 각층
의 석굴 내부 중앙에는 불상과 협시보살상이 있는데 1층은 결가부좌를
한 선정인, 2층은 결가부좌를 한 항마촉지인, 3층은 의자에 앉은 설법인
의 불상이다. 대승 불교의 조각들로 가득하다.

금강승불교 계열의 보살들과 힌두 여신들의 모습을 다양하게 볼 수 있다. 대승 불교와 힌두교의 교잡交雜을 찾아볼 수 있는 조각들이 많다. 12번 석굴 때문에 크게 주목받지 못하고 있다. 석굴 입구의 왼쪽에는 계단을 통해 올라갈 수 있는 공간이 있는데 여러 불상과 밀교 계열의 보살상이 조각되어 있다.

9. 12번 석굴 – 띤딸Teental

사원 양식의 석굴인데 그 규모에 감탄사가 저절로 나오는 3층 석굴이다. 이 석굴은 띤딸Teental이라는 이름으로 불리는데 3층 건물이란 의미를 지니고 있다. 전면 폭 35m, 석굴 깊이 22m의 바닥 면적을 가진 위하라 양식의 3층 석굴이다.

석굴 내부의 중심에는 불상이 모셔져 있는데, 1층에는 설법인, 2층과 3층에는 항마촉지인의 불상을 배치하고 있으며, 힌두교의 영향이 깊게 배인 밀교적인 보살상의 조각이 다양하게 조성되어 있다. 1층 내부 중앙 불상의 좌우에는 반가부좌(의자에 앉아 한쪽 다리만 내린 자세) 자세의 보살상이 각각 4위씩 배치되어 있다. 2층과 3층의 내부 중앙 불상 좌우에는 입상立像의 보살상이 각각 4위씩 배치되어 있다.

초기 불교 조각에서는 불상의 좌우에 보살상을 배치하더라도 함께 앉아 있거나 같은 크기로 조성하지는 않았다. 하지만 이곳에서는 여성화된 보

살상과 남성화된 보살상이 불상의 좌우 협시처럼 배치되어 있기도 하고, 불상과 나란히 보살상을 배치하였다. 남성화된 보살상의 좌우에 여성화된 보살상을 협시처럼 배치하기도 하였다.

1층 벽면에는 만다라曼茶羅Mandala가 조각되어 있는데, 9구획으로 나누어져 있으며 윤회와 윤회로부터의 해탈을 표현하고 있다. 만다라 내에는 불상과 많은 보살상이 배치되어 있다. 중앙 광장의 좌우에는 승방이 배치되어 있다. 2층은 비교적 단순한 형태로써 중앙 광장의 좌우에 승방이 있고, 주 출입구의 좌우에도 각각 2개의 승방이 있다.

3층 중앙의 내부에는 초전법륜을 묘사한 부처님상과 관음보살, 금강장보살이 좌우에 협시로 있다. 힌두교의 따라Tara여신이 불교화한 따라보살多羅菩薩이 좌우에 배치되어 있다. 각 층마다 다양한 불상과 보살상, 밀교적 보살상들이 조성되어 있다. 일곱 분의 선정인禪定印을 한 부처님과 일곱 분의 설법인說法印을 한 부처님이 각각 조성되어 있다. 승방은 중앙 광장 좌측 전면에 하나만 마련되어 있는데 침상이 만들어져 있다.

순례 가는 길

1. 드나드는 길

• 엘로라 석굴들을 순례하려면 아우랑가바드를 기점으로 하는 것이 가장 좋다.

아우랑가바드를 드나드는 법은 아우랑가바드 석굴군을 참조하기 바란다.

- 엘로라는 아우랑가바드 센트럴 버스 터미널에서 약 30km(1시간) 떨어져 있는데 엘로라 행 버스는 20~30분마다 한 대씩 출발한다. 엘로라 석굴 입구에서 정차하는데 바로 매표소를 찾을 수 있다.
- 아우랑가바드의 마하라쉬트라 관광청^{MTDC}에서 운행하는 1일 단체 관광에 참여하면 아우랑가바드 근처의 관광지와 연계해서 다녀올 수 있다.(아잔타 석굴군 편 참고)
- 택시나 오토릭샤를 타고 다녀오는 방법이 있는데 이 경우에는 엘로라 근처의 관광지 몇 곳을 연계해서 1일 투어로 다니는 것도 좋은 방법이 될 것이다. 출발 전에 요금과 대기 시간, 방문 장소 등을 잘 협의해야 한다.

2. 묵을 곳, 먹을 곳

- 엘로라 석굴 근처에는 외국인이 머물 만한 곳은 없다. 거의 모든 사람이 아우랑가바드에서 머물면서 방문한다. 아우랑가바드의 머물 곳과 먹을 곳은 아우랑가바드 석굴군 편을 참고하기 바란다.
- 엘로라 석굴 입구에 몇 개의 상점이 있고, 유적지 내에도 식당과 매점이 있으나 간단한 것들만 판매한다. 오래 머물 예정이라면 음료수와 간식 등을 미리 준비해 오는 것이 좋다.

카일라사 Kailasa - 16번 석굴

16번 석굴은 카일라사Kailasa라는 이름을 가지고 있는 곳으로 시바Siva신神에게 봉헌된 신전이다. 인도의 서북부에는 카일라쉬Kailash라는 산이 있는데 5개의 강이 시작되는 곳으로 갠지스 강도 이곳에서 시작한다. 힌두교인들은 이 카일라쉬 산에 현재 말세末世의 주신主神인 시바신이 산다고 믿는다. 일부에서는 이 카일라쉬 산이 세상의 중심인 수미산須彌山Sumeru이라고도 한다.

이 사원 석굴은 760년에 라쉬트라꾸타Rashtrakuta 왕조의 크리슈나 왕의 명령으로 만들어진 사원이다. 다른 석굴과 다르게 위에서부터 파내려 가면서 조성한 석굴이다. 길이 81m, 넓이 47m 높이 33m의 이 거대한 신전은 인도 조각 예술의 걸작으로 꼽힌다. 정말 다양한 조각이 오래도록 눈길을 붙잡는 곳이다. 카일라사 사원을 조성한 라쉬트라꾸타 왕조는 초창기에는 힌두교를 신봉했다가 후대에 가서는 자이나교Jainism를 신봉한다. 그래서 엘로라의 한편에는 자이나교의 석굴들이 조성되어 있다.

아우랑가바드 석굴군
Aurangabad caves

인도 마하라슈트라 Maharashtra 주州

개요

　아우랑가바드 시 북쪽에 있는 아우랑가바드 석굴은 동서 2곳으로 나누어져 있는데, 아우랑가바드 시내가 내려다보이는 산기슭의 동서에 자리잡고 있다. 암베드카르 대학Dr Babasaheb Ambedkar Marathwada University 옆으로 난 길을 따라 서쪽 석굴군에 오르면 대학과 도시가 한눈에 들어온다. 아잔타 석굴과 엘로라 석굴 때문에 조명을 받지 못하는 이 석굴들은 화려하지는 않지만, 불교 석굴 사원의 아름다움을 간직하고 있다. 비록 규모도 작고 보존 상태도 다른 석굴들에 비해 좋지는 않지만, 아잔타와 엘로라를 순례하기 위해 아우랑가바드까지 왔으면 빼놓지 말고 순례를 해야 할 만한 곳이다. 시간적인 여유가 있다면 암베드카르 대학의 박물관도 들러볼 만한 곳이다.

역사

원래 아우랑가바드는 바위가 많은 곳이라는 이름의 카드끼Khadki였고, 후에는 파테 나가르Fateh Nagar로 바뀌었다가 16세기 말 무굴 제국의 마지막 황제 아우랑제브Aurangzeb의 이름을 따서 아우랑가바드라고 불리게 되었다. 아우랑가바드는 중요한 무역로에 있던 도시이자, 고대 이 지역의 지배자였던 사따와하나Satavahana 왕조의 수도인 쁘라티쉬타나Pratishthana(현재 지명은 빨탄Paithan)와 가까워서 일찍부터 발달한 도시였다.

아우랑가바드의 12개 석굴은 2~7세기에 조성된 석굴이다. 아잔타나 빤둘레나 지역의 석굴보다 시대적으로 늦게 시작되었다고 할 수 있다. 전하는 말에 의하면 이곳 현무암Basalt의 품질이 나빠서 다른 곳(엘로라)으로 옮겨갔다고 한다. 모두 12개의 석굴은 동쪽 6개의 석굴과 서쪽 6개의 석굴로 배치되어 있는데 학자에 따라 동쪽의 석굴을 7개로 분류하기도 한다. 20세기에 들어서야 조명을 받기 시작한 덕택에 비교적 늦게 발굴을 하였는데 상세한 자료를 찾아보려 했지만 아직까지도 빈약한 자료 밖에는 찾지 못했다. 현재도 발굴, 조사, 보수가 진행되고 있다.

동쪽 석굴군

12

7

서쪽 석굴군

1

6

암베드카르 대학

아우랑가바드

※ 입장료 있음(1회 구매로 동/서 석굴을 모두 입장함)

유적

1. 서쪽 석굴

① 1, 3번 석굴

이 석굴들은 모두 사원^{vihara} 양식으로써 스님들이 거주할 수 있는 승방 ^{kuti}이 있다. 각 석굴은 불상이 조각되어 있으며 불상은 좌우에 협시보살을 거느리고 있는 경우가 많아서 보살 사상이 발달한 뒤에 조성된 것임을 알 수 있게 한다. 미완성인 채로 남아 있으며 많이 마멸되어 있다. 일부 완성 된 기둥의 조각들은 화려하고 웅장함을 자랑하고 있다. 부처님 일대기의 각기 다른 모습을 부조浮彫로 조성해 놓았다.

② 2번 석굴

이 석굴은 중앙에 불상을 조성하고 그 바깥으로 회랑 을 만들어 놓았다. 법당 양식 의 석굴로써 중앙에 있는 석 실의 불상 좌우에 다양한 수 인^{Mudra}의 많은 불상을 배치 하고 있다. 중앙 석실을 둘러

싼 통로에도 많은 불상이 협시보살상과 함께 조각되어 있다.

③ 4번 석굴

이곳의 석굴 중에서 가장 오래된 것으로 추정되는 법당 양식의 석굴이다. 아잔타나 엘로라에서 볼 수 있는 목조 건물 양식으로 조각된 천장이 가장 눈에 띈다. 석굴의 중앙 안쪽에는 불상 대신 탑을 조성하였다. 기둥은 팔각으로 단순하며 입구가 무너져 내린 흔적이 보인다. 격자 모양으로 조성된 천장은 하나의 바위라고 믿기 어려울 만큼 잘 다듬어져 있다. 중앙 법당과 기둥 양쪽의 회랑으로 이루어져 있다.

2. 동쪽 석굴

서쪽 석굴들과 비교해 보면 후대에 조성된 것으로 보이는 동쪽 석굴들은 서쪽 석굴에서 1.5km 떨어져 있다.

① 7번 석굴

동쪽에 있는 석굴들 가운데서 가장 눈길을 끄는 것은 7번 석굴이다. 법당, 회랑, 승방僧房을 모두 갖추고 있는데 관세음Avalokiteśvara 보살, 금강장Vajrapani 보살, 연화장Padmapani 보살 등을 비롯하여 많은 천신과 천상 선녀들의 조각이 있다. 부동명왕과 귀자모 부부, 티베트 불교에서 중요하게 여기는 따라보살, 힌두의 여신상 등이 조각되어 있다. 화려하고 다양한 모습의 조각들로 가득한 석굴이다. 중앙의 내부에는 의자에 앉아 있는 설법인의 불상이 조성되어 있다.

인도의 자료에 의하면 연화장Padmapani보살은 관세음보살을 의미하는데 여덟 가지 재난으로부터 중생을 구제한다고 믿고 있다. 여덟 가지 재난이란 불, 도적, 악마, 코끼리, 사자, 선박의 난파難破, 뱀, 원숭이인데 한국 불교에서의 팔난八難과는 많은 차이가 있다. 연화장보살은 힌두교의 빠드마빠니Padmapani 여신과 많이 닮은 모습을 하고 있다.

② 9번 석굴

직사각형의 베란다를 가진 석굴로써 석굴 왼쪽에 부처님께서 꾸시나가르에서 반열반Mahaparinibbāna / Sk. Mahaparinirvāṇa에 드실 때의 모습을 조각한 와불

상臥佛像이 있는데 미완성이라기 보다는 많이 손상된 모습으로 보인다.

③ 그 외의 석굴들

다른 석굴들에는 부처님을 유혹하는 마라의 세 딸 모습, 불상의 조성
과정을 알 수 있는 미완성 불상, 조성하다가 중단한 석굴 등이 있다. 다른
지역의 석굴에 비하여 여성을 표현한 조각이 많은 것이 특징으로, 불교에
힌두교가 접목되어 밀교로 발전하는 과정을 보여 주는 것이라고 할 수 있
다. 무희舞姬 조각 옆에 있는 악기 연주자들의 악기들이 다양한 것도 눈길
을 끈다.

동쪽 석굴들의 조각들은 상당히 관능적이며, 전체적으로 밀교^{Tantric}
^{Buddhism}의 색채가 강하다. 잠발라^{Jambala}가 입구를 지키고 있는 석굴도 있는
데 잠발라는 힌두교에서 풍요의 신, 부富의 신이다.

순례 가는 길

1. 드나드는 길

• 아우랑가바드는 아잔타, 엘로라로 가기 위한 순례의 중심지로 유용하다.
  하지만 아우랑가바드로 가는 기차가 그리 많지는 않다. 뉴델리와 뭄바이
  를 연결하는 비행기가 매일 있으므로 인터넷으로 검색해서 이용하면 시간
  을 절약할 수 있다.

• 뉴델리에서 기차(No.12716, 13:20-11:30)를 이용하면 아우랑가바드
  로 간다. 만약 이 기차표를 구하기 어렵다면 이 기차 (No.12618, 09:15-
  04:22 / No.12780, (NIZ) 15:00-09:45) / No. 22456, (NIZ)

00:10-19:05)를 타고 만마드^{Manmad}역으로 가서 만마드역에서 아우랑가바드로 가는 기차로 갈아타는 방법이 있다. (NIZ = 뉴델리에 있는 니자무딘^{Nizamuddin}역)

뭄바이에서 아우랑가바드로 바로 가는 기차 (No.17617(CSMT), 06:15-13:15 / No.11401(CSMT), 16:35-23:40 / No.17057(CSMT), 21:10-04:05 / No.12071(Dadar), 14:00-20:35, No.12071(Lok-T), 11:30-18:25)를 이용해서 아우랑가바드에 도착할 수 있는데, 뭄바이에는 여러 기차역이 있으므로 반드시 역 이름을 확인해야 한다.

만약 인도의 다른 곳에서 출발한다면 거의 모든 기차가 정차하는 만마드역까지 가서 아우랑가바드로 가는 기차를 갈아타고 가는 방법이 제일 무난하다. 만마드와 아우랑가바드는 115km가 떨어져 있으므로 만마드에서 기차가 여의치 않을 경우, 시외버스나 택시를 타고 이동할 수도 있다.

- 뭄바이 센트럴 버스 터미널에서 아우랑가바드(403km, 8~10시간) 행 버스를 이용할 수도 있다. 만마드(115km, 3시간)를 거쳐서 오거나 나식^{Nasik}(218km, 5시간)의 석굴들을 순례하고 오는 경우라면 버스를 이용하는 것도 나쁘지 않은 방법이라고 할 수 있다.

- 아우랑가바드 석굴군은 암베드카르 대학의 뒷산에 있다. 시내버스를 타고 간다면 암베드카르 대학에서 내려서 걸어가면 된다. 동쪽 석굴군과 서쪽 석굴군은 1.5km가 떨어져 있는데 걸어서 다녀야 한다.

입구까지 가는 버스가 없으므로 오토릭샤나 택시를 타고 다녀오는 것이 가장 좋은 방법이다. 오토릭샤나 택시를 타면 동·서 석굴군 입구까지 이동하는 데 유리하다.

2. 묵을 곳, 먹을 곳

• 아우랑가바드 내에는 최고급 호텔부터 다양한 등급의 많은 숙소가 있는데, 아우랑가바드 기차역 앞과 아우랑가바드 센트럴 버스 터미널 근처에 주로 중급과 저렴한 숙소들이 몰려 있으므로 경제적인 사정에 따라 선택할 수 있다. 기차역 앞의 숙소들보다 버스 터미널 근처의 숙소들이 상대적으로 싸다. 숙소의 가격을 물어볼 때, 세금이 포함된 가격인지 아닌지를 반드시 확인해야 한다. 일부 호텔에서는 체크인할 때는 아무런 언급을 하지 않았다가 체크아웃할 때 세금을 추가로 낼 것을 요구하기도 하므로 반드시 사전에 확인해야 한다.

• 식당을 겸하고 있는 호텔들이 많이 있으므로 묵는 호텔에서 해결할 수도 있고, 시내 곳곳에 다양한 인도 식당이 많으므로 입맛에 따라 선택할 수 있다. 다국적 기업의 패스트푸드 식당들도 속속 자리를 잡아가고 있다.
에어컨이 설치된 식당은 세금과 봉사료가 따로 추가되므로 유념해야 한다.

• 남인도답게 과일이 풍부하므로 좋아하는 과일을 사서 먹는 것도 좋은 간식이 될 수 있다.

암베드카르 대학 역사박물관
History Museum of Dr. Babasaheb Ambedkar Marathwada University

1958년 8월 23일에 설립된 이 대학은 인도 독립운동가이자 정치 지도자이며 후에 불교로 개종하여 현대 인도 불교에 지대한 영향을 끼친 'B. 암베드카르' 박사의 이름을 딴 대학이다. 이곳의 작은 역사박물관에는 불교, 자이나교, 힌두교 유물들과 중세·근대 유물들이 전시되어 있는데 시간을 내어 방문할 만한 가치가 있다. 박물관 외부의 정원에도 유물이 전시되어 있으므로 천천히 둘러볼 만한 곳이다.

빤두레나 석굴군
Pandu Lena Caves

인도 마하라슈트라 Maharashtra 주州

개요

한국인에게는 그리 알려지지 않은 나식Nasik이라는 도시의 외곽에는 24
개의 빤두레나a.k.a / Pandavleni Caves / Pandu Caves / Trirashmi Leni 석굴이 있다. 마하라트
라쉬 주의 교통 요지의 하나인 나식에서 뭄바이로 가는 160번 국도를 따
라서 남서쪽으로 8km 지점의 언덕(산?) 중턱에 있는 석굴군이다. 고대에
는 뜨리라슈미Trirasmi / Trirashmi라 불리던 언덕의 북쪽과 북동쪽 면에 석굴이
있는데, 이 석굴들은 주위 평지로부터 60~70m의 언덕 위에 있다.

나식은 서인도의 항구들과 남북인도 도시들을 연결하는 무역로에 자리
를 잡고 있어서, 무역하는 많은 사람들로부터 언급이 되었던 고대의 중요
도시이다. 이곳에서의 발굴 작업에 의하면 서기전 5세기부터 사람이 살
았다고 한다. 예전에는 근처 지역민들의 아침 산책 코스처럼 되어 있어서
불교 유적으로서의 위상이 미미했는데 그동안 유적지를 잘 정비하고 관
리하여 더럽고 냄새나던 석굴이 모두 깨끗해졌다. 석굴에 관심이 있는 사

람이라면 빼놓지 말아야 할 곳이다.

역사

빤두레나 석굴의 조성과 번창은 다른 석굴들의 성립과 발달 과정처럼 모든 계층 사람들의 넉넉한 보시와 적극적인 후원에 의한 것으로 수많은 비문이나 기록에서 그 사실이 입증되어 있다. 빤두레나의 24개 석굴도 서기전 2세기에서 서기 3~4세기까지, 이 지역의 왕조였던 사따와하나^{Satavahana}왕조의 역대 왕들의 후원에 의한 것이 대부분이고, 불교 승려, 작가, 그 외의 서민들도 석굴을 조성하는데 후원을 했다는 기록이 남아 있다.

최초로 이곳에 석굴을 만들기 시작한 것은 서기전 2세기로 거슬러 올라가는데, 현재 남아 있
는 수많은 비문이나 기록
에 의하면 이곳은 6~7세
기까지 석굴 조성 작업이
이어졌다고 되어 있다.
서기 7세기를 전후해서
는 사회가 매우 혼란스러
웠던 것으로 보이며 그 이후의 시대에는 석굴을 새로 만들거나 수정 또는
보수하는 일은 거의 없었던 것으로 보인다. 다른 곳과 마찬가지로 사원,
법당, 승방 양식의 석굴로 이루어져 있으며, 생활용수로 사용할 저수조도
만들어 놓았다.

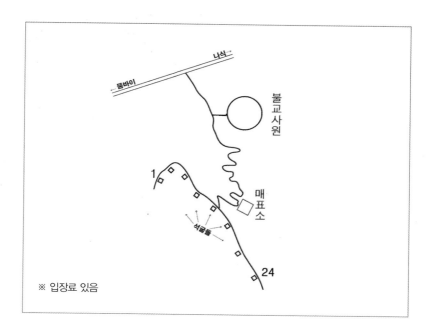

유적

1. 1번 석굴

1번 석굴은 입구의 사각기둥 4개를 제외하고는 어느 부분도 완성되지 않았다. 위하라 양식의 석굴을 계획한 것으로 보인다. 앞부분의 벽은 최근에 부분적으로 무너졌다.

2. 2번 석굴

6~7세기 대승 불교 자취가 많이 남아 있는 이 석굴은 두 개의 석실로 나누어진 석굴로서 벽의 앞부분과 분할 칸막이 벽이 무너진 모습을 하고 있다. 내부에는 의자에 앉

은 설법인의 불상과 좌우 협시보살이 있는 조각들이 남아 있다. 불상 오른쪽에는 한국에서 불자拂子chauri라고 부르는 것을 들고 있는 보살 입상이 있다. 입구에 저수조가 있으며, 지붕 아래 가까운 베란다의 뒷벽에는 사따와하나 왕조의 스리 뿌루마위Sri Pulumavi왕(서기 2세기)의 비문이 남아 있다.

"성공! 여름 5주째 되는 날에……

와시티Vasithi의 아들인 스리 뿌루마위 6년째."

3. 3번 석굴

10번 석굴보다 좀 더 후대에 만들어졌으나 정성 들여 만든 노력이 느껴지는 세세한 조각들이 있는 위하라 양식의 석굴이다. 사따와하나 왕조의 고따미뿌뜨라 사따까르니^{Gautamiputra Satakarni} 왕의 모친인 고따미 발라스리^{Gautami Balasri}(서기 2세기)가 보시를 했고 와시쉬띠뿌뜨르 뿔루마비^{Vasishtiputr Pulumabi} 왕 때에

완성되었다. 이외에도 다양한 내용의 고대 문자들이 남아 있다.

입구의 정면 하단에는 인왕(?)과 사천왕(?)의 수호신이 조각되어 있고, 팔각의 기둥과 천신이 조각된 기둥으로 테라스를 만들었다. 입구의 벽면에는 야차夜叉^{Yakkha / Sk. Yakṣa}를 비롯한 많은 조각이 있다.

내부 광장의 중앙에는 부처님을 상징하는 탑이 모셔져 있고 스님들이 거처할 수 있는 18개의 승방은 입구를 제외한 삼면에 있다. 탑은 원형의 기단 위에 반구형半球形의 탑신이 있고 역 피라미드 모양의 상부가 있으며 3부분으로 나눠진 상륜부가 있다. 탑의 좌우에 사자상과 법륜이 있고 천신들이 꽃을 뿌리는 모습도 있다. 입구의 기둥에는 많은 신과 짐승들이 조각되어 있는데 다양하고 섬세한 조각이 눈길을 끈다. 팔각, 구형球形, 사각, 신과 동물 조각으로 이어지는 기둥은 보기 드문 조각품이다.

4. 4번, 5번, 6번 석굴

아름다운 기둥과 상인방^{frieze}이 있는 입구를 가지고 있으나 미완성으로 남은 석굴이다. 단순하고 넓은 내부 공간을 가지고 있으나 특별한 것은 없다. 기둥의 상부에 있는 코끼리 조각이 눈길을 끈다. 상인방의 조각은 난간을 연상하게 한다.

5번 석굴은 시작 단계에서 작업을 멈춘 모습으로 남아 있다.

6번 석굴은 높은 팔각기둥이 있는 석굴인데 상인방에는 난간을 연상하게 하는 조각이 있다. 내부는 미완성으로 남아 있는데 이름을 알 수 없는 상인이 승가에 공양을 올린 것이라는 문자가 남아 있다.

5. 7번, 8번, 9번 석굴

7번 석굴은 시작 단계에서 멈춘 미완성의 석굴인데 따빠시니^{Tapasini}라는 여성 수행자가 승가에 공양을 올린 것이라는 문자가 남아 있다.

8번 석굴은 입구가 무너진 작은 석굴인데 석굴 내부에 침상이 있고, 입구에는 저수조가 있다. 무구다사^{Mugudasa}라는 어부가 승가에 공양을 올린 것이라는 문자가 있다.

9번 석굴은 2개의 팔각기둥을 가진 테라스가 있는 석굴이다. 두 개의 방으로 되어 있는데, 그 중의 하나는 내부에 다시 방을 조성해 놓았다. 모두 3개의 침상이 조각되어 있다. 석굴 입구에 저수조가 있다.

6. 10번 석굴

승원 양식의 이 석굴 내부 각 면에는 넓은 홀의 3면에 돌로 조성된 침대를 갖춘 16개의 승방을 갖추고 있고, 입구는 기둥이 있는 베란다로 구성되어 있다. 3개의 출입문과 2개의 창문을 갖춘 석굴이다. 팔각의 베란다 기둥들은 사자, 코끼리, 황소, 상상의 동물(여러 동물의 특징이 함께 있는)로 장식된 역 피라미드 모양의 사각기둥 받침과 단지 모양의 주춧돌을 가지고 있다. 그 당시 다른 석굴을 조성하는데 표본이 될 만큼 매우 뛰어난 것이다. 입구 좌측에는 나가Naga(뱀의 신)가 수호신으로 조성되어 있다.

현재 석굴 중앙에는 불탑 위에 힌두신인 바이라와Bhairava가 새겨져 있는데, 후대의 힌두교도들이 원래 있던 불탑을 없애고 그 위에 새겨 놓은 것이다. 서기 120년, 나하빠나Nahapana 왕의 딸이자 우샤와다따Ushavadata의 아내인 다카미뜨라Dakhamitra가 승가에 공양을 올렸다는 문자가 남아 있다. 베란다 벽과 실내 왼쪽 벽에서 이 가족에 대한 기록을 볼 수 있다.

7. 11번, 12번, 13번 석굴

11번 석굴은 계단을 올라가서 볼 수 있는 작은 석굴로써 승방 형태의 석굴이다. 벽면에는 후대에 자이나교도와 힌두교도에 의해서 조각된 것으로 보이는 조각들이 남아 있다. 시와미뜨라Sivamitra의 아들인 라마나까Ramanaka가 기증한 석굴이라는 문자가 남아 있다.

12번 석굴은 2개의 방과 1개의 전실에 침상이 있는 간단한 석굴이다. 상인인 라마나까가 공양을 올린 석굴이라는 문자가 남아 있다.

13번 석굴은 1개의 방에 침상이 있는 간단한 석굴로 남아 있는 문자는 없다.

8. 14번, 15번, 16번 석굴

14번 석굴은 전실이 있는 2개의 석굴이지만 침상 이외의 다른 것은 없다.

15번 석굴은 입구가 무너진 법당 형식의 석굴이다. 내부에는 의자에 앉은 설법인의 불상과 가부좌를 하고 앉아 있는 설법인의 불상이 천불화현을 나타내는 불상(대승 불교의 타방불他方佛)과 함께 조성되어 있다. 정면 중앙의 불상은 좌우 협시보살이 있는데 한쪽은 많이 손상되었다. 석굴의 삼면에 불상이 있었을 것으로 유추할 수 있으나 한쪽 면은 많이 무너져 있다.

16번 석굴은 삼면에 의자에 앉은 설법인의 불상과 불자拂子를 들고 있는 좌우 협시보살상이 있다. 천신들과 천불화현을 나타내는 불상(대승 불교의 타방불?)과 함께 조성되어 있다.

9. 17번 석굴

위하라 양식의 이 석굴은 18번 석굴과 같은 시대의 것인데, 17번 석굴은 서기 120년 경에 닷따밋뜨리Dattamittri(현재 아프카니스탄 지역)라는 곳에서 온 담마데와Dhammadeva의 아들인 인드라그니닷따Indragnidatta가 승가에 공양을 올린 석굴이라는 기록이 남아 있다.

석굴 입구의 기둥은 사각 피라미드, 팔각, 구형球形, 역 피라미드, 여러 동물과 신화적 존재의 조각으로 이루어져 있는데 뛰어난 조각 기술을 보여 준다. 베란다의 오른쪽 끝에는 미완성의 석실이 있다. 내부 중앙에는 불상이나 탑이 없는 석실만 남아 있다. 후대에 힌두교도들이 만든 것으로 보이는 요니Yoni가 남아 있다. 석굴 내부의 3면에는 승방이 있고, 좌측에는 용도가 불분명한 긴 석실(감실?)이 있는데 전체적으로는 미완성의 석굴이다. 석굴의 내부에 있는 부처님 입상은 후대에 추가로 조성되었음이 연구로 밝혀졌다.

10. 18번 석굴

18번 석굴은 법당 양식의 석굴이다. 빤두레나 석굴 중에서 가장 뛰어나고 중요한 석굴이다. 이 석굴이 처음 만들어지기 시작한 것은 서기전 1세기인데, 현재의 형태는 1세기, 또는 1세기 직후에 완성되었다고 비문에 의해 증명되었다.

이 석굴의 특징은 석굴 입구와 천장을 목조 건축 형태를 취해 만들어졌다는 것이다. 석굴은 3단계의 과정을 거쳐 완성되었다. 첫 번째 단계는 입구 정면의 윗부분을 말발굽 모양의 곡선으로 만들었고, 두 번째 단계는 불탑과 회랑을, 그리고 세 번째 단계에서 전체적인 정리와 계단 부분을 만들었다.

입구는 2층 구조로 되어 있는데 이층에는 채광창이 있으며, 창살이 조각된 창문들, 난간들, 서까래 끝단을 지닌 대들보, 팔각의 석주, 탑 등으로 화려하게 장식되어 있다. 입구가 있는 1층은 연꽃을 든 수호신상守護神像이 좌우에 조각되어 있었던 것으로 보이나 한쪽만 남아 있고, 작은 반원형의 테라스 아래에는 코끼리 등의 동물과 나무 등이 섬세하게 조각되어 있다.

내부는 길이 12m, 너비 6.5m의 크기이고, 석굴의 끝은 반원형 구조인데 그 아래에 높이 3.6m의 탑이 있으며, 석굴 내에는 모두 17개의 기둥이 줄지어 회랑을 형성하고 있다. 기둥은 팔각이고, 주춧돌에 해당하는 부분은 항아리 모양으로 되어 있으며, 일부 기둥의 상단은 사각으로 되어 있다. 부처님을 상징하는 탑은 원통형의 높은 기단 위에 난간이 있고, 그 위에 반구형의 탑신이 있다. 상륜부는 역逆 피라미드 모양의 사각형 산개傘蓋를 가지고 있다.

모두 3개의 비문이 발견되었는데, 첫째는 법당의 팔각기둥에서 '뜨리라슈미Trirasmi 산에 있는 법당이 마하하꾸시리Mahahakusiri의 손녀이자, 왕실 대신인 아라하라야Arahalaya의 딸이며, 왕실 대신인 아기야따나가Agiyatanaka의 아내인 바따빨리까Bhatapalika가 승가에 공양을 올린 것'이라는 기록이 있다.

둘째는 입구 위쪽, 아치의 상단 아래에 담비까가마Dhambikagama 마을에 사는 '나식 사람들의 보시'라고 적혀 있다. 셋째는 난간의 왼쪽에 있는 야차의 윗부분 장식 몰딩에서 '나다시리야Nadasiriya에 의한 것'이라고 기록되어 있다.

11. 19번 석굴

이 석굴은 사타와하나 왕조의 크리슈나Krishna(서기전 100~70년) 왕이 수행자들을 담당하는 신하를 시켜 만든 석굴로써 빤두레나 석굴 중에서 초기에 속하는 것이며, 6개의 방을 가진 승원이다. 사각과 팔각으로 된 2개의 기둥을 가진 테라스가 있고 각방의 입구 상단에는 전통적인 말발굽 모양으로 되어 있으며 격자로 된 2개의 창이 눈길을 끈다.

12. 20번 석굴

위하라 양식의 이 석굴은 사따와하나 왕조의 스리 야주나 사따까르니Sri Yajna Satakarni(서기 170~199) 왕 7년에 장군의 아내인 바와고빠Bhavagopa의 지원으로 보빠끼Bopaki라는 수행자에 의해 시작되었다고 기록이 남아 있다.

중앙 광장의 3면에 승방이 있으며 중앙 내부에는 전실이 있는 법당이 있다. 법당에는 의자에 앉은 설법인의 불상이 있고 좌우에 불자拂子를 들고 있는 협시보살상이 있다. 이러한 협시보살상은 7세기 때의 특징으로 분류하기 때문에 법당의 현재 모습은 7세기, 또는 그 이후에 완성된 것으로 추정된다.

법당 입구 좌우에는 연화장보살과 금강장보살이 협시와 함께 입상으로 조각되어 있는데 호법신장護法神將이라고도 한다. 입구 쪽보다 안쪽의 폭이 더 넓은 석굴인데 후대에 안쪽의 석굴을 확장한 것으로 조사되었다. 중앙 광장에는 가로세로 각각 2.7m 넓이의 낮은 단이 있는데, 법회를 할 때 고승高僧이 앉는 자리이거나 탑을 모셨던 곳으로 추정한다.

피라미드식으로 만든 주춧돌 위에 항아리 모양의 기단과 팔각기둥, 이어서 다시 항아리 모양의 기둥머리 장식과 역 피라미드로 이어지는 기둥 형태가 특색 있다.

13. 21번, 22번 석굴

21번 석굴은 사각과 팔각으로 된 단순한 기둥을 가진 미완성 석굴이다.
22번 석굴은 무너진 입구를 가진 미완성의 작은 석굴이다.

14. 23번 석굴

이 석굴은 부처님의 반열반Mahaparinibbana상을 비롯하여 불상, 보살상, 천신상, 여신상 등을 가지고 있는데 빤두레나 석굴 중에서 가장 많고 다양한 조각상이 있다. 입구의 기둥은 남아 있지 않고 3개의 작은 석실 법당이 있는데, 중앙에는 모두 의자에 앉은 설법인의 불상이 있고 좌우에는 불자拂子를 든 협시보살상이 있다.

후대에 추가로 조성한 것으로 보이는 따라多羅보살상도 많이 남아 있다. 좌우 벽면에 선정인의 불상 있는 곳도 있으며, 천불화현, 또는 타방불을 나타내는 여러 불상이 벽면에 조성된 곳도 있다. 좌불상의 좌우 협시는 대부분 불자를 든 보살상이며, 어깨 위에는 주로 화환花環을 든 천신들과 나가Naga들이 있고, 부처님의 입상은 대부분 여원인與願印을 하고 있다.

석굴 내의 곳곳에 벽감이 있으며 대부분 의자에 앉은 설법인의 불상이 있다. 석굴의 맨 오른쪽에 있는 석실은 기둥이 있는 전실이 있는데 기둥 위의 상인방에는 다양한 수인의 불상과 협시보살상이 있다. 석굴의 맨 왼쪽에는 부처님의 반열반상이 있다. 석굴에는 커다란 저수조貯水槽가 있다. 사따와하나 왕조의 스리 뿌루마위Sri Pulumavi 왕(서기 2세기) 통치 2년이라는 문자가 남아 있다.

15. 24번 석굴

작은 2개의 석굴이 붙어 있는 이 석굴의 불상과 보살상은 모두 하단부

가 파괴되어 있다. 시멘트로
어설프게 보수해 놓은 모습
은 순례자의 가슴을 아프게
한다.

각 석굴의 중앙에는 의자
에 앉은 설법인의 불상이 있
고 좌우에 불자拂子를 든 협
시보살상이 있다. 좌우 벽에
있는 부처님의 입상은 여원
인與願印을 하고 있고 좌불상
의 좌우 협시는 대부분 불자
를 든 보살상이며, 어깨 위에

는 주로 화환花環을 든 천신들과 나가Naga들이 있다. 유디까Vudhika라는 작가
가 승가에 공양을 올렸다는 문자가 남아 있다. 이 석굴에서 남동쪽 끝으
로 가면 상인방에 해당하는 부분에 섬세한 조각이 남아 있는 번호가 없는
미완성의 석굴이 있다.

16. 기타

석굴을 가기 위한 언덕이 시작되
는 곳에 있는 주차장 옆에는 산치
대탑을 모티브로 한 돔 형식의 뜨
리라쉬미 붓다 스마락Trirashmi Buddha
Smarak이라는 불교 사원이 있다. 시
간이 된다면 참배해 보기를 권한다.

순례 가는 길

1. 드나드는 길

- 빤두레나 석굴을 가기 위해서는 먼저 나식^{Nasik}으로 가야 한다. 나식은 뭄바이와 뉴델리, 뭄바이와 꼴까따를 잇는 중요한 기차역(역 이름은 Nasik Road)이어서 많은 기차(뉴델리-5편, 꼴까따-25편)가 다니므로 기차를 이용하는 데는 불편함이 없다. 워낙 많은 기차가 정차하는 곳이라 일일이 기차 편명을 명시하지 않는다. 다만 기차역이 시내 중심부에서 6km 정도 떨어져 있어서 시내로 가는 교통편에 유의해야 한다.

- 나식은 뭄바이와 아그라를 잇는 주요 국도가 지나가는 도시이기도 하다. 버스나 기타 교통편을 이용하기 좋다. 나식 센트럴 버스 터미널에서는 뭄바이(185km, 4시간 30분~5시간)로 가는 버스가 있는데 주로 뭄바이 북부에 있는 다다르^{Dadar}까지만 간다. 뭄바이를 관광할 일정이라면 뭄바이 센트럴 버스 터미널로 가는 버스를 타는 것이 뭄바이에서 이동하기가 좋다. 나식 센트럴 버스 터미널에서는 아잔타, 엘로라 석굴들을 순례하기 위한 도시인 아우랑가바드(218km, 5~6시간)로 가는 버스가 시간마다 있다.

- 센트럴 버스 터미널이나 기차역에서 오토릭샤를 타고 빤두레나 석굴을 다녀오는 것이 가장 편안하다. 기차역과 센트럴 버스 터미널 앞에서 빤두레나 석굴 입구까지 가는 버스가 있으므로 이용할 수 있다. 빤두레나 버스 정류장이나 주차장에서 유적지 매표소까지는 20분 정도 산길을 걸어 올라가야 한다.

2. 묵을 곳, 먹을 곳

- 나식에는 많은 호텔과 식당이 있는데 특히 센트럴 버스 터미널 근처에 많이 있다. 기차역 앞에도 다양한 식당이 있다. 나식에서의 숙박과 식사에는

아무런 문제가 없으므로 경제적인 상황에 따라 선택하면 된다. 다만 작은 호텔이나 게스트하우스의 경우에는 외국인의 숙박을 허용하지 않는 곳도 있으므로 체크인 하기 전에 반드시 확인해야 한다. 인터넷의 호텔 예약 사이트를 이용하면 번거로움을 덜 수 있다.

• 빤두레나 석굴 유적지 입구 주차장에 간단한 음료수 등을 파는 곳이 있기는 하지만 열악하므로 기차역 등에서 미리 음료수 등을 준비해 가는 것이 좋다.

*힌두교의 유명한 축제 중의 하나인 꿈브하멜라Kumbha Mela가 이곳 나식에 있는 고다와리 강의 상감Kapila Godavari Sangam에서 벌어진다. 관심이 있는 사람은 12년마다 열리는 꿈브하멜라의 일정을 확인하고 방문하면 된다.

*처음 빤두레나 석굴을 갈 때만 해도 석굴 내부의 곳곳에는 아침 산책을 나온 인도인들의 배설물이 역한 냄새를 풍기며 곳곳에 아무렇게나 방치되어 있었다. 지금은 경비원이 상주하는 등 관리가 잘되고 있지만, 대부분의 불교 유적을 다니면서 경험한 바로는 인도인들은 힌두교 사원이나 신상, 유적이 아니라면 그들의 소중한 역사 유적일지라도 그리 존중하지 않는 것으로 보인다.

까를라 석굴군
Karla Caves

인도 마하라슈트라 Maharashtra 주州

개요

　'석굴이 있는 도시'라는 뜻을 가진 로나왈라ᴸonavala에는 도시 주변에 많은 석굴이 있다. 물론 필자가 관심을 가지는 것은 오로지 불교 석굴 뿐이기는 하지만 다른 종교의 순례자들도 많이 다녀가는 곳이라 늘 번잡한 도시 풍경을 보여주는 곳이다. 로나왈라 중심에서 약 10Km 떨어진 곳에 있는 까를라 석굴 입구는 서글프게도 힌두교 석굴을 순례하는 사람들을 위한 구조물에 입구가 반 이상 가려져 있다. 인도의 주종교가 힌두교이니 개선될 가능성은 전혀 없어 보인다. 서기 2세기 때 유적이 현대의 종교적 구조물에 의해 가려진 것처럼 배려나 존중의 마음도 반쯤 가려진 것은 아닐까 라는 생각을 하게 된다.

　석굴의 위용은 정말 대단하다. 입구에 세워진 아소까 석주를 닮은 석주부터 내부의 모습까지 서기 2세기 때의 작품이라고 하기에는 인간 능력을 넘어선 위대한 작품이라는 감탄사만 나오는 곳이다.

역사

남아시아권에서는 가장 큰 석굴 사원으로 위대한 법당Great Chaitya 석굴이라는 별칭을 가진 이 석굴은 여러 기록이 있다. 석굴을 조성하는데 데칸고원 서부 지역 통치자였던 나하빠나Nahapana가 큰 도움을 주었다고 비문에 남아 있어서 이것을 근거로 하여 서기 120년에 완성된 것으로 인정하고 있다. 또한 무역 상인들과 사따와하나 왕조의 통치자들이 석굴 조성과 승단의 유지에 많은 도움을 준 것으로 알려져 있다. 무역로에 있던 불교 사원들은 무역상들에게 숙소를 제공하기도 했다. 그들이 불교 사원에 경제적인 지원을 한 것은 당연한 것으로 보인다.

아잔타 석굴을 비롯한 마하라슈트라 주의 많은 석굴이 비슷한 구조와 형

식을 갖추고 있어서 서로 연관된 부분이 많다. 시대적으로 가장 먼저 완성된 석굴은 서기전 2세기에 조성된 꼰디비테^{Kondivite}(=마하깔리) 석굴의 9번 석굴, 바자 석굴의 12번 석굴, 아잔타 석굴의 10번 석굴 등이 있다.

약 1세기가 지난 후에 꼰다네 석굴의 법당 석굴, 아잔타 석굴의 9번 석굴 등이 조성되었고, 그 다음으로 빤두레나 석굴의 18번 법당 석굴, 베드세 석굴의 법당 석굴 등이 있다. 이 모든 석굴의 완성된 모습이 까를라 법당 석굴이라고 한다. 그만큼 규모와 완성도가 뛰어난 석굴이다.

※ 입장료 있음

유적

1. 법당 석굴

테라스, 장식 기둥, 회랑, 불탑을 갖춘 법당 양식의 석굴인데 모든 석재가 단 하나의 바위라는 사실이 놀라운 곳이다. 너비는 14m, 높이는 14m, 깊이는 45m인데, 단일 법당 석굴로는 인도를 비롯한 남아시아권에서 가장 큰 법당 석굴이다.

힌두신전에 의해 입구를 점령당해서 아쉬움 가득한 곳이지만 아소까 석주와 같은 구조의 석주 2개 중 하나만 남아 있는데 15m 높이의 석주 상단에는 네 마리의 사자상이 있다. 2개의 8각 기둥으로 된 테라스 양면에는 각각 세 마리의 코끼리가 있고 그 위에 여러 모습의 불상이 있다. 입구는 3개인데 각 입구의 양쪽에는 남녀 천신상이 수호신처럼 배치되어 있고 불상과 보살상이 벽면을 가득 채우고 있다. 그 위에 말발굽 형태의 문 장식들과 3줄의 난간 장식들이 있다. 불상과 보살상들은 모두 5세기 이후에 추

가로 조성된 것으로 연구되었다.

출입문을 통해 들어가면 채광창을 받치는 4개의 8각 기둥이 있고 법당 중앙과 회랑을 가르는 석주가 양쪽에 각각 15개가 있는데 상단부에는 모두 아름다운 천신들이 조각된 장식이 있다. 7개의 장식이 없는 8각형 석주가 불탑을 둘러싸고 있다. 불탑은 3줄의 난간 장식이 있는 원통형의 2중 기단부와 반구형의 상단부로 되어 있으며, 사각형의 보개寶蓋와 나무로 된 상륜부가 있다.

천장은 반원형으로 되어 있다. 서까래 역할을 하는 것처럼 보이는 티크목Teakwood 재질의 나무 장식이 있다. 이 나무들은 보수작업을 한 몇몇 개의 나무를 제외하고는 2,000년의 세월을 견딘 원형 그대로의 재료와 모습을 유지하고 있다. 입구 쪽의 채광창에도 목재가 사용되었다.

석굴 입구를 들어왔을 때, 오른쪽에 해당하는 회랑의 석주에는 채색 불화가 몇 개 남아 있는데 5세기 이후에 그려진 것으로 조명을 비추어야 볼 수 있다. 부처님을 상징하는 몇 개의 조각품들이 일부 석주에 남아 있다.

2. 그 외의 유적들

스님들을 위한 승방을 비롯한 몇몇 석굴이 남아 있지만, 대부분이 많이 훼손된 석굴들이라 2층으로 된 승방 석굴을 제외하고는 모두 출입을 제한하고 있다. 승방과 저수조貯水槽가 있는 석굴도 남아 있다.

순례 가는 길

1. 드나드는 길

- 까를라 석굴을 순례하기 위해서는 로나왈라^{Lonavala}를 기점으로 하는 것이 가장 유용하다. 물론 뭄바이에서 머물면서 차량을 이용하여 하루 만에 다녀갈 수도 있지만 로나왈라 주변의 모든 석굴을 다 둘러볼 수가 없다. 뭄바이에서 기차를 이용하여 도착하는 방법이 가장 좋은데 여러 기차(No.11007, No.12127, No.11301, No.11029, No.22159, No.11019, No.22732 등등)가 있으므로 시간-좌석 상황에 따라 어렵지 않게 이용할 수 있다. 로나왈라는 작은 도시이므로 큰 짐이 없다면 역에서부터 어지간한 숙소까지는 걸어가도 무방할 것이다.

- 로나왈라에서 까를라 석굴 입구까지는 오토릭샤를 이용하면 제일 편하다. 뿌네^{Pune}로 가는 시외버스를 이용해서 까를라 석굴로 가는 갈림길까지 가서 거기서 오토릭샤를 이용하거나 걸어서 가도 되지만, 버스 시간을 맞추기도 어렵고 힘든 일이 많으므로 권하고 싶지 않다. 까를라 석굴, 베드세 석굴, 바자 석굴, 꼰다네 석굴을 묶어서 지역 여행사의 임대 차량을 이용하여 하루 만에 돌아보는 것이 좋은 방법이다.

2. 묵을 곳, 먹을 곳

- 가장 좋은 선택은 기차역과 도시 중심부까지 걸어 다닐 수 있는 곳에 숙소

를 마련하는 것이다. 대부분의 숙소가 밀집된 곳이기도 하고 식당, 여행사도 함께 있으므로 여러 가지로 유리하다. 인터넷 상의 여러 예약 사이트로 숙소를 예약할 수 있는데, 외국인이 숙박할 수 있는 숙박업소인가를 반드시 확인해야 낭패를 보지 않는다. (예약 확정을 받은 뒤에 외국인이라는 이유로 일방적인 예약 취소 통보를 여러 번 받은 경험이 있다.)

• 햄버거 등을 파는 세계적인 패스트푸드 체인점도 있고, 다양한 현지 식당도 있으므로 식사를 하는 일이 그리 어렵지 않지만, 채식주의자를 위한 식당이 더 많다. 역 근처에 있는 시장은 해 질 무렵에 열리는데 다양한 과일과 식재료를 판다. 차량을 임대해서 4곳의 석굴을 순례할 때는 반드시 마실 물을 챙겨서 다녀야 한다.

*20세기 인도불교 역사에서 빼놓을 수 없는 중요 인물인 B.R. 암베드카르의 출생지가 마하라슈트라 주州이기 때문인지 곳곳에서 그의 동상이나 사진을 쉽게 볼 수 있는데 로나왈라도 예외는 아니다. 거의 모든 인도에서 동그란 안경테, 양복과 넥타이를 차려입은 모습을 하고 있다.

*석굴을 오르내리는 길은 언제나 복잡하고 주차장은 늘 빈자리가 없다. 임대한 차량의 운전기사와 만날 장소를 미리 정해놓고 순례하는 것이 좋다. 주차장에서 석굴로 올라가는 길은 언제나 힌두교 순례자들로 인해 번잡하다. 시간적인 여유를 내어 문을 여는 오전 9시에 도착한다면 석굴의 온전한 느낌을 즐길 수 있다.

*법당 석굴의 입구를 침해하고 있는 힌두교 신전은 중남부 인도 사람들이 주로 섬기는 에끄위라Ekvira 여신을 숭배하는 곳으로 힌두교 순례객들이 끊이질 않는다. 이들로 인해 까를라 불교 석굴 출입구의 온전한 모습을 볼 수 없지만, 힌두교가 절대적인 권력을 가지고 있는 인도인지라 개선될 희망은 없어 보인다.

바자 석굴군
Bhaja Caves
인도 마하라슈트라 Maharashtra 주州

개요

불교 석굴사원이 산 중턱에 자리잡고 있어서 길가의 작은 안내판을 확인하기 전에는 입구를 짐작하기조차 어렵다. 오후의 햇살이 석굴 전체를 비추면 오전과는 다른 석굴의 면모가 보여 순례자의 발걸음을 더디게 만드는 묘한 매력을 뽐는다.

계단을 따라 올라가다 보면 걸어서 올라온 것이 억울해서 되돌아가기 싫어질 만한 곳에 매표소가 있다. 요즈음은 계단이 시작되는 곳에 입장료가 있음을 알리는 아주 작은 팻말이 있다.

어느 조각이나 마찬가지지만 햇빛의 각도에 따라 천신이나 보살상의 미소는 다르게 다가온다. 문 닫을 시간이 되면 발아래로 펼쳐지는 데칸고원의 저녁 노을을 즐기기에 부족함이 없는 곳이다.

역사

현재 남아 있는 고대 비문碑文에 의하면 서기전 2세기부터 조성된 석굴로 인정되고 있다. 서기 4세기까지 증축 · 보수를 한 기록이 남아 있는 중요한 초기불교 석굴사원이다.

이러한 바자 석굴사원은 아라비아해에서 동쪽 데칸고원으로 이어지는 중요한 고대 무역로에 있는 바자 마을에서 120m 높이에 있다. 바자 석굴은 초기불교 석굴의 중요한 특징 중 하나인 많은 불탑과 비문을 가지고 있다. 이곳의 대표적인 석굴인 법당 양식의 12번 석굴은 말발굽 형태의 천정을 가지고 있는데 목조 건축물의 양식을 차용해서 발전시킨 좋은 예이다. 따블라Tabla라는 인도 전통악기 조각도 남아 있는데 중앙아시아나 중동 지방과의 연관성을 보여주는 예로 인정되고 있다.

※ 입장료 있음

유적

1. 5번 석굴, 6번 석굴

5번 석굴은 단순한 형태의 중앙광장과 5개의 석실, 1개의 미완성 석실
이 있는 승원 양식으로서 장식이나 문양이 없는 석굴이다.

6번 석굴은 중앙광장을 중심으로 3면에 석실이 있고, 입구 정면의 석실
은 내부에 석실을 추가로 조성한 승원 양식의 석굴이다. 각 석실의 문 위
에는 반원형의 장식과 3줄의 난간 장식이 조각되어 있다.

2. 9번 석굴, 11번 석굴

9번 석굴은 11번 석굴의 2층에 해당하는 베란다가 있는 석굴로 3줄의 난
간 장식, 일부가 파손된 동물 형상의 조각 등이 있는 승원 양식 석굴이다.

11번 석굴은 중앙광장을 중심으로 2면에 석실이 있는 승원 양식으로는
이곳에서 가장 넓은 2층 석굴이다. 베란다와 입구가 무너져 있다.

3. 12번 석굴

이 법당 석굴은 로나왈라 지역의 석굴 중에서 서기전 2세기에 지어진 최초의 법당 양식 석굴일 것으로 추정하고 있다. 단순한 팔각기둥이 회랑을 형성하고 있으며 법당 내부 중앙에는 초기 양식의 불탑이 있다. 불탑은 단순한 원통형 기단 위에 반구형의 상단이 있고 그 위에 사각 보개寶蓋가 2단으로 되어 있다. 불탑에 가까운 기둥 일부에는 부처님을 상징하는 7가지 상징물을 조각해 놓았다.

천장은 반원형으로 되어 있는데 서까래는 아잔타와는 다르게 티크목Teakwood으로 되어 있다. 입구 왼쪽에는 천신天神 조각이 남아 있는데 반대편은 훼손되어 있다. 입구에는 채광창이 있었던 흔적이 있고, 그 위에 말발굽 형태의 장식과 3줄로 된 난간 장식들이 남아 있다. 석굴의 폭은 8m, 길이는 18m이다.

4. 13번 석굴, 14번 석굴, 17번 석굴

13번 석굴은 전면이 무너진 모습으로 남아 있고 안전상의 문제로 출입이 금지된 2층 석굴이다. 3줄로 된 난간 조각 장식과 말발굽 형태의 입구 장식이 있고 내부에는 석실들이 있다.

14번 석굴은 7개 석실이 비대칭으로 조성되어 있는 석굴이다. 석실에는 돌침대가 있고 일부 돌침대에는 물건을 수납할 수 있는 감실龕室이 있다.

전면이 무너져 있어서 입구의 장식은 확인할 수 없다.

17번 석굴은 승방으로 쓰인 5개의 석실과 중앙광장 왼쪽에 의자로 쓰인 것으로 보이는 단이 있다. 입구에 있는 석실은 지붕이 무너졌고 저수조 2개가 있다. 석실 비문에는 나다사와Nadasava라는 기증자의 이름, 우물 비문에는 윈후다타Vinhudata라는 기증자의 이름이 있다.

5. 부도탑과 봉헌탑

원통형 기단과 반구형의 상단으로 된 초기 불탑 양식의 탑 14개가 한 곳에 모여 있다. 그 중에는 이곳에서 거주했던 3분의 스님인 암삐니까Ampinika, 담마기리Dhammagiri, 상가디나Sanghdina의 부도탑이라는 비문이 남아 있고, 스따위라나 바단따Stavirana Bhadanta라는 사람이 이분들을 존경한다는 비문도 있다. 2개의 탑에는 한국에서는 노반露盤이라고 부르는 사각 장식과 보륜寶輪−보개寶蓋에 해당하는 장식이 있다. 5개는 석굴 내부에, 9개는 석굴 외부에 있다.

6. 19번 석굴

4각과 8각으로 된 6개의 기둥이 있는 베란다를 가진 위하라 양식의 석굴이다. 베란다의 양쪽에는 눈여겨 볼만한 조각들이 있다. 4마리의 말이 끄는 전차를 타고 있는 태양신 수르야^{Surya}와 코끼리를 타고 있는 신들의 왕 인드라^{Indra}(제석천)의 조각이 있다.

반대편에는 말을 탄 사람과 춤추는 사람들의 조각이 있다. 테라스의 천장은 목조건물 서까래 같은 모습을 하고 있고 그 아래에 감실처럼 공간이 있는데 탑과 천신들이 조각되어 있다. 닫혀 있는 2개의 출입문 좌우에는 수호신이 조각되어 있다. 내부에는 말발굽 형태의 장식이 있는 입구를 가진 2개의 석실과 중앙광장이 있고 벽면에는 감실이 조성되어 있다.

7. 그 외의 석굴

앞에서 소개한 석굴 이외에도 무너진 석굴들, 미완성 석굴들, 다양한 크기의 저수조 등이 유적지 전체에 늘어서 있다.

순례 가는 길

1. 드나드는 길

- 로나왈라에서 머물면서 차량을 임대해서 까를라 석굴, 베드세 석굴, 꼰다네 석굴 등과 함께 순례하는 방법이 최선이다. 일반 교통편을 이용해서 순례를 다닐 수 있는 곳은 아니다. 자세한 것은 까를라 석굴편을 참조하면 된다.

2. 묵을 곳, 먹을 곳

- 먹을 곳도 없고 묵을 곳도 없으므로 로나왈라에서 해결하는 것이 최선이다. 미리 마실 물을 준비해 가야 한다. 자세한 것은 까를라 석굴편을 참조하면 된다.

베드세 석굴군
Bedse Caves

인도 마하라슈트라 Maharashtra 주州

개요

　드문드문 시골집들이 있는 시골길을 따라가다 보면 자칫 그냥 지나치기
쉬운 팻말이 유적지를 안내한다.

　데칸고원의 더운 바람이 불어오는 산길에 까마득한 느낌으로 다가오는
계단들을 하나씩 밟고 올라가면 친근함으로 가득한 석굴들이 있다. 동쪽
을 향하고 있는 이곳의 석굴들은 크고 화려한 석굴이 아니라 수행자들이
정과 망치로 몇 세대를 이어가며 조성한 수행의 결과물 같은 모습으로 다
가온다.

　스님들만의 힘으로 조성한 석굴이 아닌 것은 분명하지만 다른 석굴에 비
해 수행처의 정갈함이 느껴지는 것은 필자만의 상상일지도 모른다. 다른
석굴에 비해 작은 승가공동체가 있었던 자취가 고스란히 느껴지는 석굴들
은 오랜 세월이 지났어도 크게 훼손되지 않아 순례자의 발길을 오래도록
붙잡는 곳이다.

역사

　이 석굴은 베드사 석굴^{Bedsa Caves}로도 알려져 있으며 뭄바이–뿌네^{Pune} 고속도로의 인근에 있는데 로나왈라^{Lonavala}라는 도시에서 가깝다. 석굴의 역사는 서기전 1세기 경의 사따와하나^{Satavahana} 왕조시대까지 거슬러 올라가는 것으로 연구되었다. 사따와하나 왕조는 인도 중부 데칸고원 전역을 다스리던 왕조로 서기전 2세기에서 서기 3세기까지 유지되었던 왕조이다. 서기 5세기까지 유지되었던 것으로 밝혀진 이 석굴의 가장 큰 특징은 후대에 추가된 불상이나 보살상이 하나도 없다는 것이다.

유적

1. 법당 석굴

거대한 바위 중간을 깎아 만든 좁고 긴 입구를 지나면 법당^{Cetiya / Sk. Chaitya} 석굴을 마주할 수 있다. 온전히 남아 있는 석굴 입구의 베란다에는 소, 말, 코끼리, 사자(?)를 타고 있는 천신이 상부에 조각된 2개의 기둥과 좌우 벽에 반만 조각된 기둥이 있다. 팔각으로 된 기둥의 상부는 아소까 석주와 거의 같은 구조이다.

석굴 입구의 좌우에는 인도 고대 건축양식에서 볼 수 있는 아치형(말발굽)의 토라나가 있는 승방이 있다. 법당의 출입구는 2개인데 출입구 상부에는 반원형의 채광창이 있다. 출입구의 오른쪽에는 격자 모양으로 된 채광창이 있고 법당과 승방의 출입구 위로 여러 개의 말발굽 형태의 장식과 3줄의 난간 장식, 격자 문양 장식이 조각되어 있다.

법당 내부에는 단순한 모양의 팔각기둥이 대칭으로 줄지어 있어 회랑을

만들었고, 불탑 오른쪽의 5개 기둥에만 법륜, 꽃, 스와스띠까^{Swastika} 조각 등이 남아 있다. 기둥에는 채색 그림의 흔적을 볼 수 있으나 남아 있는 그림은 없다. 이 석굴의 가장 안쪽에는 부처님을 상징하는 3줄로 된 난간 장식이 있는 2단으로 된 원통형의 기단과 반구형半球形의 상단, 보개寶蓋, 연꽃 모양의 보주寶珠 장식이 있는 불탑이 있다.

법당 석굴 내부에도 승방을 조성하려 했던 흔적도 남아 있다. 둥근 지붕의 천장에는 목재로 된 반원형의 장식(까를라 석굴 참고)들이 줄지어 있었던 것으로 추측하지만 현재는 그 자취를 찾아볼 수 없다. 후대에 추가된 불상과 보살상의 흔적이 전혀 없는 석굴로서 초창기 불교 석굴의 형태를 가장 잘 유지한다고 할 수 있다. 입구에는 석굴 조성에 도움을 준 후원자의 이름이 남아 있다.

2. 승방 석굴

법당 석굴의 북쪽에 있는 승방^{Kuti} 석굴은 13개의 승방이 말발굽 형태로 배치되어 있다. 좌우가 거의 대칭인 모습을 하고 있는데 바깥쪽의 승방은 많이 훼손되어 있다. 안쪽에 있는 9개의 승방과 바깥쪽의 4개의 승방 사이에는 목재로 된 문이 있었던 것으로 연구 되었다. 각 승방에는 모두 돌침대가 있고 작은 감실龕室이 있는 승방도 있다. 입구마다 말발굽 모양의 토

라나가 있고 산치 대탑에서 볼 수 있는 난간 같은 장식이 서로 연결되어 있다. 한국의 꽃살문 같은 장식도 벽면에 남아 있다. 입구에는 스님들의 생활용수로 사용하던 저수조가 남아 있다.

3. 기타 유적

유적지의 가장 북쪽에는 무너진 승방과 저수조가 있고 법당 석굴과 승방 석굴 사이에 탑을 조성하려 했던 흔적과 저수조가 있다. 유적지의 가장 남 쪽에는 단순한 반구형의 불탑이 미완성의 모습으로 남아 있고 마멸된 반 구형의 작은 불탑과 저수조, 의자 등이 남아 있다.

순례 가는 길

1. 드나드는 길

- 로나왈라에서 머물면서 차량을 임대해서 까를라 석굴, 바자 석굴, 꼰다네 석굴 등과 함께 순례하는 방법이 최선이다. 일반 교통편을 이용해서 순례 를 다닐 수 있는 곳은 아니다. 자세한 것은 까를라 석굴편을 참조하면 된다.

2. 묵을 곳, 먹을 곳

- 먹을 곳도, 묵을 곳도 없으므로 로나왈라에서 해결하는 것이 최선이다. 미리 마실 물을 준비해 가야 한다. 자세한 것은 까를라 석굴편을 참조하면 된다.

꼰다네 석굴군
Kondhane Caves

인도 마하라슈트라 Maharashtra 주州

개요

    울하스Ulhas 강을 따라 난 비포장 시골길을 차를 타고 달려가다가 복사용지 2장 크기의 안내판을 보면 멈춰야 한다. 안내판도 화살 표시도 없는 산길을 대충 짐작으로 열심히 올라가다 보면 철조망을 통과해야 하는 산길이 이어지고, 이 길이 맞나 싶은 생각을 몇 번이나 하게 된다.

    사람이 다닌 흔적을 지남指南으로 삼아 올라가다 보면 숨겨진 보석 같은 석굴을 만날 수 있다. 겉으로 드러난 석굴은 이렇게 땀을 흘리며 올라갈 만한가 라는 생각이 들지만, 찬찬히 뜯어보면 이곳 석굴만의 특징이 다양하게 다가온다. 하지만 정말 이런 노력을 해가면서 순례해야 하는지 회의懷疑가 들 수도 있다. 그러나 로나왈라까지 왔으면 빼놓지 않고 봐야 할 석굴이다.

역사

꼰다네 석굴은 로나왈라의 까를라 석굴에서 직선거리로 10Km 정도의 북서쪽에 있다. 하지만 산길로는 갈 수 없고 1시간 30분~2시간 정도의 도로를 우회해서 가야 한다.

석굴 양식이나 조각들을 유추하여 서기전 2~3세기 때에 조성한 석굴이라고 인정한다. 석굴을 조성한 사람이나 후원자에 대한 정보는 남아 있지 않다. 석굴의 입구가 보이기 전까지는 석굴의 자취를 찾을 수 없을 만큼 외진 곳에 있어서 은둔 수행자들을 위한 석굴로 보인다.

유적

1. 법당 석굴

부처님을 상징하는 불탑, 석주, 회랑 등이 있는 법당 양식의 석굴이다. 불탑의 탑신과 상부, 석굴의 기둥과 벽면도 많이 훼손되어 있는데 인도스럽게 보수를 해놓았다. 부서진 석굴의 잔해가 석굴 내부에 정리되지 않은 모습으로 널려 있다.

석굴 입구에는 많이 훼손된 천신상이 남아 있고, 입구의 채광창은 남아 있는 흔적으로 보아 3개의 아치형 목재가 있었을 것으로 보이는데 2개만 남아 있다. 입구 상단에는 말발굽 형태의 문장식과 3줄의 난간 장식이 빼곡히 조각되어 있다. 격자 무늬의 조각도 빼곡히 있으며, 활을 든 남녀 천신상을 비롯한 천신상도 비교적 양호한 모습으로 남아 있다. 입구 왼쪽에는 기둥과 천정을 연결하는 목조 한옥의 첨차檐遮 같은 장식이 남아 있는데 다른 석굴에서는 보기 드문 것이다.

2. 승원 석굴

몇 개의 승원 석굴이 남아 있지만, 중앙광장과 승방 석실이 남아 있는 석굴은 1개이다. 이 석굴의 특징은 천정에 사각형의 문양이 있는 것이다. 천정은 대들보처럼 조각한 것과 대들보에 연결된 사각형으로 된 문양이 마치 한국의 우물井 천장과 닮았다. 삼면에는 각각 6개씩, 모두 18개의 석실이 있는데 각 석실의 입구 상단에는 말발굽 형태의 장식과 세 줄의 난간 장식이 있다.

무너진 테라스 부분의 상단은 말발굽 형태의 장식과 세 줄의 난간 장식, 여러 줄의 계단식 장식이 있고 한쪽 벽면에는 초기 불탑 양식 탑이 부조로 남아 있다.

3. 기타 유적

석굴의 가장 안쪽에는 저수조貯水槽가 있는 석굴들이 남아 있고, 그 중간에는 입구와 벽이 무너진 (9개?) 승방 석굴들의 흔적이 남아 있다. 석실들은 돌침대가 있었던 자취가 있고 일부 석실에는 감실龕室이 있다.

순례 가는 길

1. 드나드는 길

- 로나왈라에서 머물면서 차량을 임대해서 까를라 석굴, 바자 석굴, 베드세 석굴 등과 함께 순례하는 방법이 최선이다. 일반 교통편을 이용해서 순례를 다닐 수 있는 곳은 아니다. 자세한 것은 까를라 석굴편을 참조하면 된다.

- 로나왈라에서 출발하여 까르자트Karjat 마을-카라완디Kharavandi 마을을 거쳐 울하스Ulhas강을 따라 난 시골길을 달리면 비포장 길이 거의 끝나는 지점에 두어 채의 시골집이 있다. 그곳에 사진과 같은 안내표지판을 만날 수 있다. 그곳에서 약 600m

의 산길을 걸어 올라가면 석굴을 만날 수 있다. 초행길이라면 마을 사람에게 약간의 사례를 하고 길잡이를 부탁하는 것이 편하다.

2. 묵을 곳, 먹을 곳

• 비포장길이 시작되기 전에 몇몇 리조트가 있으나 입구가 닫혀 있는 것으로 봐서 사전 예약하지 않고는 숙식을 해결하기 어려울 것이다. 굳이 숙박해야 할만한 여정은 아니므로 먹을 것과 묵을 곳은 로나왈라에서 해결하는 것이 최선이다. 미리 마실 물과 간식을 준비해가야 한다. 자세한 것은 까를라 석굴편을 참조하면 된다.

깐헤리 석굴군
Kanheri Caves

인도 뭄바이 Mumbai

개요

공원 입구를 지나서 온갖 소리를 다 내며 덜컹거리는 유료 셔틀버스를 타고 정글 같은 숲길을 지나면 인도의 단일 지역에 가장 많은 석굴이 밀집된 깐헤리 석굴이 나온다. 다시 입장료를 내고 길을 따라가면 검은 표면을 가진 바위산의 서쪽 계곡을 따라 빼곡하게 조성된 석굴 사원들에 의해 압도되어 잠시 할 말을 잃게 되는 곳이다.

기록에 따라 다르지만 현재 공식적으로 101개의 석굴이 있다고 한다. 이 많은 석굴이 각기 다른 모습으로 남아 있는 이곳을 순례하다 보면 한국 사람의 상상력으로는 당시 인도인의 생각을 헤아리기가 무척 어렵다. 그저 대단하다는 감탄사가 이어질 뿐이다.

역사

현재의 이름인 깐헤리는 '검은 산'을 의미하는 산스크리트어 크리슈나기리, 또는 깐하기리에서 유래되었다. 크리슈나기리는 검은 피부를 가진 '크리슈나 신의 언덕'이란 뜻으로 주로 검은색의 현무암과 화산 각력암으로 되어 있다. 제일 높은 곳은 해발 약 460m이다.

오랜 옛날부터 무역항로의 중요한 뭄바이 지역에 자리 잡은 이 석굴들은 서기전 1세기경에 소빠라Sopara 지역에서 온 스님에 의해 처음 조성되기 시작한 것으로 알려졌다. 3세기 경에는 이 지역의 중요한 불교 사원이었으며 10세기까지 스님들이 살았던 기록이 남아 있다.

10세기 후반의 유명한 스님인 아띠사Atisha(980~1054) 존자가 라훌라굽

따[Rahulagupta] 스님으로부터 불교 명상수행을 배우기 위해 이곳에 머물렀다는 기록이 남아 있다. 다른 석굴 사원들에 비해서 많은 문자가 남아 있어서 조성연대, 후원자의 이름 등을 알 수 있다.

이 석굴들의 기증자와 보시자의 이름과 거주지에는 그리스, 아랍 등의 외국과 인도의 여러 지방의 이름과 인물들이 언급된다. 또한 16세기부터 이곳을 드나들었던 유럽인들에 의해서도 많이 언급된 석굴들이다.

※ 입장료 있음 – 공원 입장료 / 석굴 입장료 별도 징수

유적

워낙 많은 석굴이 있어서 모두 설명하기 어려워서 개인적인 관점으로 중요한 석굴만 언급한다. 더 상세한 것을 알고 싶은 분들은 전문 자료를 확인하기 바란다.

1. 2번 석굴

매표소를 지나 두 번째에 있는 석굴로 전면이 넓고 긴 석굴이다. 3기의 초기 불탑과 불탑을 둘러싼 다양한 불상이 있는데 불상들은 후대에 추가한 것이다. 2개의 승방이 있으며 승방 입구의 벽면에도 불상과 감실이 남아 있다. 석굴 전면의 상부에는 목재를 꽂았을 것으로 추정되는 사각 구멍이 남아 있다.

2. 3번 석굴

법당 석굴로서 입구 난간, 베란다, 석주, 회랑, 불탑이 있으며 빤두레나(나식) 석굴의 제 18번 석굴과 같은 구조로 되어 있다. 석굴 입구의 비문에 서기 170년 경에 이곳을 통치했던 야즈나 스리 사따까르니^{Yajna Sri Satakarni} 왕의 이름이 있어 왕의 재위 시절에 석굴을 조성한 것으로 추정하고 있다.

광장에서 석굴로 들어가는 입구에는 세 줄로 된 난간 장식이 있으며 양쪽에 나가蛇神가 수호신으로 조성되어 있다. 이 입구를 지나면 작은 광장이 있고 여기에 2개의 석주가 서 있는데 아소까 석주를 많이 닮아 있다. 테라스에 해당하는 석굴 입구의 조각들은 각기 다른 시대에 조성된 것으로 보인다. 출입구 좌우에는 각기 2쌍의 남녀 천신들이 조각되어 있다.

이 조각들이 가장 오래된 것이고, 좌우의 석불 입상과 출입문 벽면의 불상들은 후대에 추가로 조성한 것으로 보인다. 불상과 보살상, 천신 조각 한켠에 6세기에 유명했던 붓다고사(Buddhaghosha) 스님이 언급된 비문이 있다.

입구 상단에는 채광창이 있고 내부에는 회랑이 있으며, 모두 30개의 8각 기둥이 있는데 그 중 17개의 석주에는 천신들이 불탑에 예경禮敬 올리는 등의 천신상이 조각되어 있다. 내부 중앙에는 원통형 하단에 반구형의 상단으로 된 불탑이 있다. 반원형의 천장은 까를라 석굴처럼 목재로 된 서까래가 있었을 것으로 추정한다.

3. 4번 석굴

원통형의 석굴 안에 불탑이 있다. 석굴의 벽에는 다양한 모습의 불상들이 빼곡히 조각되어 있다. 불탑은 불상이 조각된 원통형의 하단부와 반구형의 상단, 상부의 보개寶蓋 장식을 갖추었다. 후대에 불상을 추가한 것으로 보이는 이 석굴이 이곳에서 가장 오래된 석굴로 추측하고 있다.

4. 11번 석굴

5세기 이전에 조성된 것으로 추정하는 이 석굴은 마하라자Maharaja(위대한 왕) 석굴, 또는 다르바르Darbar Cave 석굴이라고 불리는 곳이다. 스님들이 모여서 공양을 하던 식당, 법회를 하던 설법장Dharmasala 등의 용도로 사용했을 것으로 추정하며, 최대 500명이 앉을 수 있는 석굴이다. 엘로라의 5번 석굴과 같은 용도로 사용한 것이다.

입구 왼쪽에는 저수조가 있고 8개의 8각 기둥이 있는 테라스가 있다. 3 개의 출입문과 2개의 창이 있는 석굴의 중앙에는 불상을 모신 석실이 있는 데 석실의 두 면에만 불상이 조성되어 있다. 정면에 있는 설법인의 불상에 는 연화장보살, 금강장보살이 협시脇侍로 있다. 중앙광장과 승방 사이에는 회랑이 있고 승방은 모두 10개가 있다.

5. 34번 석굴

두 개의 사각기둥을 가진 테라스가 있는 석굴이다. 여타의 석굴과는 구 조가 달라서 빼놓지 말고 봐야 할 석굴이다. 특히 깐헤리 석굴에서 유일하 게 석굴 천장에 회벽을 만든 뒤, 채색한 미완성의 불화가 남아 있다. 불단 이 있는 석실과 기둥, 승방 등이 있다. 연결된 33번 석굴 앞에는 빗물을 모 으는 물길과 웅덩이, 스님들이 빨래할 때 사용한 작은 웅덩이가 있다.

6. 41번 석굴

이 석굴은 입구 오른쪽에 있는
십일면관음상으로 유명한 석굴이
다. 4각과 원형으로 된 4개의 기
둥이 있는 돌출된 테라스가 있으
며 테라스 오른쪽에 부처님 협시
로 십일면관음상이 있다. 내부의
중앙 석실에는 불상과 보살상이
있으며 중앙의 불상 좌우에는 협
시처럼 서 있는 불상이 배치되어
있다. 중앙광장 좌우에 각 1개씩
승방이 있다. 상당히 후대에 조성
된 조각들이라고 여겨진다.

7. 49번, 50번 석굴

49번 석굴은 2개의 8각 기둥으로 된 작은 테라스가 있는 석굴인데 석실
내부의 두 방향에 의자처럼 사용할 수 있는 단이 있다. 의자가 없는 쪽에
는 1개의 승방이 있다.

50번 석굴은 기둥이 없는 테라스가 있고, 테라스의 좌우에 많은 불상이

조각되어 있다. 석실 내부는 49번 석굴과 같은 의자가 있으며 불상을 모셨을 것으로 추정하는 감실이 석굴 중앙에 있다. 의자가 없는 쪽에는 2개의 승방이 있다.

8. 67번 석굴

4개의 4각과 8각으로 된 기둥이 있는 테라스가 있고, 기둥 아래에도 장식 조각들이 있다. 테라스 좌우에도 많은 불상과 보살상 등의 조각이 있는데 빼어난 모습의 관세음보살상이 좌우 협시와 함께 있다. 테라스 아래의 좌우 작은 석실에도 불상과 보살상이 있다.

석굴 내부 3면에는 엄청난 숫자의 불상과 보살상, 천신상, 재가불자의 상이 있다. 좌불상은 대부분 설법인說法印을 하고 있으며 서 있는 불상은 여원인與願印을 하고 있다. 중앙광장의 좌우 벽면에는 각각 2개의 승방이 있다.

9. 89번, 90번 석굴

　89번 석굴은 장식이 있는 2개의 4각 기둥이 있는 테라스가 있고, 테라스 좌우와 석굴 중앙의 석실, 석굴 내에는 작은 규모지만 많은 불상과 보살상이 남아 있다.

　90번 석굴은 2개의 8각 기둥이 있는 테라스와 석굴 내부의 4면에 불상, 보살상, 천신상이 조각되어 있다. 석굴 중앙에 자리 잡은 석실 내부에도 화려한 불상과 보살상이 조각되어 있다. 석실 중앙에 불상이 있던 자리에는 아쉽게도 불상 없이 훼손된 흔적만 남아 있다. 이 석굴의 입불상立佛像들은 9~11세기 때의 중북부 인도에서 볼 수 있는 불상의 특징이 있다. 보살상과 천신상들은 다른 석굴보다 화려한 머리 장식과 다양한 장신구들로 치장하고 있다. 테라스의 오른쪽에 승방으로 보이는 석실이 1개 있다.

10. 저수조貯水槽, 설법단, 기타

이 석굴군이 있는 바위산의 정상으로 올라가면 4개의 큰 저수조가 나란히 있다. 이곳에서 수행하던 스님들이 물을 저장하여 사용하던 곳이다. 몇몇 곳의 석굴 입구에도 지하 저수조가 남아 있는데 스님들의 생활용수로 사용되었다. 그리고 정상으로 올라가는 길목에도 저수조로 보이는 웅덩이 여러 개가 남아 있다.

79번 석굴과 83번 석굴 사이에는 법사 스님이 설법할 때 앉았던 설법단이 있다. 좌우에 팔걸이 용도로 보이는 조각도 보인다. 이러한 설법단은

깐헤리 곳곳에 남아 있다.

일부 석굴에는 지붕 역할을 하는 곳에 빗물이 석굴의 좌우로 흘러가도록 만든 물길도 볼 수 있고 용도가 불분명해 보이는 미완성의 석굴 흔적들이 많이 남아 있다.

34번 석굴 입구에서 볼 수 있는 물웅덩이와 빨래하던 웅덩이가 여러 석굴 입구에도 많이 남아 있다.

순례 가는 길

1. 드나드는 길

1) 뭄바이 도착 / 출발

- 뭄바이는 인도의 경제 중심도시라서 뭄바이의 차트라바티 시바지 공항으로 도착하는 국제선 항공편이 많은 도시이다. 인도 각지에서 뭄바이까지 연결하는 국내선 항공편도 많다.
- 뭄바이에는 다른 도시를 연결하는 중요한 3곳의 기차역 – 차트라바티 시바지Chhatrapati Shivaji 기차역, 다다르Dadar 기차역, 로크마냐 틸락Lokmanya Tilak 역이 있다. 이 3곳의 기차역을 이용하면 거의 모든 지역으로 이동할 수 있다. 각 역에는 예매 창구가 있어서 기차표를 구할 수 있으며 유료 물품보관소Cloak room에 가방을 맡겨 놓을 수도 있다.
- 시외버스를 이용해서 다른 도시로 이동할 수는 있으나 그 어떤 이유로도 추천할 만한 교통편은 아니다.

2) 뭄바이 시내

- 차트라바티 시바지 기차역(CST)과 처치 게이트Church-gate 기차역에서는 뭄바이 시내와 근교를 연결하는 전철을 이용할 수 있다. 노선에 따라 출발하

는 역이 다르므로 반드시 확인해야 한다. 출퇴근 시간의 전철은 상상을 초월하게 복잡하므로 안전 문제 때문에 추천할 수 없다.

- 시내버스는 비교적 이용하기 쉽지만, 장거리를 이동하는 것은 유용하지 않다. 필자의 경험으로는 20~30분 이내의 이동 거리가 아니라면 안전 문제가 있으므로 이용하지 않는 것이 좋다.

- 미터기를 사용하는 택시가 있고 우버, 올라^{Ola} 등의 호출 택시가 있다. 뭄바이 시내 지리를 잘 아는 경우라면 어느 쪽을 이용해도 괜찮지만 처음 방문하는 사람이라면 스마트폰에 호출 택시의 앱^{App}을 설치해서 이용하는 것이 안전하고 요금 시비를 줄일 수 있다.

3) 깐헤리 석굴 가는 길

- 택시를 이용하여 산자이 간디 국립공원^{Sanjay Gandhi National Park} 입구까지 바로 가거나 전철을 이용해서 보리발리^{Borivali} 역까지 이동한 뒤에 공원 입구까지 약 900m를 걷거나 오토릭샤를 이용하여 이동하면 된다.

- 공원 입장료를 내고, 공원 안으로 들어가서 30분 간격으로 운행하는 버스를 타고 깐헤리 석굴 입구까지 이동하면 된다. 사설 미니버스도 운행하는데 요금은 비싸지만, 만석이 되면 바로 출발하므로 시간을 절약할 수 있다.

2. 묵을 곳, 먹을 곳

- 중요한 3곳의 기차역 주변에는 다양한 등급의 숙소가 있고, 공항 주변에도 많은 숙소가 있다. 또한 유명한 관광지인 인도의 관문^{Gateway Of India} 주변에는 최고급 호텔을 비롯한 다양한 등급의 숙소가 있다. 타 지역에 비해 숙박 요금이 비싼 편에 속한다. 인터넷을 통한 예약으로 가고자 하는 목적지에서 가까운 곳으로 숙소를 정한다면 교통체증이 심한 뭄바이에서 시간을 절약

할 수 있다.

- 인도 여러 지역의 음식을 비롯하여 다양한 국적의 음식을 먹을 수 있는 도시라서 꼭 한국 음식을 찾지만 않는다면 선택의 폭이 넓다.
- 석굴사원 내에 식당과 매점이 있으므로 장시간 머물게 되더라도 간단한 식음료를 해결할 수 있다.

차트라바티 시바지 마하라즈 바스투 상그라하라야^{Chhatrapati Shivaji Maharaj Vastu}
^{Sangrahalaya} 박물관(옛 이름은 Prince of Wales Museum of Western India)

*게이트웨이 오브 인디아에서 가까운 박물관으로 1922년에 정식으로 개관하였으며, 1998년에 지금의 이름으로 바뀌었다. 인도-사라센 양식의 건물이며 인

도의 여러 종교건축 양식을 추가했다. 이 박물관에는 약 50,000여 점의 고대 인도 유물과 외국 유물들을 소장하고 있다. 이 박물관은 세계 4대 문명발상지인 인더스 문명 유물과 마우리아 왕조, 굽타 왕조, 찰루키아 왕조, 라쉬트라쿠타 왕조 시대의 유물을 비롯하여 다양한 인도 유물들을 소장하고 있다. 파키스탄 미르푸르카 지역의 불상, 불탑 발굴 유물이 전시되어 있으며, 다

양한 지역과 시대의 불상과 보살상, 불교 유물들이 전시되어 있다. 시간을 내어서 꼭 들러봐야 할 박물관이다.

*조게쉬와리 석굴Jogeshwari Caves은 불교 석굴사원으로 알려져 있으나 현재는 힌두교에서 점령하고 있다. 주택 밀집 지역의 가운데 있어서 찾아가기가 쉽지 않고 불교적인 유물이 없어서 굳이 찾아갈 만한 이유는 없다고 생각한다.

*뭄바이에는 게이트웨이 오브 인디아, 엘레판타 섬, 인도인의 자존심이라는 따즈 호텔Taj Mahal Hotel, 평생 빨래로 생계를 유지하는 사람들이 있는 도비 가트, CST라는 약칭으로 불리는 기차역 등등 식민지 시대의 많은 건축물과 인도인들에게 중요한 여러 신전, 종교 건축물이 많이 있으므로 시간을 내어 천천히 둘러볼 만하다.
깐헤리 석굴이 있는 산자이 간디 국립공원도 많은 인도인이 방문하는 유명한 공원이다. 불교도로서 초기불교 수행에 관심이 있다면 뭄바이 북부 웃딴Uttan 지역에 있는 Global Vipassana Pagoda도 가볼 만하다.

*뭄바이 유명 관광지를 다닐 때, 대중교통을 이용할 때는 항상 소지품을 잘 간수해야 한다.

마하깔리 석굴군
Mahakali Caves
인도 뭄바이 Mumbai

개요

엉뚱하게도 시바신의 아내 중의 하나인 깔리^{Kali} 여신의 이름을 가진 마하깔리 석굴사원은 뭄바이 북부 안데리^{Andheri} 지역의 마을 한가운데 자리 잡고 있다. 비교적 높은 위치에 있어서 도시의 풍경이 내려다보이는 동남쪽의 석굴들은 잘 정비되어 있다. 복잡하고 소란스러운 뭄바이에서 잠시 한적함을 즐길 수 있는 석굴사원이 늘어서 있는 곳이다. 길 건너에 있는 힌두교 깔리사원 때문에 이런 이름으로 불리게 되었다고 한다. 초기 불탑이 허물어지면서 마치 시바신의 링가^{Linga}처럼 보여서 힌두교인들이 시바신전처럼 이용했을 가능성도 충분히 의심된다.

역사

서기전 1세기에서 서기 6세기까지 조성된 이 석굴사원의 정확한 명칭은 꼰디비테Kondivite 석굴이며 현무암과 각력암으로 이루어져 있다. 남동쪽으로 입구가 있는 석굴들이 좀 더 오래된 것으로 조사되었다. 모두 19개의 석굴이 남아 있는데 온전한 모습을 하고 있는 석굴은 많지 않다. 일부 자료에는 아소까 대왕 시절부터 석굴사원이 조성되었다고 하지만 확실한 근거는 찾을 수 없다. 이 석굴 사원들을 조성하는데 지원한 왕족이나 재가자들의 이름이나 연혁沿革을 기록한 고대문자에 대한 자료도 충분하게 남아 있지 않다.

※ 입장료 있음

유적

1. 2번 석굴

4개의 사각기둥과 난간 장식의 테라스가 있는 법당 석굴이다. 입구 상단에는 말발굽 모양의 장식이 있고 좌우에는 격자 모양의 장식이 있다. 법당 내부에는 불상을 모셨던 자리로 추정되는 단이 있다. 이 석굴의 좌우에 1번, 3번 석굴이 있는데 스님들의 거처로 사용된 것이다. 1번과 2번 석굴이 연결되는 곳에 저수조가 있다.

2. 4번 석굴

중앙광장이 있는 법당 양식의 석굴로 4개의 8각 기둥으로 된 테라스가 있다. 내부의 중앙 벽면에는 불상을 조성했던 흔적이 있고 좌우 벽면에는 승방이 있다. 서기 3~4세기에 조성된 것으로 조사되었다.

3. 9번 석굴

이곳에서 가장 크고 가장 오래된 석굴로 입구는 무너진 흔적이 보이고 내부에는 격자무늬의 창窓이 있는 실린더 형태의 원통형 석실이 있다. 그 내부에 3줄로 된 난간 장식이 있는 불탑의 상단이 훼손되기는 했지만 반구형과 원통형으로 이루어진 초기 불탑의 모습을 간직하고 있다. 석실의 오른쪽 벽에는 의자에 앉은 설법인의 불상과 작은 불상들이 있고 얼굴이 훼

손된 입상立像의 불상 등의 조각이 남아 있다. 지금은 거의 보이지 않는 서기 3세기 때의 글씨가 남아 있는데 "빠치까마에 사는 고타마 종족의 브라만 뻿띰바가 그의 형제와 함께 석굴을 보시했다."고 적혀 있다.

보드가야 근처에 있는 바라바르Barabar 석굴의 구조와 많이 닮았다.

4. 13번 석굴

이곳에서 가장 아름다운 기둥을 가진 석굴이다. 베란다에는 4각-12각-원형으로 이루어진 2개의 기둥이 있고 석굴 내부에는 8각-원형으로 이루어진 4개의 기둥이 있다. 석굴 내부는 중앙광장과 7개의 석실이 있는데 정면 중앙의 석실은 입구에 화려한 장식과 불단이 남아 있는 법당이다.

5. 북서 방향의 석굴들

1번 석굴은 두 개의 사각기둥이 있는 베란다, 2개의 석실과 베란다 우측에 감실이 있다. 2번 석굴은 기둥과 장식이 없는 두 개의 문과 두 개의 창문이 있다. 식당으로 사용했을 것으로 추정한다. 3번 석굴은 위하라 양식의 석굴인데 입구에 2번 석굴과 통하는 문이 있다. 팔각기둥이 있는 베란다가 있고 중앙광장 정면에는 장식이 있는 문을 가진 석실이 있는데 불상을 모신 것으로 보이는 불단이 있고, 좌우에 석실의 흔적이 있다. 중앙광장에는 배수로가 보인다. 베란다 좌우에도 사각형의 감실이 있다. 4번 석굴은 화려한 장식 기둥이 있는 베란다를 가진 석굴로, 감실과 돌침대가 남아 있으며 승방으로 사용되었다.

이곳에서 남동 방향의 1번 석굴로 가는 길에는 부서진 봉헌탑 등의 유물이 남아 있다.

순례 가는 길

1. 드나드는 길

• 뭄바이까지 가는 방법은 깐헤리 석굴편을 참고하면 된다.

뭄바이 시내에서 전철을 이용하여 안데리Andheri 역까지 이동한 뒤에 333번 버스를 이용해서 종점에서 내리면 된다. 일반 택시나 우버 택시 등을 이용해서 다니는 것도 좋은 방법이다.

2. 묵을 곳, 먹을 곳

• 깐헤리 석굴편을 참고하면 된다. 석굴 주변에는 몇 곳의 작은 상점이 있다.

CHAPTER 5

대탑과 남인도

산치 대탑

아마라와띠

나가르주나콘다

오온五蘊이 일어나고 사라지는 것을

관찰하지 않고

백 년을 사는 것보다

오온이 일어나고 사라지는 것을 관찰하며

단 하루를 사는 것이 더욱 값지다

−법구경 113

산치 대탑 Sanchi Stupa
인도 마드야 쁘라데쉬 Madhya Pradesh 주州

개요

넓고 거칠게 펼쳐진 데칸Deccan 고원에 우뚝 솟아 웅장한 자태를 자랑하는 산치 대탑은 인도 불탑의 전형典型을 보여 주는 탑이다. 언덕 위에 자리잡고 있어서 주변 풍광이 뛰어나고 아름다운 사랑 이야기가 더해진 뛰어난 조각을 가진 불탑은 이천 년이 넘는 세월을 훌쩍 뛰어넘어 지금까지 멋진 자태를 뽐내고 있다. 부처님께서 지내시거나 직접 다녀가신 적이 없는 곳이지만 이런 장엄한 탑을 조성하여 오늘날도 그 자리에 현존하고 있는 불교 유적으로 순례자의 발길을 끌고 있다.

탑 유적과 사원 유적들이 언덕 위에 넓게 펼쳐져 있고, 남아 있는 조각들은 그 당시 인도인들의 예술성을 잘 보여 주고 있다. 불상을 조성하지 않았던 시대에 만들어진 산치 대탑에는 부처님이 나투시는 모습을 빈 대좌, 보리수, 법륜, 불탑과 같은 상징을 통해 현현顯現함을 표현하였다.

언덕 위의 불탑에서 맞이하는 노을이 탑의 곳곳에 스밀 때 수많은 불제

자와 석공들의 노력의 결실인 불탑은 자금紫金의 부처님 몸인 양 밝게 빛
나며 데칸 고원을 가득 채우는 듯하다. 그 아래에 펼쳐지는 아소까 대왕
과 그의 아내 이야기가 산치 대탑을 더욱 신비롭고 아름답게 한다.

역사

산치의 옛 이름은 까까나야Kakanaya로 알려져 있다. 인도의 탑들 중 거의
온전하게 본래의 모습을 그대로 그 자리에 보존하고 있는 탑들이 있는 산
치 유적지에는 서기전 3세기부터 12세기까지 1500년에 걸쳐 불교가 이
어져 왔던 흔적을 불탑, 조각, 사원 건축을 통해 확인할 수 있는 중요한
불교 유적지이다. 그러나 특이하게도 불교 유적에 대해 세부적인 사항까
지 매우 자세하게 기록했던 7세기 중국의 현장 스님이 이곳에 대해서는
전혀 언급하지 않았다.

1. 최초의 기록

스리랑카 역사서인 마하왐사Mahāvaṃsa(대사大史)와 디빠왐사Dīpavaṃsa(도사

島史)에서 최초로 산치 대탑에 대해 언급하고 있다. 아소까^{Asoka / Ashoka}(서기전 304-232?) 대왕이 마우리아^{Maurya} 왕국의 왕이 되기 전에 웃자인^{Ujjain} 지방의 총독으로 주둔하는 동안 위디사^{Vidisa / Vidisha} 지방 상인의 딸인 데위^{Devi}와 결혼한 사실과 아들과 딸이 있었음이 기록으로 남아 있다.

아소까와 데위 사이에 태어난 아들 마힌다^{Mahinda / Sk. Mahendra}와 딸 상감미따^{Saṅghamittā / Sk. Saṅghamitrā}는 출가하여 스님이 되었다. 마힌다 스님이 죽음을 목전에 둔 어머니인 데위를 방문했을 때, 데위는 아들인 마힌다 스님을 그녀가 지은 아름다운 웨디사기리^{Vedisagiri} 사원으로 데리고 가서 아버지인 아소까 대왕과 관련된 이야기를 한다.(나중에 스리랑카로 법을 전하러 갈 때 이곳에서 한 달을 머물렀다고 한다.)

마힌다 스님은 어머니 데위가 죽은 다음, 웃자인을 떠나 형제들을 죽이고 권력을 쟁취하여 정복 전쟁을 벌이는 동안 그들의 존재를 까맣게 잊고 있던 아소까 대왕을 찾아가서 어머니의 소식을 전했다. 아소까 대왕이 데위를 기리기 위하여 불탑을 세운 것이 바로 산치 대탑이다. 일설에는 그녀의 무덤 위에 탑을 세운 것이라는 이야기도 전한다. 아소까 대왕은 진리^{Dhamma}에 의한 통치를 선언하고 정복 전쟁을 그만두었으며, 그리스 지배를 받던 박트리아^{Bactria}까지 전법사傳法師를 보내어 불교를 전했다. 그 전법사 가운데 스리랑카에 최초로 불교를 전한, 자신의 아들과 딸인 마힌다 스님과 상감미따 스님이 있다.

2. 이후의 역사

당시 부유하고 인구가 많은 위디사에 근접하여 있던 산치는 도시 근교에 있었고, 두 개의 중요 무역로에 있을 뿐만 아니라, 두 개의 강 베뜨와^{Betwa}와 베스^{Bes}의 합류점에 있어서 불교 사원이 번창하는데 필요한 이상적인 모든 조건을 갖췄다. 산치에 있는 봉헌 비문에 의하면, 불교 사원 설립에 필요한 경제적 지원은 위디사의 부유한 상인 계층 사람들의 신앙심으로부터 나왔음을 보여 준다.

숭가Sunga 왕조(서기전 2세기~서기전 1세기)에서도 산치의 사원들은 계속 그 명성을 이어 갔고, 그 이후에 발달한 사따와하나Satavahana 왕조(서기전 3세기~3세기)에서도 종교적인 영향력과 위치는 힘을 잃지 않았다.

서기전 1세기 무렵 이란 북동부에 있던 시치토-파르티안Scytho-Parthian 왕조와 쿠샨Kushan 왕조의 침공, 지금의 마드야프라데쉬Madhya Pradesh 서부 지역인 말와Malwa 지역에서 끄샤뜨라빠Kshatrapa 왕조(35-405)가 들어서서 산치의 건축 활동이 약화弱化되게 하였다.

끄샤뜨라빠 왕조에 이어서 등장한 굽따Gupta 왕조는 예술적인 발전에 필요한 경제와 정치적 안정을 가져왔다. 이때 산치에도 사암으로 만들어진 마투라 양식의 불상이 조성되었는데 산치에 불교가 계속 존재하였음을 알려 준다. 굽따 시대에 조성된 사원은 뛰어난 예술성을 볼 수 있고, 산치 대탑의 네 입구에 모셔진 불상이 굽따 시대의 작품이다.

하르샤와르다나Harshavardhana 왕(606-647) 때에 왕의 지지가 산치 지역의 불교를 번성하게 하였고 여러 불교 사원이 세워졌다. 하르샤와르다나 왕이 죽은 후, 인도 북부는 정치적인 혼란에 들어갔지만, 산치는 이러한 정치적 변화에 영향을 받지 않았던 것으로 보인다.

산치에서 불교가 어떻게 막을 내렸는지는 알려지지 않고 있다. 13세기라고 추정하는 비쉬누Vishnu, 가네샤Ganesha 등의 신상과 힌두교 유물들이 발굴되고 있지만, 이 시기에는 불교 건축물이 세워진 흔적이 없어서 산치에서 어떻게 불교가 사라졌는지는 알 수 없다.

3. 영국 식민지 시대

영국의 테일러Taylor 총독이 산치 유적을 발견했던 1818년에서야 대중의 관심이 생겼지만 지나친 관심으로 유적과 유물들은 아마추어 고고학자나 보물을 찾는 사람들에 의해 손상을 입게 된다.

1822년 보팔Bhopal에 근무하던 존슨Johnson 대위가 산치 대탑의 한쪽 면을 꼭대기에서 바닥까지 개방함으로써 공기가 들어가 서쪽 문West Gateway과 난간이 끝나는 부분의 붕괴를 초래하였다. 제 2번 탑도 부분적으로 파괴되었다.

1851년 커닝엄A. Cunningham은 메이시F.C. Maisey와 함께 제 2번 탑과 3번 탑을 발굴하여 그 속에서 유골함을 발견했다. 그들은 산치 대탑의 중앙에서 작은 기둥을 내려앉게 하여 더 이상의 유물을 찾을 수 없게 하였다. 마을 사람들의 약탈과 수목들이 무성하게 자라서 탑들은 훼손되었다. 자민다르Zamindar라는 사람이 아소까 석주를 사탕수수 즙을 짜기 위한 압축기로 사용하려고 파괴하기도 하였다.

1881년 콜Cole 소령이 산치 지역을 보수, 보존하는 작업을 하였고, 1912~1919년 ASI의 마샬John Marshall에 의해 대규모 보수 작업이 진행되었다. 1936년 인도인 하미드Mohammad Hamid가 발굴했으며, 1993~1994년 보팔 지역Bhopal Circle의 ASI 팀은 묻혀 있는 구조물들을 드러내기 위한 소규모 발굴 작업을 시행하여 고대 은화를 비롯한 많은 유물을 발굴하였다.

1995~96년 발굴 때, 제 2번 탑으로 가는 고대古代 길과 물탱크와 남쪽의 탑들과 사원들, 서쪽 경사면으로 가는 길에 묻힌 구조물들, 24개의 봉헌탑 등의 많은 사원 유적을 발굴했다. 1996~97년 발굴 작업으로 대략 서기 1~4세기 사이에 벽돌을 이용한 건축 활동이 있었음이 알려졌다. 은화銀貨를 비롯한 여러 유물을 발굴하였다.

유적

산치 대탑의 주 유적지는 동서로 201m, 남북으로 384m의 넓이에 펼쳐져 있다. 물탱크와 사원 유적, 제 2번 탑은 산치 대탑의 서쪽 경사진 곳을 내려가면서 볼 수 있는데 산치 대탑으로부터 320m 떨어져 있다.

1. 산치 대탑(제 1번 탑)

네 개의 문을 가진 제 1번 탑은 직경 36.6m, 옥개屋蓋 또는 보개寶蓋라고 불리는 우산 모양의 상륜부를 포함하는 높이 16.46m의 크기를 가지고

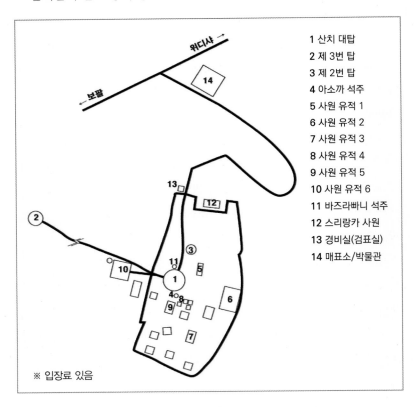

1 산치 대탑
2 제 3번 탑
3 제 2번 탑
4 아소까 석주
5 사원 유적 1
6 사원 유적 2
7 사원 유적 3
8 사원 유적 4
9 사원 유적 5
10 사원 유적 6
11 바즈라빠니 석주
12 스리랑카 사원
13 경비실(검표실)
14 매표소/박물관

※ 입장료 있음

있다. 탑신의 중간에 높게 위치한 원형圓形의 테라스는 남쪽에서 두 부분으로 갈라진 계단을 통해 올라갈 수 있다. 1층, 즉 기단부에는 돌로 포장된 경행로가 있는데 아름답게 조각된 4개의 문을 통해 들어갈 수 있다.

① 탑신塔身

처음 산치 대탑이 조성될 때는 마우리야 왕조의 영향으로 구운 벽돌과 회반죽으로 만들어졌다. 그 위에 사암을 벽돌처럼 잘라 붙이기로 마감을 했고 상륜부, 테라스와 네 개의 문, 난간, 바닥 등도 사암으로 만든 것이 지금의 모습이다. 탑의 상단은 사각의 테라스로 이루어져 있고 그 가운데 상륜부는 3개의 보개寶蓋로 되어 있다. 테라스의 난간은 사각 기둥으로 되어 있고 가로의 돌은 타원형으로 되었으며, 가장 바깥 난간의 기둥은 팔각으로 되어 있다. 기둥과 기둥을 잇는 가로의 돌은 역시 타원형으로 이루어졌다. 일부 기둥과 바닥 석재에는 한때 이 지역을 통치했던 사타와하나 왕조의 불교 후원자들 이름이 새겨져 있다.

산치 대탑에는 굽타 시대인 5~6세기 경에 조성된 선정인Dhyana mudra의 불상이 네 개의 문 안쪽에 각각 봉안되어 있다. 많이 손상되기는 했으나 화려하고 정교한 광배와 균형 잡힌 아름다운 모습을 하고 있다.

② 네 개의 문 Torana / The gateway

남쪽 문이 가장 먼저 지어졌으며, 북·동·서쪽은 시대적으로 조금 뒤에 지어진 것으로 연구되었다. 남쪽 문이 가장 많은 손상을 입고 있으며 북쪽이 가장 잘 보존되어 있다. 각 문의 전체 높이는 8.53m이다. 문 기둥 위에 있는 세 개의 수평으로 된 돌단Torana 양면에는 다양한 주제를 표현한 조각들이 여백 없이 장엄莊嚴이 되었고, 각 단의 끝부분은 스와스띠까

Swastika / Svastika(卍자의 일종인 나선형) 장식으로 되어 있다. 불상이 조성되기 전에 만들어졌기 때문에 부처님은 보리수, 탑, 빈 의자, 법륜, 불족적 등으로 표현되어 있다.

가. 북쪽 문

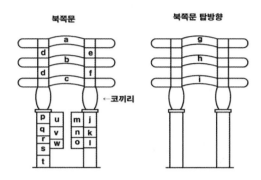

북쪽 문 상단(정면)

a. 과거 7불을 상징하는 5개의 탑과 2그루의 보리수 **b.** 과거 7불을 상징하는 7그루의 보리수 **c.** 부처님 전생담 – 보시를 잘하던 웨산따라 왕자의 이야기^{Vessantara Jataka}와 알람부사의 전생담^{Alambusa Jataka} **d.** 풍요의 여신인 락슈미^{Lakshmi}가 연화대에 있음 **e.** 사르나트(녹야원)에서의 초전법륜 **f.** 법륜(설법) – 스라와스띠(?)

북쪽 문 상단(탑 방향)

g. 부처님의 전생담 – 6개의 상아를 가진 코끼리 왕^{Chhaddanta Jataka} **h.** 수자따의 유미죽 공양, 마라^{Mara}의 공격과 패퇴敗退, 마라의 세 딸 유혹과 극복 **i.** 부처님 전생담 – 보시를 잘하던 웨산따라 왕자의 이야기

a ~ f   g ~ i

j   m   p   u

오른쪽 기둥 (정면)

j. 부처님께서 도리천의 천신으로 태어난 어머니 마야 왕비에게 설법하시면서 3개

월을 보내시고 인간 세계로 내려오심 – 상까샤 k. 싯닷타 왕자의 사문유관 또는 출

가(숫도다나 왕이 부처님을 만나러 출발하는 모습이라고도 함 – 까삘라왓투

l. 부처님께서 고향을 방문하셔서 석가족에게 설법을 하심 – 까삘라왓투

오른쪽 기둥 (측면)

m. 먼 곳(타지방, 외국)에서 온 18명의 사람이 탑에 예배하고 있고 4명의 간다르

바^{Gandharva}(건달바乾達婆)가 악기를 연주하고 있다. 부처님께서 반열반 하셨을 때의

상황이라고도 함 n. 꼬삼비 근처 빠릴레이야까 숲에서 머무실 때 원숭이가 부처님

께 꿀을 공양 올림 **o.** 부처님께서 고향인 까삘라왓투를 방문하실 때 부왕父王이 마중을 나옴. 예의를 갖추는 문제 때문에 부처님께서 공중을 걸어가심

왼쪽 기둥 (정면)

p. 세 가지 신통력을 보이신 후에 천상으로 걸어 올라가시는 부처님 – 스라와스띠
q. 부처님께서 기원정사에 계실 때 머무신 건물 세 곳 (여래향실Gandhakuti, 꼬삼바꾸띠 Kosambakuti, 까로리꾸띠Karorikuti) – 스라와스띠 **r.** 부처님께서 경행經行을 하심 – 스라와스띠 **s.** 빠세나디Pasenadi / Sk. Prasenajit 왕이 부처님을 뵙기 위해 가는 행렬 – 스라와스띠 **t.** 즐겁게 노니는 도리천의 천신들

왼쪽 기둥 (측면)

u. 제석천Sakka/Śakra(Indra)과 천신들이 왕사성의 인드라살라 석굴Indrasala Cave에 계시는 부처님을 방문하고 예배 올림 – 제석문경帝釋問經Sakkapañha Sutta. D21을 설하심
v. 마가다국의 왕(빔비사라 또는 아자따삿뚜)이 부처님을 방문하기 위해 왕궁을 나섬
w. 빔비사라 왕이 죽림정사에 계시는 부처님을 방문하여 예배하고 설법을 들음

나. 동쪽 문

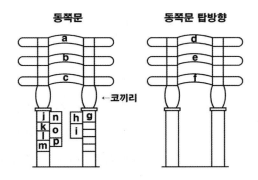

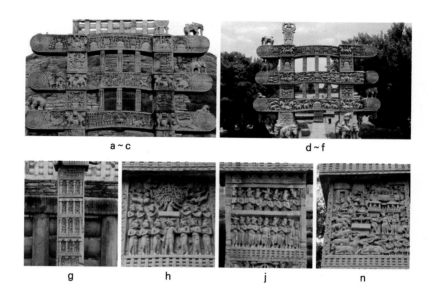

a ~ c   d ~ f

g   h   j   n

동쪽 문 상단 (정면)

a. 과거 칠불을 나타내는 다섯 개의 탑과 두 그루의 보리수 **b.** 싯닷타 왕자의 출가 – 왼쪽에는 야소다라가 있는 궁전 **c.** 아소까 대왕이 부처님께서 깨달음을 성취하신 보드가야의 보리수를 방문함

동쪽 문 상단 (탑 방향)

d. 과거 칠불을 상징하는 일곱 그루의 보리수 **e.** 숲속(정글)에서 많은 짐승이 부처님께 예배함 **f.** 근본 8탑의 하나인 랑그람^Rangram 탑

오른쪽 기둥 (정면)

g. 욕계 6천의 천상세계 : 아래에서 위로 올라가며 사왕천四王天 ^Cātummahārājika, 도리천忉利天 ^Tāvatiṃsa, 야마천夜摩天 ^Yāma, 도솔천兜率天 ^Tusita, 화락천化樂天 ^Nimmānaratī, 타화자재천他化自在天 ^Paranimmita-vasavatti

오른쪽 기둥 (측면)

h. 숫도다나 왕과 신하들이 까삘라왓투를 방문한 부처님을 찾아가서 예경禮敬을 함 i. 도솔천에 머물던 호명보살이 마야왕비의 태중에 육아백상六牙白象의 모습으로 들어감, 마야왕비가 숫도다나 왕이 방문했을 때, 왕에게 태몽을 이야기함, 부왕인 숫도다나 왕이 부처님을 뵙기 위해 왕궁을 떠남, 까삘라왓투 성 밖에 머무시는 부처님을 숫도다나 왕이 방문함

왼쪽 기둥 (정면)

j. 부처님께서 깨달음을 성취하신 후, 3번째 7일 동안 경행經行을 하심(Cankamana)
k. 부처님께서 보리수 아래에서 깨달음을 성취하심 l. 부처님께서 불을 섬기던 가섭 삼 형제를 제도하시기 위해 네란자라 강에서 물 위를 걷는 신통력, 강물이 부처님의 머리 위로 흐르게 하고 발밑에서는 먼지가 나게 하는 신통력 등을 보이심
m. 마가다 왕국의 빔비사라(아자따삿뚜?)왕이 부처님을 뵙기 위해 왕궁을 떠남

왼쪽 기둥 (측면)

n. 우루웰라 가섭Uruvela-Kassapa을 제도하시기 위해 그의 처소에 계실 때, 브라흐마梵天와 인드라(帝釋天)가 부처님을 친견하러 내려옴. 번성했던 우루웰라의 모습 o. 부처님께서 불을 섬기던 우루웰라 가섭의 사원에서 섬기던 뱀Naga(한문 경전에서는 독룡毒龍)을 제도하심 p. 부처님께서 불을 섬기던 우루벨라 가섭의 사원에서 나무에 불이 붙지 않도록 하시고, 도끼가 바닥에서 떨어지지 않게 하는 등의 신통력을 보이심

다. 남쪽 문
남쪽 문 상단 (정면)

a. 연못 위에서 연꽃을 잡고 서 있는 풍요의 여신 락슈미와 코끼리가 물을 뿜는 장

면 **b.** 아소까 대왕이 근본 8탑의 하나인 랑그람^{Rangram} 탑을 해체하려는 것을 막은 나가와 그 종족들 – 오른쪽은 아소까 대왕과 수행원들, 왼쪽은 나가와 그 종족들. 아야추다^{Ayachuda / Arya-Kshudra}의 제자인 발라미뜨라^{Balamitra}가 보시를 했다는 문자가 남아 있다. **c.** 꾸웨라^{Kuvera / Kubera}들과 연꽃, 그리고 꽃 장식들

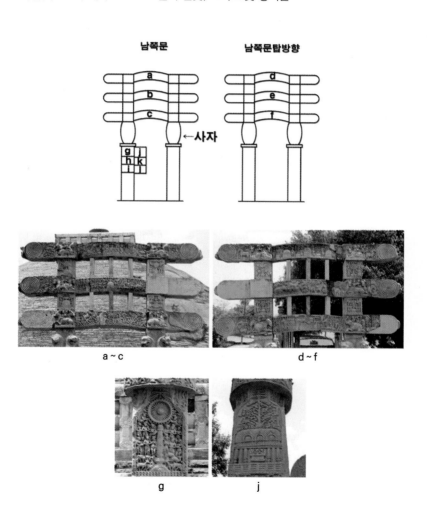

남쪽문 남쪽문탑방향

a ~ c   d ~ f

g   j

남쪽 문 상단(탑 방향)

d. 과거 7불을 상징하는 3개의 불탑과 4그루의 보리수, 왼쪽의 말은 부처님의 출가를 상징 **e.** 부처님의 전생담 – 6개의 상아를 가진 코끼리 왕^Chhaddanta Jataka **f.** 부처님의 다비가 끝난 후, 부처님의 사리를 차지하기 위해 7곳의 나라에서 사신과 군대를 보냈다. 사리를 차지하기 위한 전쟁이 일어나기 직전까지 되었다. 도나^Dona / Sk. Drona라는 브라만이 중재를 하여 사리를 8등분 하여 나누어 가져갔고, 모두 탑을 세워 봉안하였다.(근본 8탑) – 꾸시나가르

왼쪽 기둥(정면)

g. 아소까 대왕과 두 명의 왕비가 초전법륜 성지인 녹야원을 순례함 **h.** 성지 순례를 하는 아소까 대왕의 행렬 **i.** 마라^Mara와 그 권속들의 행렬

왼쪽 기둥(측면)

j. 아소까 대왕이 금강보좌가 있는 보리수를 위해 지붕이 없는 사원을 지음. **k.** 아소까 대왕이 띠쉬야락쉬따^Tishyarakshita 왕비의 질투 때문에 보리수가 무시되는 것을 보고 슬픔에 몸을 가누지 못해 두 왕비의 부축을 받음 **l.** 싯닷타 왕자가 출가하여 머리카락을 잘라 서원을 세우며 하늘로 던지자 도리천의 신들이 머리카락을 받아서 천상에 탑을 세움

라. 서쪽 문
서쪽 문 상단(정면)

a. 과거 칠불을 상징하는 3개의 불탑과 4그루의 보리수 **b.** 녹야원에서의 첫 설법
c. 부처님의 전생담 – 6개의 상아를 가진 코끼리 왕^Chhaddanta Jataka

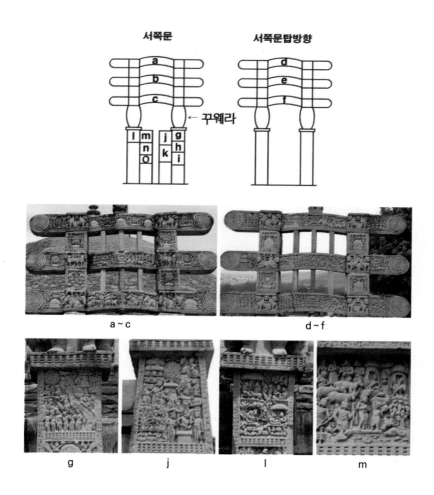

서쪽문   서쪽문탑방향

← 꾸웨라

a ~ c   d ~ f

g   j   l   m

서쪽 문 상단 (탑 방향)

d. 부처님의 다비가 끝난 뒤, 부처님의 사리를 옮기는 행렬 e. 부처님의 반열반 후에 사리를 차지하기 위해 7곳에서 사신과 군대를 보냄 – 꾸시나가르 f. 마라^{Mara}를 굴복시키고 깨달음을 성취하시는 부처님. 왼쪽은 호법선신護法善神, 오른쪽은 패

배를 인정하고 등을 돌려 떠나는 마라의 권속들 – 보드가야

오른쪽 기둥 (정면)

g. 원숭이 왕이 8만 마리의 원숭이들이 살던 망고나무 숲을 차지하려고 공격해 온 브라흐마닷따^{Brahmadatta} 왕과 군대로부터 원숭이들을 보호하고 죽어가면서 왕에게 교훈을 남김 – 부처님의 전생담^{Mahakapi Jataka} h. 인간 세상에 태어나기 전, 도솔천의 호명보살로서 계실 때의 모습. 입태入胎 전에 천상의 신들에게 설법하심^{Adhyeshana} i. 깨달음을 성취하신 뒤, 라자야따나^{Rajayatana}나무 아래에 계신 부처님을 신들의 왕인 삭까^{Sakka}(제석천^{Indra})가 찾아뵙고 예배함 – 보드가야

오른쪽 기둥 (측면)

j. 열반을 성취하려는 보살 고따마를 방해하는 마라魔羅들의 공격과 보호하며 걱정하는 호법선신護法善神들의 모습. 아래에는 약속된 왕좌를 버리고 출가한 고따마 싯닷타 왕자를 걱정하는 세 명의 호법선신護法善神^{Yaksha} k. 석가족에게 설법을 하시는 부처님

왼쪽 기둥 (정면)

l. 도리천에서 천상의 행복을 누리는 천신들

왼쪽 기둥 (측면)

m. 부처님의 전생담–눈이 먼 부모님을 모시는 효심이 지극한 스야마^{Syama / Sama Jataka} n. 깨달음을 성취하여 부처님이 되신 것을 기뻐하는 나가^{Naga}와 나기니^{Nagini}들, 천신들의 모습 – 보드가야 o. 부처님께서 첫 설법을 하러 녹야원으로 가실 때, 뱃사공이 뱃삯을 요구하자 신통력으로 강을 건너심

2. 제 2번 탑

제 1번 탑에서 경사진 내리막길을 따라 서쪽으로 320m 떨어진 곳에 있다. 원형의 기단 위에 반구형의 탑신이 있고 기단은 계단을 통해 올라갈 수 있게 되어 있다. 크기와 모양은

제 3번 탑과 유사하지만 다른 탑에 있는 우산 모양의 보개寶蓋(보륜寶輪)도 없고 탑신 중간에 난간도 없으며 기단 부분에 L자 모양의 입구를 가진 울타리(난간)가 있지만, 문이 없어서인지 뭔가 허전한 느낌이 있다. 그러나 잘 보존이 되어 있는 터와 L자 모양의 4개의 입구, 입구 기둥에 다양한 부조들은 대탑보다 얕은 부조로 표현되었는데, 서기전 2세기 경으로 대탑 난간보다 이른 시기에 세워진 것으로 추정하고 있다.

난간의 기둥 중에서 꼭대기에서 바닥까지 조각이 된 출입구에 있는 몇 개를 제외한 나머지 난간 기둥들은 하나의 완전한 원형 돋을새김(浮彫)과 두 개의 반원형 돋을새김으로 장식되어 있다. 이 부조浮彫의 내용은 불교적인 주제라기보다는 장식적인 것이다. 입구의 난간 기둥을 제외한 나머지 부분은 원형과 반원형 안에 장식적인 모티프, 즉 꽃이나 식물 디자인, 실존하거나 실존하지 않는 동물들(코끼리 머리와 물고기 꼬리를 가진 수사슴, 여러 동물의 특징이 한 몸에 있는 마카라, 독수리의 머리 · 날개에 사자 몸을 한 신화적인 동물, 인간의 얼굴을 가진 사자, 기수가 타고 있는 반인반마, 말머리를 가진 여인과 같은 사실적이거나 전설적이거나 신화적인 동물들 포함), 나가(뱀의 왕), 인간 형상, 남녀 야차yaksha / yakshi, 낀나

라kinnara 같은 신들의 모습도 포함하고 있다.

부처님 생애의 중요한 장면이 조각으로 남아 있다. 말을 탄 사람은 없지만, 차양을 든 시종이 있는 마구를 갖춘 말(사문유관), 난간 안에 보좌를 갖춘 보리수(보드가야에서의 선정), 보좌 위에서나 탑에서의 법륜(부처님의 설법) 등으로 표현한 출가, 성도, 첫 설법, 반열반을 포함하는 조각이 있다. 제 1번 탑과 비교하면 단순한 조각으로 되어 있고 인도의 고유한 문양들로 이루어져서 처음에는 관심을 끌지 못하였다. 발굴을 통해 아라한arahant이신 열 분의 스님들 사리를 모신 탑인 것이 알려져서 큰 관심을 받게 되었다. A. 커닝엄은 탑의 중앙에서 서쪽으로 0.61m에 있던 사리함을 발견했다.

사리함의 동쪽 면에 '모든 스승들, 아라한 까사빠고따Kasapagota / Kasyapagotra와 아라한 와취야 수위자야따Vachhiya Suvijayata를 포함하는 모든 스승의 사리'라고 새겨져 있다. 또한, 이 상자 안에서 이름이 새겨져 있고 얼룩이 있는 활석으로 된 네 개의 작은 상자에 열 분의 아라한 유골이 보존되어 있는 것을 발견하였다. 이 상자와 사리함들은 지금 런던 대영 박물관에 보관되어 있다.

이름이 새겨진 아라한들은 까사빠고따Kasapagota, 헤마와따의 스승인 맛지마Majhima, 하리띠뿌따Harītiputa, 와취야 수위자야따Vachhiya Suvijayata, 그리고 까사빠고따의 제자인 마하와나야Mahavanaya, 아빠기라Apagira, 꼬디니뿌따Kodiniputa, 꼬시끼뿌따Kosikiputa, 고띠뿌따Gotiputa, 목갈리뿌따Mogaliputa(목갈리뿟따 띳사Moggaliputta Tissa)이다. 스리랑카의 역사서인 〈도사島史〉에는 목갈리뿟따 띳사 스님과 까사빠고따, 맛지마 스님이 언급되어 있다. 목갈리뿟따 띳사 스님은 제 3차 결집을 주도했던 스님이다. 이 기록으로 보면 부처님 이후 제 3세대에 해당하는 스님들의 사리가 모셔진 것이다.

제 2번 탑이 당대의 뛰어난 스님들의 사리를 모시고 있지만, 탑을 조성한 사람들이 부처님과 부처님의 직계 제자인 스님들에 대한 존경심을 표현하기 위하여 후대 스님들의 사리탑을 낮은 곳에 배치한 것으로 보인다. 이곳에서 발굴된 유물들은 유적지 입구에 있는 산치 고고학 박물관에 전시되고 있다. 또한, 이곳에서 발굴된 사리들은 런던으로 옮겨갔다가 되돌아와서 유적지 입구에 있는 스리랑카 사원에 모셔져 있다.

3. 제 3번 탑

제 1번 탑에서부터 북동쪽으로 45m 떨어진 곳에 있는 제 3번 탑은 규모 면에서는 제 1번 탑보다 훨씬 작지만 직경 15m, 높이 8.23m의 크기로 제 1번 탑의 모델이 되었다. 한 개의 문^{Torana / gateway}을 가지고 있으며, 반구형의 탑신 위에는 사각의 테라스가 있고 한 개의 보개寶蓋가 우산 모양으로 있다. 제 1번 탑과 마찬가지로 탑신의 중간에 원형의 테라스가 있고 사각기둥과 타원형의 난간이 있다. 테라스 난간의 사각기둥 중의 몇 개에는 꽃무늬 등의 조각이 새겨져 있다. 남아 있는 문자에 의하면, 한 사람이 두 개 탑의 계단 난간을 공양 올리는 일에 관여했다고 한다. 계단과 난간의 조각은 서기전 2세기 때, 추가로 지었다고 한다.

입구가 남쪽으로 있는 1개의 문은 높이가 5m이고 1세기 초엽에 만든 것으로 추정하며 제 1번 탑에서 볼 수 있는 조각들이 새겨져 있다. 이 탑이 가지고 있는 중요한 의미는 A. 커닝엄에 의해 탑신 중앙의 테라스 높이에서 부처님의 두 상수上首 제자인 사리뿟따Sariputta(사리불 존자)와 목갈라나Moggalana(목련 존자)의 유골을 모신 탑이라는 것이다. 1.5m 이상의 대형 석판으로 덮여 있는 사리함 내부에는 각각 사리뿟따와 목갈라나 존자를 나타내는 약자略字가 새겨진 뚜껑을 가진 두 개의 석관이 있었다.

이 뚜껑들은 현재 입구에 있는 박물관에 보존되어 있다. 백색의 활석 유골함이 있는 사리뿟따 존자의 관에는 두 개의 전단향이 있었고, 광채를 띠는 검은 용기의 얇은 도자기로 덮여 있었다. 유골함 안에는 작은 뼛조각, 7개 구슬, 진주, 석류석, 청금석, 수정, 자수정 등이 다양하게 들어 있었다.

뚜껑 안쪽 면에는 잉크로 사리뿟따 존자의 약자인 '사' 자가 쓰여 있다. 목갈라나 존자의 관에서는 두 개의 뼛조각이 들어있는 조금 더 작은 유골함을 발견했다. 뚜껑 안쪽 면에는 잉크로 목갈라나 존자의 약자인 '마' 자가 쓰여 있다. 이곳에서 발굴된 사리들은 런던으로 옮겨갔다가 되돌아와서 유적지 입구에 있는 스리랑카 사원에 모셔져 있다.

4. 아소까 석주 Asoka's Pillar

제 1번 탑의 남문 옆에는 부러진 아소까 석주가 서 있고, 남동쪽의 작은 건물 내에도 부러진 석주가 보관되어 있다. 그 외에도 많은 석주가 있

지만 여러 시대에 각기 다른 사람들이 세운 것이다. 사르나트의 사자상에 비해 위용이 떨어지기는 하지만 석주 상단을 장식하던 사자상은 유적지 입구에 있는 박물관에 보관되어 있다. 석주의 남은 부분에는 승단의 불화 不和를 일으키는 비구나 비구니는 승단으로부터 축출한다는 아소까 대왕의 칙령이 기록되어 있다.

5. 사원 유적 1

제 1번 탑의 북동쪽에 자리 잡은 이 법당은 편평한 지붕과 기둥을 가지고 있으며 남쪽으로 향하는 계단을 따라 높은 단에 서 있는 사각형의 법당이다. 두 겹의 연꽃잎 위에 앉아 계신 불상이 있고 불두佛頭 주위에 정교하고 화려하게 새겨진 광배가 있다. 6, 7세기에 세워진 것으로 보이는 이 사원은 10~11세기에 크게 확장되었다. 사원 중앙에 있는 2개의 기둥은 굽따 시대의 것이고, 기둥을 제외한 나머지 상부 구조들은 10~11세기의 것이다. 이 두 기둥은 오래된 건물 양식을 모방한 것으로 조사되었다. 불상은 원래의 좌대 위에 놓인 것이 아니라고 한다. 아마도 다른 사원에서 옮겨온 것이거나, 사원이 재건되었을 때 새로이 조성한 것으로 추정한다.

이 사원의 입구에는 5개의 머리를 가진 나기니Nagini(뱀신의 여왕)가 서 있다. 나가Naga(뱀신의 왕)와 짝을 이루는 나기니는 모두 삼보三寶의 수호신 역할을 한다.

6. 사원 유적 2 (유적지 분류 - 45번)

법당과 승원이 함께
있는 이 사원 유적은 제
1번 탑의 동쪽에 있는
계단으로 올라가면 동
쪽의 끝에 자리 잡고 있
다. 탑 형식의 법당과
그와 연결된 승원은 두

번에 걸쳐 건축되었는데, 좀 더 오래된 것은 7~8세기의 것이다. 이 사원
은 불단으로 사용된 공간, 서, 남, 북쪽의 방들, 석판으로 포장이 된 마당,
작은 탑의 기단석 3개, 기둥 있는 베란다의 가장자리 장식, 홀로 서 있는
기둥 등이 있다. 가장 나중에 세워진 승원의 동쪽 방과 감실龕室은 땅에
묻혀 있다.

새까맣게 불타 버린 7~8세기 사원의 잔해들 위에 새로운 사원이 9~10
세기에 건축된 것으로 조사되었다. 기둥이 있는 베란다도 지어졌는데 베
란다 바닥은 마당보다 1m 정도 더 높다. 이때 지어진 법당은 속이 비어
있는 뾰족탑sikhara의 모양이고 사각형의 법당과 전실前室을 갖추고 있다.
여기에 모셔진 불상은 연화 좌대 위에 항마촉지인bhumisparsa mudra을 하고 있
는데, 오른쪽 팔이 부서지고 곳곳이 떨어져 나갔으며 잘게 주름진 가사의
흐름이 남아 있다.

이 사원의 남쪽에는 화려한 광배를 가진 항마촉지인의 불상이 있는데
아주 얇은 가사를 입고 있다. 사원 건물의 입구와 외벽, 내부에는 힌두교
신들의 조각들이 많이 보이는데 불교에서는 이들은 모두 부처님께 귀의
한 호법선신으로 자리를 잡고 있다.

7. 사원 유적 3 (유적지 분류 – 40번 사원)

서로 다른 세 개의 시대적 건축 기법을 가지고 있는 흥미로운 사원 유적이다. 그중에서 가장 오래된 것은 아소까 탑과 거의 동시대라고 추정되는 마우리야 시대까지 거슬러 올라간다. 26.52m×14m×3.35m의 높은 직사각형 기단 위에 세워져 있고, 동쪽과 서쪽 면에 계단이 있는 두 개의 출입구가 있다. 원래의 구조물(반구형의 홀^{hall})은 목재로 만들어졌을 것으로 추정한다. 이 홀은 서기전 2세기 중엽에 화재로 인해 소실되었고, 타고 남은 목재의 흔적만을 남긴 채 사라졌다. 그 이후 기단은 기둥 있는 넓은 공간으로 잠시 사용되었는데, 10개씩 5줄로 된 50여 개의 부서진 기둥 하단부들이 현재까지 남아 있다. 무너진 건물 더미에서 수많은 기둥 토막들이 발견되어 기단의 확장된 부분의 붕괴와 함께 건물이 무너진 것으로 보인다. 이곳에서 발견된 몇몇 기둥에는 서기전 2세기 경 문자로 기증자가 새겨져 있다.

7~8세기 경에 작은 사원이 이 홀의 동쪽에 세워졌다. 일렬로 된 기둥들과 사각형 하단, 팔각형 상단이 그 자리에 재건축된 것도 바로 이 시기이다. 비록 처음 세워진 홀의 기둥보다는 작고 가늘지만 이 기둥들이 같은 시기에 속하는 것임이 봉헌 비문에서 확인되었다.

8. 사원 유적 4 (유적지 분류 – 17번 사원)

제 1번 탑 남문의 남동쪽에 있는 이 작은 사원은 낮은 기단 위에 세워졌다. 편평한 지붕의 사각형 사원인데, 정면에 4개 기둥으로 지탱되어 있는 테라스가 있다. 테라스의 특
징은 두 기둥씩 짝을 지어 네
마리의 사자가 있는 받침으
로 지붕을 받친 것이다. 19세
기에 이곳을 연구한 메이시
F.C. Maisey는 두 마리 사자가 받
치고 있는 연꽃 좌대 위에 앉아 있는 불상이 있다고 기록했지만, 지금은
흔적을 찾을 수 없다.

9. 사원 유적 5 (유적지 분류 – 18번 사원)

이 사원은 마우리야Maurya나
숭가Sunga 시대의 반원형 홀의
초기 양식을 토대로 세워졌
다. 7세기에 세워진 반원형의
내부를 가진 사원은 현재 12
개의 기둥만 남아 있는데 아
치형의 지붕을 가졌던 법당이다. 이 사원은 제 1번 탑의 남문과 마주하고
있으며 기단을 쌓고 그 위에 기둥을 세워 건물을 지었다. 남아 있는 기단
의 모습으로 사원이 처음 세워진 시기를 유추할 수 있었다.

인도 서부의 석굴 법당 양식과 유사하게 반원형의 내부 모습과 중앙에
불상 또는 탑의 배치, 측면과 후면으로 회랑이 있는 모습으로 구성되어
있다. 다른 점은 큰 돌로 석벽을 쌓지 않고 돌을 잘라 벽돌처럼 만들어서
벽을 쌓은 것이다.

법당의 5.18m 높이의 평평한 사각기둥들은 끝이 가늘어지는 마름모꼴

이고 각 측면에 꽃잎과 3/4지점에 돌을새김(浮彫)이 있고, 8각형의 홈이 있다. 이것은 인도 중서부의 마하라쉬뜨라Maharashtra 주에 있는 석굴 사원에서도 볼 수 있는 보편적인 양식이다. 모서리가 둥근 받침bracket들이 각각의 기둥 위에 있다. 반원형 홀의 동쪽 회랑에서 7, 8세기의 특징을 간직한 전적典籍과 공양 올린 기록이 있는 나뭇잎 모양의 점토판이 발굴되었는데 불상, 탑 등이 함께 새겨져 있다. 10~11세기 경에 이 사원이 확장되었는데, 돌을 메우는 방식으로 반원형 홀의 지면 높이가 높아졌고 깊게 조각된 문설주도 첨가되었다. 이곳에서 발굴된 갠지스 강의 여신상 등은 유적지 입구의 박물관에 전시되고 있다.

10. 사원 유적 6 (유적지 분류 – 51번 사원)

제 1번 탑의 서문에서 서쪽으로 가면 가파른 계단 아래에 승원 유적이 있다. 아담하고 잘 보존된 이 승원 유적은 남북으로 길이가 33.22m, 동서 길이가 32.69m이다. 외벽들이 납작한 벽돌을 쌓아 만들어진 것이 흥미로운 특징이다.

이 승원은 인도의 전형적인 모습을 보여 주고 있다. 승원 중앙에 넓은 마당, 울타리가 있는 베란다, 그리고 사방으로 스님들이 거처할 수 있는 작은 방들이 있다. 동쪽 벽에 있는 주 출입구의 양면에는 큰 탑문塔門이 있다. 벽돌로 포장이 된 마당은 베란다보다 낮다. 마당의 물은 배수관을

통해 남서쪽의 모서리로 흐른다. 동쪽 출입구 현관과 서쪽의 비교적 넓은
법당들을 제외하고 모두 22개의 작은 방들이 있다. 코너에 있는 네 개의
작은 방들은 일반적으로 창고로 쓰였다. 발굴 작업 중에 많은 양의 숯이
발견되었는데 이것은 베란다 기둥들과 작은 방들의 지붕과 베란다가 원
래 목재로 건축되었음을 추정하게 한다.

이 승원의 남동쪽에는 연못 같은 오래된 채석장探石場이 있는데 후대에
는 생활용수의 저수조貯水槽로 사용되었다. 승원의 서문 밖에는 아주 큰
발우鉢盂patta / Sk. pātra 모양의 깨어진 바위가 있는데 스님들의 공양에 사용되
었을 것으로 추측한다.

11. 와즈라빠니 석주 Vajrapani Pillar (유적지 분류 – 35번 석주)

제 1번 탑의 북문 앞에 석
주의 상단과 아랫 부분으로
추정되는 석주가 있다. 와즈
라빠니vajrapani(금강장金剛藏보
살) 형상이 상단부에 있던 석
주이다. 현재 남아 있는 것은

작은 둥근 기둥의 하단부, 종鐘 모양 연꽃, 밧줄을 꼰 듯한 장식, 난간이
새겨진 사방형 작은 받침이 있는 석주 받침 등이다. 상단의 와즈라빠니
상像은 박물관에 전시되고 있다.

12. 그 외의 유적들과 박물관

사실 이곳을 꼼꼼하게 살펴보려면 많은 시간이 필요하다. 크고 작은 많
은 탑과 기둥, 조각들이 넓게 산재散在해 있고, 각기 다른 시대에 조성된

유물들이 함께 있기도 하기 때문이다. 더 많은 정보는 ASI에서 펴내는 책자를 참고하기 바란다. 입구에 있는 산치 박물관에는 이곳에서 발굴된 많은 유물을 전시하고 있다. 시간적인 여유가 있다면 들러 봐야 할 곳이다.

순례 가는 길

1. 드나드는 길

• 산치를 가기 위해서는 마드야 쁘라데쉬 주의 주도州都인 보팔Bhopal로 가야 한다. 보팔은 뉴델리와 뭄바이를 잇는 중요한 철도 노선에 있어서 교통편이 좋다. 뉴델리나 뭄바이에서 여러 편의 기차가 매일 출발한다. 항공편도 각 대도시에서 많이 연결되므로 확인하여 이용할 수 있다. 공항은 기차역에서 약 13km 떨어져 있다.

• 보팔은 뉴델리에서 출발하는 많은 기차(No. 12001, 06:00-14:05 / No. 12616, 18:40-05:20 / No. 12622, 22:30-07:55 / No. 12628, 21:15-06:55 / No. 22702, 18:50-07:10)가 정차하는 곳이므로 기

차를 이용하는 데 불편함이 없다. 뉴델리의 중요한 다른 역인 니자무딘 Nizamuddin역에서도 출발하는 기차가 많이 있다.

- 보팔 기차역에서 서쪽으로 1km 남짓 떨어진 보팔 센트럴 버스 터미널 Bhopal Central Bus Terminal(하미디아 로드Hamidia Rd.와 촐라 로드Chhola Rd.가 만나는 곳)에서 오전 6시부터 30분 간격으로 산치로 가는 버스가 출발한다. 보팔과 산치는 약 53km(약 2시간) 떨어져 있다. 산치 버스 정류장에서 내리면 유적지가 바로 보인다.

- 일정이 바쁜 사람은 새벽에 보팔에 도착하는 기차를 타고 내려서 산치를 순례하고 저녁 기차를 타고 다른 곳으로 이동할 수도 있다. 기차역 광장에서 택시를 타고 다녀오는 것이 가장 빠른 방법이다.

2. 묵을 곳, 먹을 곳

- 산치 유적지 입구에는 마드야 프라데쉬 관광청MP Tourism에서 운영하는 숙소와 간이식당Tourist Cafeteria이 있다. 버스 정류장 가까운 곳에 식당이 몇 군데 있다. 하지만 유적지에서 식사하러 내려왔다가 다시 올라가기가 어려우므로 하루 내내 순례를 할 생각이라면 간단한 요깃거리를 준비하는 것이 좋다. 유적지 내에 작은 매점이 있어서 음료수 등을 팔기도 한다.
  산치 유적지 근처에서 오래 머물려면 마드야 프라데쉬 관광청에서 운영하는 숙소를 이용하면 된다. 유적지 입구의 사거리 근처에 새로 생긴 호텔이 있어서 숙박과 식사를 해결하기가 한결 쉬워졌다. 버스 정류장 옆의 스리랑카 마하보디 소사이어티Sri Lanka Mahabodhi society에 순례자 숙소가 있으나 권할만한 수준은 아니다.

- 산치 순례를 위해 꼭 들러야 하는 보팔의 역 주변과 시내 중심에는 많은 숙소와 식당들이 있으므로 경제적인 형편에 따라 다양하게 선택할 수 있다.

*유적지 입구에는 대각회^{Mahabodhi Society of India}에 속한 스리랑카 불교 사원이 있는데 매년 11월 마지막 일요일에 사리뿟따 존자와 목갈라나 존자, 그리고 이곳에서 발굴된 아라한들의 사리를 공개하는 큰 법회를 한다. A. 커닝엄과 메이시^{Maisey}라는 사람에 의해 발굴된 사리들은 메이시의 가족에 의해 빅토리아-알버트 박물관 ^{Victoria and Albert Museum}으로 옮겨졌다가 대각회^{Mahabodhi Society}를 중심으로 하는 불교도들의 요청으로 잠시 스리랑카를 거쳐 이곳에 봉안되어 있다. 아라한들의 사리를 공개하는 법회 때는 정말 엄청난 스리랑카 순례자들이 몰려 대성황을 이룬다. 관심이 있는 사람이라면 꼭 참석할만한 대규모 사리 친견 법회이다. 특별한 일이 없는 한, 일반인이 평일에 법당을 참배하는 것은 가능하지만 가끔은 관리인이 자리를 비워서 문을 닫아 놓고 있을 때가 있다.

아마라와띠 Amaravati

인도 안드라 쁘라데쉬 Andhra Pradesh 주州

개요

작은 도시 한 가운데 자리 잡고 있는 아마라와띠 탑은 남인도 불탑의 대표적인 탑으로, 조성 시기는 서기전 2세기 경으로 추정하고 있다. 유적지에는 기단과 탑신 일부만이 남아 있고, 이곳에서 나온 유물들은 아마라와띠 박물관, 런던 대영 박물관The British Museum, 첸나이 박물관 등에 보관되어 있다.

박물관 옆의 좁은 도로를 따라가면 주택가 한 가운데 불탑의 유적이 자리 잡고 있다. 탑만이 유일한 유적이며 탑 주변에 사원이 있었던 것으로 보이는 구조물의 잔재가 있으나 현재 정확한 발굴이 이루어져 있지 않다. 안드라쁘라데쉬 주의 중요한 교통 요지인 위자야와다Vijayawada나 군뚜르Guntur에서 가까워 남인도를 방문하는 길이라면 꼭 들러볼 만한 곳이다.

이 도시의 이름은 도시의 북쪽에 있는 아마레스와라Amaresvara 신전이 유명해서 생겨났다. 많은 힌두 순례자들이 항상 붐비는 이 신전은 도시의

북쪽을 흐르는 크리슈나 강 가까운 곳에 있다.

역사

아마라와띠의 불교 역사는 마우리아Maurya의 아소까Asoka 대왕 시대로부터 시작되었다. 아소까의 바위 칙령Rock edict XIII에 안드라프라데쉬 지방이 언급되어 있고, 아마라와띠 지역의 돌에 의해 만들어져 조각된 아소까 석주의 파편이 발굴되었다. 이곳 몇몇 지역의 작은 왕국의 왕들이 아소까 대왕의 전법사傳法師에 의해 불교를 받아들인 것으로 보인다. 이 지역을 통치했던 사따와하나Satavahana 왕조와 그 이후에 번성한 이끄쉬와꾸Ikshvaku 왕조에 포함된 아마라와띠는 그들의 통치 기간 동안 대탑Maha stupa과 그 주변의 건축물들을 조성한 것으로 보인다.

이끄쉬와꾸 왕조가 몰락하면서 불교에 대한 지원이 사라져 갔고 불교는 점차 쇠퇴하였다. 스리랑카 캔디Kandy 지역 가달라데니아Gadaladeniya의 다르마끼르띠Dharmakirtti 비문(1344년)에 있는 기록에 의하면, 14세기까지 대탑 주변에는 사원들이 남아 있었던 것으로 보인다. 당나라의 현장 스님이 다녀갔으며 그 기록을 남겼다.

1797년 영국인 장교 맥켄
지 대령Col. C. Mackenzie이 처음
석판 등을 발굴함으로써 주
목받기 시작했고, 1818년 맥
켄지가 다시 이곳을 발굴함
으로써 전체적인 모습을 드
러내게 되었다. 1845년에 스
미스 경Sir. W. Smith이 발굴을 하였고, 세웰R. Sewell, 버거스J. Burgess와 레아A. Rea와
같은 학자들은 석판의 조각과 기록을 발굴하고 연구하였다.

1958~59년에 인도 고고학자인 수브라흐마니얌R. Subrahmanyam과 크리슈
나무르티K. Krishnamurthy가 발굴을 하여 많은 유물을 찾아내었다. 1973~74
년에 인도 고고학자 사르마J. K. Sarma가 다시 발굴하였다. 아마라와띠 탑 유
적에서 발굴된 많은 유적은 런던의 대영 박물관에 일부가 있고, 첸나이의
국립 박물관에 많은 양이 전시되고 있다. 아마라와띠 박물관, 뉴델리 국
립 박물관에도 일부 전시되고 있다. 이 지역 주변에서 나온 유물도 이곳
아마라와띠 박물관에 일부 전시되고 있다.

유적

1. 아마라와띠 대탑

서기전 2세기 때 처음 세워진 것으로 알려진 이 대탑은 한 번에 축조
된 것이 아니라 여러 시대에 걸쳐서 증축, 보수된 흔적을 가지고 있다. 기
단부는 57cm×28cm×8cm의 크기를 가진 구운 벽돌을 쌓았으며 높이
는 1.55m 지름은 49.3m이다. 이 기단의 동서남북에는 플랫폼과 같은 사
각의 돌출부가 있고, 그곳에 부처님의 일생에 중요한 다섯 장면(탄생-출

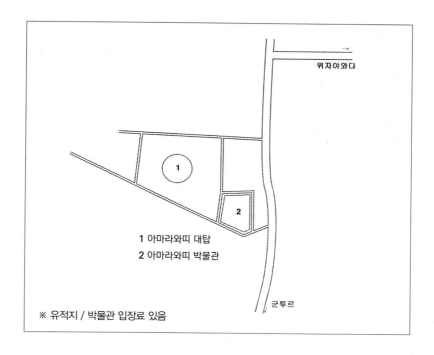

위자아와다

1 아마라와띠 대탑
2 아마라와띠 박물관

군투르

※ 유적지 / 박물관 입장료 있음

가-깨달음-설법-열반)을 상징하는 5개의 기둥을 세웠다. 이 다섯 개의 기둥은 남인도의 불탑에서만 볼 수 있는 양식이다. 남쪽의 플랫폼 기둥 석판 아래에서 약간의 사리와 금으로 만든 꽃이 들어 있는 5개의 수정 사리함Crystal relic-caskets이 발견되었다.

이 기단부 위에 2.3m 높이로 원통 모양의 단을 쌓고 그 위에 반구半球형의 탑을 쌓았다. 탑의 내부는 구운 벽돌로 쌓아 올렸으며 외부는 석회석limestone판에 불교적인 내용들을 조각해서 덮었다. 지금은 반구형의 탑신이 없는 상태이다. 기단부를 둘러 가며 폭 3.7~4m의 참배할 수 있는 길을 만들었고, 가장자리에는 기둥을 세워 회랑처럼 만들었는데 바닥은 구운 벽돌을 깔았다. 산치 대탑에서 볼 수 있는 것과 같은 문과 난간을 탑의

기단부에 만들었다. 난간의 기둥은 직사각형의 단면을 가졌고 난간의 가
로로 지나가는 돌은 타원형의 모양을 가지고 있다.

2. 사원 유적

　현재까지 제대로 발굴된 사원
유적은 없다. 다만 대탑 주위에 7
세기 이후까지 남아 있던 큰 도량
이 있었다는 것을 보여 주는 증거
들이 있다. 석회암과 화강암으로
만든 조각들을 근거로 오랫동안
사원이 유지되었음이 증명되었다. 1182년과 1344년에 만들어진 아마라
와띠에 관한 자료들이 이곳에 사원이 있었음을 증명하고 있다. 이 시기에
는 이곳에 대승 불교^{Mahayana}가 주류를 이룬 것으로 추정하고 있다.

3. 아마라와띠 박물관

　대탑 유적의 바로 건너편에 박물관이 있다. 아마라와띠 탑과 이 지역에
서 발굴된 유물들이 전시되고 있다. 아마라와띠 탑의 모형이 전시되고 있
어서 전체적인 모습을 알 수 있도록 도움을 주고 있다. 아마라와띠 탑의

외벽을 장식했던 조각들의 일부가 전시되고 있는데 남인도 조각의 아름다움을 느낄 수 있다. 아마라와띠 불상 양식은 남인도를 비롯한 초기 동남아 불상 양식에 영향을 주어, 나가르주나콘다 불상을 보면 아마라와띠의 불상을 연상케 한다. 불상이 조성되기 전의 초기 조각들은 다른 곳과 마찬가지로 부처님을 탑, 빈 의자, 보리수, 법륜 등의 상징으로 표현했다.

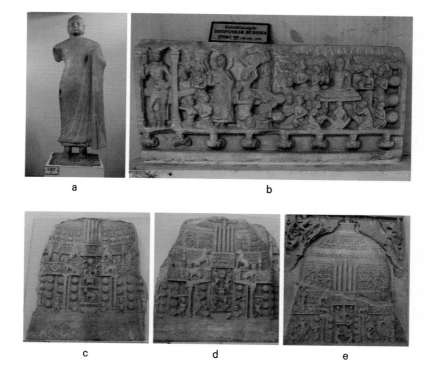

a. 남인도 양식의 불상 b. 부처님 전생담 중에서 연등부처님 시절을 표현 c. 부처님(빈 의자)께서 보리수 아래에서 깨달음을 성취하심 d. 설법을 하고 계시는 부처님(석주와 법륜) e. 구마디두루Gummadidurru 지역에서 발굴된 탑의 일부(2세기)

순례 가는 길

1. 드나드는 길

- 아마라와띠는 위자야와다^{Vijayawada}와 군뚜르^{Guntur}를 통해서 가는 방법이 있다. 순례를 출발하는 곳에 따라 편한 곳으로 이용하면 된다. 뉴델리에서 위자야와다까지는 항공편이 있다.

- 아마라와띠의 동쪽에 있는 위자야와다는 많은 기차가 지나가는 중요한 역이다. 뉴델리에서 출발하는 기차(No. 12722 or 12862(NIZ), 23:00-06:45 / No. 12626/12616/12622, No. 12652(NIZ, 화, 목)나 첸나이^{Chennai}에서 출발하는 기차(No. 12842, 08:45-15:10 / No. 12840, 23:40-06:25 / No.12621/12759/12712)가 있다. 그 외에도 꼴까따에서 출발하는 기차 등 여러 편의 기차가 있어서 기차를 이용하는 데는 불편이 없는 도시이다.

  아마라와띠에서 택시를 타고 왕복하는 것이 가장 빠른 방법이다. 나가르주나콘다를 방문할 예정이라면 위자야와다에서 아마라와띠를 거쳐서 가는 것도 좋은 선택이 된다.

- 위자야와다의 기차역에서 남동쪽으로 1km 떨어진 곳에 빤딧 네루^{Pandit Nehru} 버스 터미널이 있는데 역 앞에서 시내버스를 타고 강에 놓인 다리를 건너면 바로 보인다. 버스 플랫폼 47번에서 301번 버스를 타면 아마라와

띠(35km, 1~1.5시간)를 간다. 아마라와띠의 박물관 입구에서 하차하면 유적지가 가장 가깝다. 차장에게 미리 말해 두는 것이 좋다.

- 군뚜르는 아마라와띠 남쪽으로 30km 떨어진 곳에 있는 도시이다. 군뚜르 버스 터미널에서 20분마다 출발하는 버스(No. 107K)를 타면 1시간 30분 정도 걸려서 도시의 남쪽에 있는 아마라와띠 버스 정류장에 도착한다. 아마라와띠 버스 정류장에서 박물관까지는 1km 떨어져 있다. 유적지까지는 오토릭샤를 타거나 걸어가면 되는데 박물관을 가자고 하는 것이 목적지를 찾기에 편하다.

2. 묵을 곳, 먹을 곳

- 아마라와띠에서 하룻밤을 보낼 일은 거의 없다고 봐도 무방하다. 하지만 아마라와띠에 머물게 되더라도 크게 걱정할 필요는 없다. 힌두교의 유명한 사원이 있어서 많은 순례자가 방문하는 곳이어서, 식당을 겸하고 있는 깨끗한 호텔과 게스트하우스가 있다. 나가르주나콘다로 가는 길이라면 군뚜르의 버스 터미널 근처에서 숙박하는 것이 유리하다. 위자야와다에도 기차역과 버스 터미널 근처에 크고 작은 호텔들이 많이 있으므로 숙박에는 별다른 문제가 없다.

- 아마라와띠에는 남인도식의 식당이 곳곳에 있고 간편히 먹을 수 있는 인도 음식을 파는 곳이 많으므로 인도 음식 적응에 많은 어려움이 있는 사람이 아니면 크게 걱정할 것이 없다. 군뚜르나 위자야와다에는 많은 식당이 있으므로 선택의 폭이 넓다.

*안드라프라데쉬 주 관광청에서 드야나 붓다 프로젝트^{Dhyana Buddha Project}라는 사업을 통해 높이 38m 크기의 대형 불상과 불교 관련 조각들, 건물을 지어서 입장료를 받으며 운영하고 있다. 불상은 선정인^{Dhyāna mudra}을 하고 있는데, 그리 작품성이 있어 보이지도 않고 불교 관련 부조浮彫들도 그 내용이나 수준이 감동적이지도, 예술적이지도 않지만 이곳까지 왔다면 한 번 들러볼 만한 곳이다.

나가르주나콘다 Nagarjunakonda
인도 안드라 쁘라데쉬 Andhra Pradesh 주州

개요

처음 이곳을 찾았을 때, 배를 기다리는 사람이 몇 명인가를 열심히 세고 있던 매표소 직원이 언제 떠날지 모른다며 기다리라고 해 놓고는 10분도 채 되지 않아서 표를 팔면서 바로 출발하겠다고 했다. 정해진 시간표는 있어도 정해진 대로 지키지는 않는 인도의 시간표에 따라 배를 타고 나가르주나 사가르Nagarjuna Sagar 내에 있는 용수龍樹 스님의 자취를 찾아갔다. 지금도 시간표를 잘 지키지 않는 편이다.

대승 불교의 역사에서 빼놓을 수 없는 용수Nagarjuna(서기 150?~250?, 한국에서는 용수보살이란 호칭이 더 익숙하기는 하지만) 스님의 자취가 남아 있는 나가르주나콘다는 크리슈나Krishna 강을 막아 생긴 댐으로 인하여 섬이 되었다. 나가르주나콘다는 나가르주나의 산山이란 뜻으로 이곳이 용수 스님과 깊은 연관이 있음을 나타내 주는 곳이다.

2014년 6월 2일에 안드라 쁘라데쉬Andhra Pradesh 주에서 분리 독립하여

인도의 29번째 주州가 된 텔랑가나Telangana 주의 주도州都 하이데바라드
Hyderabad에서 동남쪽으로 160km 떨어진 곳에 있다. 인도 동남부의 교통
요충지인 군뚜르Guntur로부터는 북서쪽으로 147km 떨어진 곳에 있는데 이
섬에 들어가려면 주정부에서 운항하는 배를 타야 한다.

　용수 스님의 일생은 정확하게 알려져 있지 않다. 이곳에서 태어났다는
설과 이곳에서 만년을 보냈다는 설이 있지만 정확한 기록을 남긴 것은 아
직 발견되지 않았다. 다만 남아 있는 자료들로 추정해 보면 나가르주나
스님과 깊은 관계가 있는 것만은 확실하다.

역사

　나가르주나콘다는 이끄쉬와꾸Ikshvaku 왕조의 수도였던 위자야뿌리Vijayapuri
유적이다. 고고학자들의 연구에 의하면 이곳에 사람이 살았던 흔적은
2만 년 전까지 거슬러 올라간다고 한다. 구석기, 신석기 시대의 유물이
출토된 것으로 보아 아주 오래전부터 사람이 살았던 것으로 추정된다. 현
재 선사 시대의 유적지는 모두 수몰되어 있다. 역사적으로 기록된 것들
은 3세기 후반의 이끄쉬와꾸 왕조부터라고 추정한다. 2~3세기 때 용수
스님이 살았던 것으로 추정하기는 하지만 생몰 연대가 분명하지는 않다.
1926~1931년까지 쿠라이쉬M.H. Kuraishi라는 고고학자가 처음 발굴하였고,

1938년에 라마찬드란T.N. Ramachandran이라는 고고학자가 다시 발굴하였다.

1954년 8월부터 나가르주나 사가르라는 댐을 건설하는 과정에서 유적들이 물에 잠기게 되자 이집트 아스완 댐의 공사 과정에서 유물들을 옮겨 세운 기술을 바탕으로 수몰 지역의 유물과 유적을 지금의 나가르주나콘다에 옮겨 놓게 되었다. 댐의 라이트뱅크Right bank의 한쪽에는 나가르주나 스님의 동상이 모셔져 있다. 기록에 의하면 이 지역에는 30개 이상의 불교 사원이 있었다고 한다.

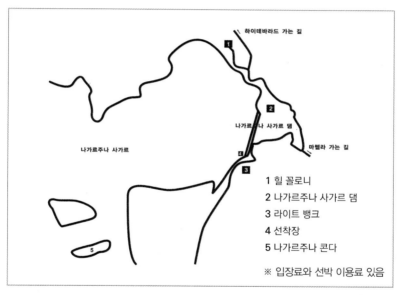

1 힐 꼴로니
2 나가르주나 사가르 댐
3 라이트 뱅크
4 선착장
5 나가르주나 콘다

※ 입장료와 선박 이용료 있음

유적

1. 박물관

나가르주나콘다 지역의 유적지에서 출토된 유물들을 전시하고 있다. 불상과 힌두 신상神像, 부처님의 전생담Jataka과 부처님의 일생을 묘사한 조각 석판Sculpture stone panel, 사리함과 사리용기, 고대 동전, 장신구, 보석류 등이 전시되고 있다.

① 불상

3m 크기의 석회암Limestone으로 만들어진 이 불상은 나가르주나콘다 지역에서 발견된 것으로 왼손으로는 가사를 쥐고 있으며 부러진 오른손은 시무외인Abhaya mudra을 하고 있었던 것으로 보인다. 남인도의 대표적인 불상이다.

② 조각 석판石板 Sculpture Stone panel

부처님께서 난다를 제도하시는 일화를 조각으로 나타낸 것을 비롯하여 부처님의 전생담, 부처님의 일대기를 한 장의 석판에 새긴 것, 경전의 내용을 석판에 새긴 것 등등 많은 조각 석판이 있다. 이 석판들은 주로 불탑의 외벽을 장식한 것들이다.

난다의 출가(삭발)와 부처님의 신통력으로 난다에게 원숭이와 천상선녀를 보여주심
부처님을 탑, 보리수, 법륜 등으로 표현하여 부처님의 일대기의 중요한 장면을 조각

③ 힌두교 신상神像들과 힌두교와 연관된 조각 석판들도 여러 가지가 전시되고 있다. 박물관 외벽에는 남인도의 중요한 신神 중의 하나인 나가 Nāga의 독특한 조각이 있다.

2. 야외 전시물

① 심할라 사원 Simhala Vihara

서기 3세기 때의 유적으로 한쪽에는 부처님을 모시고 한쪽에는 탑을 모신 형태의 사원 유적이다. 스리랑카의 유적에서 볼 수 있는 문스톤Moonstone 형태의 돌이 입구에 놓여 있는 특징이 있다. 현재 위치에 있는 불상은 박물관 내에 있는 불상의 모조품이다. 부처님을 모신 법당, 탑, 스님들이 거주하는 공간을 갖춘 사원Vihara 양식의 유적이다. 발견된 질그릇 조각 유물과 각 유물에는 나까따라Nakatara 사원이라는 이름이 있다.

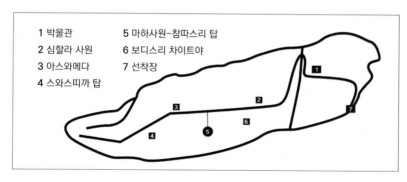

1 박물관
2 심할라 사원
3 아스와메다
4 스와스띠까 탑
5 마하사원-참따스리 탑
6 보디스리 차이트야
7 선착장

② 보디스리 차이트야 Bodhisri Chaitya

출라다르마기리 사원^{Chuladharmagiri Vihara}
에 있던 법당을 옮겨놓은 것으로 불상 대
신 탑이 모셔져 있다. 바닥의 돌에 새겨
진 문자에는 고아^{Goa}에서 온 '보디스리'
라는 청신녀^{Upasika}가 공양을 올린 것이라
고 기록되어 있다.

③ 마하 사원 Maha Vihara

한국말로 번역하면 대사大寺가 된
다. 당시 지역 군주였던 와시쉬티뿌뜨
라 참따물라^{Vasishthiputra Chamtamula}의 여동
생인 참따스리^{Chamtasri}가 승가에 공양 올
린 사원이다. 현재 볼 수 있는 탑의 지

름은 27.5m인데 각 사방에 5개의 석주를 세워 놓은 남인도 전통양식
의 탑이다. 원래 있던 곳에서 옮겨온 탑과 작은 법당 건물이다.

④ 아스와메다 Asvamedha

이끄쉬와꾸^{Ikshvaku} 왕조의 왕궁 내에 있던 목욕장이다. 당시 왕궁의 화려한 모습을 알 수 있는 이 욕조들은 궁궐 광장의 화려한 건물의 내부에 있었던 것으로 발굴 조사에서 밝혀졌다. 배수관이 딸린 2개의 물탱크가 있었으며 우물에서 물을 공급하였다.

⑤ 스와스띠까 탑 Svastika Stupa

작은 탑 내부에 스와스띠까(길상, 卍) 표시가 되어 있는 탑이다. 아빠라마하위나셀리야 사원Aparamahavinaseliya Monastery이 있던 곳에서 옮겨온 것이다. 수몰 전에는 여러 개의 이러한 탑이 있었다고 기록되어 있다.

순례 가는 길

1. 드나드는 길

- 나가르주나콘다로 가는 가장 쉬운 방법은 하이데라바드Hyderabad에 있는 텔랑가나 관광청TTP에서 주관하는 단체 여행을 하는 것이다. 토요일과 일요일, 공휴일에 출발한다고 되어 있지만, 인원이 많지 않으면 언제라도 취소될 수 있기 때문에 사전에 충분한 확인이 필요하다. 07:00에 하이데라바드에서 출발하여 21:30에 도착하는 일정이다. 또 다른 방법은 택시를 타고 다녀오는 방법인데 적절한 흥정을 해야 한다.

  인도의 대도시에서 하이데라바드까지 가는 항공편이 다양하게 있으므로 형편에 따라 이용하기가 좋다. 뉴델리에서 가는 길이라면 위자야와다

Vijayawada까지 비행기로 가서 택시를 타고 다녀오는 방법도 있다.

- 현재 나가르주나콘다는 섬이기 때문에 직접 가는 버스는 없다. 나가르주나콘다로 가기 위해서는 우선 나가르주나 사가르^{Nagarjuna Sagar}로 가는 버스를 타야 하는데 종점은 힐 꼴로니^{Hill Colony}이다. 하이데바라드의 마하트마 간디 버스 스테이션^{Mahatma Ghandi Bus Station(MGBS)}에서 나가르주나 사가르 행 버스가 오전 05:00부터 약 30분 간격으로 있다. 거리는 약 160km이고, 보통 4~5시간 정도 걸린다.

- 하이데라바드와 인접한 세컨데라바드^{Secunderabad}의 구루드와라^{Gurudwara} 버스 정류장에서는 하루 3번(09:30, 10:30, 11:30) 나가르주나 사가르로 가는 버스가 있다.

- 만약 첸나이^{Chennai}, 또는 위자야와다^{Vijayawada}에서 나가르주나콘다로 가려면 먼저 군뚜르로 가야 한다. 군뚜르^{Guntur}까지 110km(3시간 30분) → 마첼라^{Macherla}까지 36km(1시간~1시간 30분) → 나가르주나 사가르의 순서로 버스를 이용해야 한다. 버스는 각각의 버스 정류장에서 매 30분마다 한 대씩 출발한다.

- 나가르주나 사가르의 버스 종점인 힐 꼴로니^{Hill Colony}에서 나가르주나콘다로 가는 배가 출발하는 선착장이 있는 라이트 뱅크^{Right Bank}까지는 오토릭샤를 이용해야 한다.

- 안드라쁘라데쉬 관광청 선착장^{APTDC Launch Station}에서 나가르주나콘다까지는 배를 타고 약 40분 정도 가야 한다. 공식적인 선박 운항 시간은 평일 2회 (09:30, 13:30)이고 섬에서는 12:30, 16:30이다. 그러나 오후 운항 일정이 거의 지켜지지 않아서 하루 한 번의 왕복이라고 보는 것이 안전하다. 토·일요일과 공휴일은 5회 출발(09:30, 10:30, 11:30, 12:30, 13:00)이다. 하지만 운항 시간은 출발 인원에 따라 언제든지 변동될 수 있으므로 반드시 확인해야 한다.

2. 묵을 곳, 먹을 곳

• 나가르주나 사가르는 라이트 뱅크, 빠일론Pylon, 힐 꼴로니라는 세 개의 마을로 구성되어 있다. 머물 수 있는 곳은 힐 꼴로니의 그린랜드 프로젝트 하우스Greenland Project House라는 숙소(총 35개의 객실)와 라이트 뱅크의 선착장 맞은편에 있는 나가르주나 리조트Nagarjuna Resort가 있다. 두 곳 모두 식사가 가능하다. 민박도 가능하다고 하기는 하지만 그리 권할 만한 일은 아니다. 관광객이 늘면서 새로운 숙박업체가 늘어나고 있으니 인터넷으로 확인해 보기 바란다.

• 근래에 관광객이 늘어나면서 선착장을 중심으로 점차 식당이 늘어나고 있다. 힐 꼴로니와 라이트 뱅크, 두 마을에는 작은 음식점이 있지만, 인도다운 식당인 것을 참고해야 한다.

CHAPTER 6

박물관

이득을 구하는 길과
닙바나에 이르는 길이
서로 다르다는 것을 잘 알기에
붓다의 제자들은
이득과 명예를 구하지 말고
홀로 있음에 매진해야 하리라.
−법구경 75

뉴델리 국립박물관
New Delhi National Museum

뉴델리 New Delhi

개요

　세계 4대 문명 발상지 중에서 인더스 문명의 발상지가 있는 인도. 물론 지금은 파키스탄에 속해져 있지만, 인더스^{Indus} 강의 문명은 인도 역사의 큰 축을 담당하고 있다. 이러한 인더스 문명의 많은 유물을 전시하고 있는 뉴델리 국립 박물관은 불교도들에게는 부처님의 진신사리를 전시하고 있는 곳으로 더 큰 자리매김을 하고 있다.

　다양한 연대의 많은 유물이 전시되고 있는 뉴델리 국립 박물관은 인도를 방문하는 사람이라면 꼭 들러 봐야 하는 곳이다. 불교도들에게는 경전에 기록된, 고고학적으로 증명된, 지리적으로 증명된, 확실한 부처님의 진신사리를 직접 눈으로 보고 참배할 수 있는 중요한 순례 장소이다.

역사

1946년부터 박물관에 대한 청사진이 마련되었고, 예술품 매입 위원회 Arts Purchase Committee가 설립되어 인도의 곳곳에 전시되고 있던 유물과 영국으로 건너갔던 유물들을 반환, 또는 매입하여 박물관에 전시하게 되었다.

현재 박물관 건물의 초석礎石은 1955년 5월 12일 초대 인도 총리인 자와할랄 네루Jawaharlal Nehru에 의해 놓였으며, 1960년 12월 18일 공식적으로 개관하였다. 1989년에 지금과 같은 모습을 갖추게 되

었다.

세계 4대 문명 발상지의 하나인 인더스 강 유역의 하랍파^{Harappa}, 모헨조
다로^{Mohenjo-Daro} 등의 유적을 비롯하여 선사 시대, 고대, 중세 등의 인도 전
역에서 발굴된 유물들을 전시하고 있다. ※ 입장료 있음. 월요일 휴관

유물

1. 불교 유물 전시실 Buddhist Artefacts Gallery

불교 유물만을 위한 9개의 전시실을 가진 건물이 있다. 프랑스의 고고
학자 펩페^{W. C. Peppe}(삐쁘라흐와편 참고)와 인도 고고학자 스리바스타바^{K. M.}
^{Srivastava}에 의해 발굴된 부처님의 진신사리를 봉안하고 있다. 원래 발굴된
사리는 총 22과였으나 2과는 태국 왕실에서, 1과는 싱가포르에서 임대로
모셔가서 현재는 19과가 전시되고 있다.

태국 왕실에서 기증한 금탑에 모셔진 사리는 눈으로 직접 볼 수 있는
부처님의 진신사리眞身舍利이다. 금과 12개의 다이아몬드로 장식된 탑의
유리 용기 안에 부처님 사리가 모셔져 있다.(삐쁘라흐와편 참고)

유물을 부처님의 탄생에서 열반까지의 일대기 순서대로 전시한 공간도
새로이 마련하고 있다. 부처님 일대기의 중요한 8대 성지를 하나의 돌에
새겨놓은 유물과 부처님 일대기의 내용을 표현한 유물, 다양한 연대의 불

상들이 있다. 10세기를 전후해서 조성된 관冠을 쓴 불상(보관불)과 인도네시아 보로부두르 불두佛頭를 비롯해서 동남아시아의 불상과 불두들도 전시해 놓고 있다. 중국 돈황의 막고굴Mogao Caves 莫高窟 유물들도 전시되고 있다.

2. 불교 관련 갤러리

본관 건물의 1층(인도식으로는 Ground Floor)에는 마우리아Maurya—숭가Sunga—사따와하나Satavahana 시대 유물, 쿠산Kushan 시대 유물, 굽타Gupta 시대 유물, 굽타 시대 테라코타Terra-cotta 및 중세 초기 유물Early Medieval Art, 청동 유물실Bronzes Art, 밀교 유물Tantra Art 갤러리 등에 불교 유물이 전시되고 있다. 특히 불상이 발생하기 전의 불교 조각에서 부처님을 어떻게 표현했는지 살펴보는 것도 매우 흥미롭다.

그 외에도 통로와 복도 등에 여러 형태의 불교 조각과 힌두 조각들이 전시되어 있다. 불상佛像과 자이나교 교주상Jainism 敎主像, 불교의 보살상과 힌두교의 신상을 비교해 볼 수 있는 기회이며 불보살상 양식 변화를 볼 수 있다.

3. 청동 갤러리

청동 갤러리에는 5세 기에서 19세기에 이르 는 불상, 보살상, 탑 등 의 불교 유물이 전시되 고 있다. 시대에 따른 불 상과 보살상의 변천을 살펴보는 것도 흥미로운 일이다. 다양한 힌두교

유물들을 잘 살펴보면 손에 든 집물執物과 보관, 팔과 다리의 장식 등 대승 불교 보살상과의 유사성을 많이 발견할 수 있다.

4. 기타 갤러리

4대 문명 발상지인 인 더스 문명의 유물들이 전시된 선사 시대 갤러 리에는 서기전 약 4000 년 전부터 발달한 인더 스의 유물들이 전시되 어 있다. 중세의 세밀화 miniature 갤러리는 중세 시

대 인도인들의 삶을 알 수 있는 곳이라 꼭 들러볼 만한 전시실이다. 다양 한 힌두 신상神像들을 전시해 놓고 있는데, 신들의 이름과 그들의 능력에 대한 자료를 미리 이해하고 가면 흥미로운 시간을 보낼 수 있다. 아잔타

석굴의 벽화를 모사한 그림이 전시된 곳도 있고 궁중에서 사용되던 물건, 인도 화폐의 발달사를 알 수 있는 전시실, 군용 장비, 토착민들의 복식服飾 등 흥미로운 전시실이 많이 있다.

순례 가는 길

1. 드나드는 길

- 박물관의 위치는 뉴델리의 라즈파트 로드^{Rajpath Rd.}와 마울라나 아자드 로드^{Maulana Azad Rd.}를 지나는 잔파트 로드^{Janpath Rd.}에 있다. 인디아 게이트^{India Gate}에서 가깝기 때문에 찾아가는 길이 어렵지는 않다.

- 오토릭샤를 이용하는 것이 가장 좋은 방법이다. 오토릭샤를 타고 '내셔널 뮤지엄'을 가자고 하면 된다. 오토릭샤를 타기 전에 꼭 요금을 흥정하고 타야 한다. 뉴델리의 여러 관광지를 묶어 하루에 다녀오기 위해 택시를 타는 경우가 아니라면 택시를 타는 것은 권하기 어렵다. 만약 스마트폰의 앱을 설치하여 뉴델리 택시 회사(Ola, Uber, Mega etc)들을 이용할 수 있는 사람이라면 택시를 이용하는 것이 훨씬 유용하다. 메루^{Meru}라는 택시 회사는 문제가 많다고 알려져 있으니 가능하면 이용하지 않는 것이 좋다.

- 시내버스가 박물관 앞길을 지나가기는 하지만, 뉴델리 지리에 밝지 않거나 힌디어를 알아듣지 못한다면 타지 않는 것이 여러모로 안전하다.

2. 머물 곳, 먹을 곳

- 뉴델리에서 거의 모든 배낭 여행자가 숙소로 정하는 곳은 빠하르간지^{Paharganj} 지역이다. 메인 바자르^{Main Bazar}라는 이름을 가진 도로에 배낭 여행자들의 숙소가 몰려 있다. 뉴델리 기차역에서 아쉬람 마르그 전철역^{RK Ashram Marg Metro Station}까지 서쪽으로 뻗은 길의 이름이 메인 바자르 로드^{Main Bazar Rd.}인데, 이 도로의 양옆에는 중급 숙소와 저렴한 등급의 많은 숙소가 몰려 있다. 뉴델리를 방문하는 배낭 여행자, 혹은 개별 순례자라면 그냥

지나칠 수가 없는 곳이다. 이곳에는 다양한 가격대의 숙소가 있으므로 개인의 경제 사정에 맞는 숙소를 선택하면 된다. 여행자가 많이 몰리는 12월~1월에는 마음에 드는 숙소를 구하기가 쉽지 않다. 며칠 동안 머물 예정이라면 일단 하루를 묵을 숙소를 정해 놓고 마음에 드는 숙소를 구하러 다니는 것이 좋은 방법이기도 하다.

- 코넛 플레이스^{Connaught Place} 지역의 서쪽과 남쪽에는 특급 호텔들이 많이 몰려 있다. 인터넷이나 여행사를 통해 예약하는 것이 일반적으로 경제적이다. 인터넷으로 뉴델리의 호텔을 검색하면 고급 호텔에 관한 많은 정보를 얻을 수 있다. 공항 근처와 새로운 위성 도시인 구르가온^{Gurgaon}에도 많은 고급 호텔과 다양한 등급의 호텔이 있다.

- 빠하르간지의 메인 바자르에는 다양한 음식을 파는 식당들이 있다. 한국 식당을 비롯하여 서양식에서 인도식까지 다양한 식당이 있으므로 음식을 사 먹는 일 때문에 불편함은 없을 것이다.

- 코넛 플레이스 지역을 비롯한 뉴델리 시내에는 다국적 기업의 햄버거, 피자 레스토랑들을 비롯하여 인도 전통 고급 식당까지 다양한 식당들이 많이 있다. 이 식당들은 빠하르간지 지역의 식당보다 상대적으로 고급스럽고 비싸며 에어컨을 가동하는 곳이 대부분이다. 에어컨이 가동되는 식당은 봉사료와 세금이 추가되므로 반드시 가격표를 확인해 봐야 한다.

뉴델리의 가 볼 만한 곳

1. 바하이 사원^{Bahai Temple} : 연꽃 사원^{Lotus Temple}으로 더 많이 알려진 '바하이'라는 종교의 사원인데 매우 아름다운 연꽃 모양의 사원이다.
2. 락쉬미나라얀 사원^{Laxmi-Narayan Temple} : 인도 재벌 중의 하나인 비를라^{Birla}그룹이 지어서 일반 대중에게 개방한 사원이다. 부처님이 힌두교 신의 하나로서 자리하고 있

는 모습을 볼 수 있다. 사원 입구의 왼쪽에는 스리랑카 스님들에 의해 운영되는 불교 사원이 있다.

3. 꾸뜹 미나르^{Qutb Minar / Qutub Minar} : 뉴델리 남부 지역에 있는 이 유적은 1193년 중세 인도의 정복자로서 델리에 왕조를 세운 인도 최초의 이슬람 국가인 노예 왕조 맘 루크^{Mamluk} 왕조의 초대 술탄^{Sultan}인 꾸뜹 우드 딘 아이박^{Qutub ud din Aibak}이 델리 정복 을 기념하여 세운 거대한 승전탑勝戰塔인데 3~4세기 때의 철 기둥^{Iron Pillar}, 일라이 미나르 등의 많은 유적이 많이 남아 있다.

4. 그 외에도 자마 마스지드^{Jama Masjid}, 유네스코 세계 문화유산인 레드 포트^{Red Fort}, 간 디 화장터^{Raj Ghat}, 티베트 난민촌^{Tibetan Colony}, 코넛 플레이스^{Connaught place}, 인디아 게 이트^{India Gate}, 찬드니 촉^{Chandni Chowk} 등 많은 볼거리가 있다.

5. 뉴델리에서 발행되는 영어 신문들의 이벤트^{Event}난을 보면 음악과 춤^{Music & Dance}이 라는 섹션^{section}이 있다. 이곳에는 뉴델리에서 공연하는 전통 무용과 전통 음악 공 연에 대한 안내가 있는데 특별한 일이 없는 한, 거의 무료 입장이다. 인도의 음악 과 춤에 관심이 있는 사람은 관람해 보는 것도 좋은 경험이 될 것이다. 춤사위를 잘 살펴보면 불상이나 보살상, 힌두 신상의 수인手印 ^{Mudra}을 자주 볼 수 있다. 대 표적인 공연장은 다음과 같다.

  – 까마니 오디토리엄^{Kamani Auditorium} (Copernicus Marg)
  – 인디아 하비타트 센터^{India Habitat Center / IHC} (Lodhi Road)
  – 트리베니 챔버 극장^{Triveni Chamber Theater} (Tansen Marg)
  – 인디아 인터내셔널 센터^{India International Center / IIC} (Max Mueller Marg)

*뉴델리에 있는 안드라프라데쉬 바완^{Andra Pradesh Bhavan}이라는 곳에 가면 안드라쁘라 데쉬 주州 정부에서 운영하는 식당을 만날 수 있다. 이곳에서는 남인도를 가지 않 고도 안드라쁘라데쉬 지역의 무제한 탈리^{Thali}를 맛볼 수 있다. 오토릭샤나 택시를 타고 안드라쁘라데쉬 바완을 가자고 하면 된다. 오토릭샤에서 내려서 사람들에게 안드라프라데쉬 칸틴^{Canteen}을 물어보면 된다.

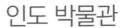

인도 박물관

Indian Museum/Kolkata National Museum

인도 웨스트 벵갈 West Bengal 주州

개요

옛 이름이 캘커타Calcutta인 꼴까따는 영국의 동인도주식회사가 있었고, 영국 식민 시대의 총독부가 있던 곳으로 1772~1912년 옛 영국령 인도의 수도이기도 하다. 테레사 수녀의 죽음의 집, 항상 짐승의 피가 흐르는 깔리 사원Kali Ghat, 인도 식물원Indian Botanic Garden 등이 유명하고, 꼴까따의 빈민과 관련된 '시티 오브 조이City of Joy(1992)'라는 영화로도 유명하다.

집 없이 길에서 생활하는 빈민들을 도시 곳곳에서 많이 볼 수 있으며, 그들의 모습 위로 보이는 식민지 시대의 건물들이 묘한 조화를 이루는 도시의 중심에 인도의 대표적인 박물관의 하나인 인도 박물관이 있다. 꼴까따라는 도시의 이름은 이 도시에서 가장 유명한 깔리Kali 여신의 이름에서 비롯된 것인데, 2001년에 공식적으로 영국 식민지 시절의 이름인 캘커타를 버리고 새로운 이름을 가지게 되었다.

역사

꼴까따의 인도 박물관은 뉴델리 국립 박물관과 더불어 인도의 대표적인 박물관이다. 다양한 전시물을 가진 박물관 형태로는 아시아 최초이며, 세계에서 가장 오래된 박물관 중의 하나이다. 식민지 시대인 1784년에 인도 문화에 깊은 관심을 가지고 있었던 판사 윌리엄 존스Sir. William Jones가 아시아의 자연과 미술, 역사, 고고학, 과학, 문학 등 다방면에 걸친 문화적 연구를 목적으로 캘커타에 벵골 아시아협회Asiatic Society of Bengal를 설립하고 그 회원들의 수집품을 모아 1814년 2월에 박물관을 개관하였다.

1866년 아시아협회Asiatic Society의 모든 수집품 중에서 도서관과 관련된 수집품을 제외한 모든 수집품이 정부 기관에 이관됨으로써 인도 박물관으로 불리게 되었다. 1875년에 건물 일부가 건축되었고, 그 뒤 여러 차례 확장되었다. 미술이나 고고학 분야 외에도 인류학, 지질학, 동물학, 식물학 등의 자연 과학 부문도 갖추어져서 박물관이라는 이름에 어울리는 종합적인 기능을 가지게 되었다.

1층은 바르후뜨 갤러리, 불교 미술관, 힌두교 미술관, 자이나교 미술

관, 고대 선사관
등이 있다. 2층에
는 공업 실물관,
화석관, 동물관,
민속회화관, 공예
관 등이 있으며, 3

층에는 미니어쳐Miniature관 등이 있다. 특히 삐쁘라흐와Piprahwa에서 발굴된 부처님의 진신사리와 사리병, 바르후뜨 난순欄楯(난간) 조각들, 간다라 유물, 마투라 유물 등과 쿠산Kushan 왕조(서기 30 - 375)의 불상 등 역사적인 의미를 지니는 유물들이 많이 전시되고 있다.

　※ 입장료 있음. 카메라 사용권 별도 구매, 월요일 휴관

유물

1. 마이너 아트 갤러리 Minor Arts Gallery

입장권을 사서 들어가면 왼쪽에 박물관 관련 책자를 판매하는 곳이 있고, 그 옆에 있는 전시실이다. 이곳에 삐쁘라흐와에서 발굴된 부처님의 진신사리眞身舍利와 사리호舍利壺가 전시되고 있다. 전시실의 중앙에 탑 모형과 사리호 모형이 있는데, 그 사리호 모형 안에 진신사리 2과가 모셔져 있다. 사리호의 원형은 입구 왼쪽에 전시되어 있는데 자세히 보면 고대 브라흐미 문자Brahmi script가 새겨져 있는 것을 볼 수 있다. 이 명문의 내용은 다음과 같다.

"이것은 사꺄무니Sakyamuni(석가족의 성자, 석가모니 부처님)의 사리(유골)로써 그의 형제, 자매, 가족들이 탑을 세워 모신 것이다." 뉴델리 국립 박물관의 진신사리와 같은 탑에서 나온 진신사리이다.(삐쁘라흐와 편 참고)

2. 불교 관련 전시실

불교 관련 전시물들은 입구 현관의 마우리야 시대 유물을 필두로, 바르
후트 전시실Bharhut Gallery, 간다라 전시실Gandhara Gallery, 고고학 전시실Archaeology
Gallery, 청동 전시실Bronze Gallery 등이며, 박물관 정원을 중심으로 건물의 회랑
에는 많은 조각 유물이 있다. 고고학 전시실에는 다양한 시대, 다양한 지
역의 불상과 보살상이 있다.

시대와 지역별로 불상의 차이를 눈여겨본다면 좋은 자료를 많이 발견
할 수 있을 것이다. 특히 초기 간다라 양식으로 조성된 불두佛頭들은 지금
우리가 흔히 볼 수 있는 나발螺髮 형식의 불두가 아닌 것이 많다. 간다라
지역에서 발굴된 탑은 일반적으로 볼 수 있는 인도의 전통 양식과는 많은
차이를 보인다. 파키스탄 페샤와르 지역에서 발굴된 자울리안 탑이 가장
대표적이다.

3. 바르후뜨 Bharhut 전시실

인도 중부의 마드야 쁘라데쉬^{Madhya Pradesh} 주州의 사뜨나^{Satna} 지역에 있는 바르후뜨 탑의 조각들은 인도 불교 예술의 초기 작품 중에서 매우 중요한 위치를 차지하고 있다. 지금 바르후뜨에는 탑의 기단부 벽돌만 남아 있다. 대부분의 유물들은 꼴까따의 인도 박물관과 영국 박물관^{British Museum}에 전시되어 있으며 일부는 뉴델리 국립 박물관, 미국 스미소니언 박물관에 전시되고 있다.

1873년에 영국 고고학자 A. 커닝엄이 처음 방문하였고, 다음 해에 그와 그의 조수 베글러^{JD Beglar}가 함께 바르후뜨를 발굴했다. 바르후뜨 탑은 서기전 3세기 마우리아^{Maurya} 왕조의 아소까^{Asoka} 대왕에 의해 처음 건립된 것으로 추정을 한다. 서기전 2세기

숭가^{Sunga} 왕조 시대에 조성된 것으로 보이는 장식들이 있는 조각들도 있어서 고고학적인 측면에서 매우 중요한 유적이다. 탑문에 새겨

진 명문銘文으로 추정하여 탑이 완성된 것은 숭가 왕조 때인 것으로 인정하고 있다.

이 탑의 난간과 탑문의 조각들은 불상이 조성되기 전의 불교 유적으로 부처님을 인간의 형상으로 표현하지 않고 법륜, 탑, 빈 의자, 발자국, 보리수 등으로 나타낸 것이 특징이다.

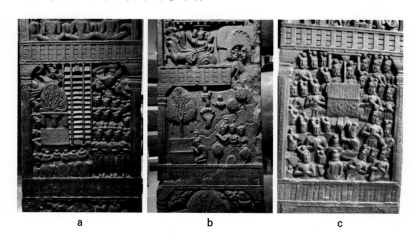

a   b   c

a. 천상에서 설법을 마치고 인간 세상(상까샤)으로 내려오시는 부처님(내려오시는 모습은 계단 맨 위와 아래에 발자국으로, 내려와 대좌에 앉으신 모습은 보리수 아래 빈 대좌) **b.** 나가의 왕인 엘라빠뜨라Elapatra가 부처님께 인간의 모습이 되기를 발원하는 장면 – 뱀의 몸을 가진 엘라빠뜨라가 보리수 오른쪽에 처음 나오고, 그 위에는 뱀의 허물을 반 벗고 인간의 상반신이 나옴. 온전한 인간의 모습이 된 엘라빠뜨라가 부처님께 머리를 조아리며 경배함 **c.** 왕족들이 부처님께 귀의함(보리수 아래 빈 대좌와 발자국)

4. 기타

지질학, 인류학을 비롯한 자연과학 전시관 등의 매우 다양한 전시물들이 있는 박물관이므로 천천히 둘러볼만한 가치가 충분히 있는 박물관이다. 가끔 박물관 안마당에서 전통 음악이나 춤 등의 공연을 할 때가 있으므로 신문 등을 통해 일정을 확인하여 참석한다면 좋은 경험이 될 것이다.

순례 가는 길

1. 드나드는 길

- 꼴까따는 인도가 영국 식민지일 때 수도였던 도시이다. 그래서 전국 각지로 연결되는 비행기, 기차, 버스 노선이 많이 있다. 꼴까따에서는 뉴델리, 가야, 빠뜨나, 바라나시 등으로 연결되는 기차가 많이 있으므로 드나드는 일에 불편함은 없다. 또한, 태국, 방글라데시 등의 여러 나라로 연결되는 국제선 공항이 있으므로 순례 계획에 맞춰서 이용할 수 있다.

- 꼴까따에는 큰 기차역이 2개가 있다. 거의 모든 기차의 출발과 도착은 후글리^{Hoogli / Hugli} 강 건너에 있는 하우라^{Howrah}역에서 이루어진다. 도심 쪽에 있는 시알다^{Sealdah}역은 북쪽에 있는 실리구리, 뉴잘패구리, 북동부의 마니뿌르 주州, 미조람 주州로 가는 기차가 출발하는 역이다. 기차표를 구하기 위해서는 각 역의 예약 사무실을 이용하는 것이 가장 저렴하고 좋지만, 역까지 이동하는 불편함이 있으므로 수데르 스트리트^{Sudder St.}에 있는 여행사를 통해서 구매하는 것도 나쁘지는 않다. 발권 대행 수수료는 따로 내야 한다.

- 박물관은 배낭 여행자들이 가장 많이 모이는 수데르 스트리트와 자와할랄 네루 로드^{Jawaharlal Nehru Rd.}가 만나는 곳에 있다. 역에서 시내버스를 이용해서 이동할 수도 있지만 택시를 타고 이동하는 것이 여러모로 안전하고 편안하다.

2. 머무를 곳, 먹을 곳

- 수데르 스트리트와 그 일대에는 여러 등급의 호텔과 게스트하우스가 있

다. 이곳의 저렴한 숙소는 빈대나 벼룩, 바퀴벌레가 많으므로 각별한 주의
가 필요하다. 도시 곳곳에 고급 호텔들이 있으므로 다양한 호텔 예약 사이
트를 이용하면 편리하다.

• 저렴한 식당들은 주로 수데르 스트리트에 있는데 메뉴가 다양하다.

• 수데르 스트리트의 북쪽에는 '뉴 마켓'이라는 큰 시장이 있는데 과일이나
채소를 사서 먹을 수 있고 세계적인 패스트푸드 식당들이 있어서 취향에
따라 다양한 선택을 할 수 있다.

*꼴까따 인도 박물관, 마투라 정부 박물관, 뉴델리 국립 박물관에는 자이나교의 역
대 교주를 나타내는 띠르탕까라^{Tirthankara} 상像이 많이 있다. 언뜻 보면 불상과 비슷
해 보이지만 자세히 보면 불상佛像과 다른 점을 발견할 수 있다.

마투라 박물관
Government Museum of Mathura

인도 웃따르 쁘라데쉬 Uttar Pradesh 주州

개요

  한국인들에게 잘 알려져 있지 않은 마투라Mathura는 야무나 강에 인접한 고대 상업도시로서 힌두교의 성지이자, 간다라 불교 미술과 더불어 인도 불교 미술의 중심을 이루는 곳이다. 간다라 불상과는 달리 몸매가 드러나는 얇은 가사의 흐름과 부드러운 얼굴선 등으로 표현된 마투라 불상은 주로 붉은 사암으로 만들어져 있다. 그래서 재료가 주는 느낌 또한 사실적이다. 또한 마투라는 불상뿐만 아니라 자이나교 조각상, 힌두교 신상 등을 만들어 다른 지역에 보급했다.

  간다라 불상이 그리스 헬레니즘의 영향을 받은 그레코-박트리안Greco-Bactrian 스타일로 조성된 것이라면 마투라의 불상은 인도 고유의 조각 기법이 그대로 담겨 있는 것이라고 할 수 있다. 마투라의 조각 기법은 후대의 굽따 시대에 불상 발전에 많은 영향을 끼친다.

  박물관의 전시물은 상당히 뛰어난 수준이라고 생각되지만, 전시 형태

는 그다지 수준을 논할 정도가 아니다. 오랜 기간의 정비 공사를 통해 새로이 문을 연 마투라 박물관은 중요 조각들을 모두 유리로 된 보호 공간 안에 두어 전시물의 사진을 찍기에는 많이 불편해졌다. 부처님께서 직접 다녀가신 적이 있고 관련된 경전이 남아 있는 지역이지만 발굴되거나 남아 있는 사원 유적은 현재까지 없다.

마투라는 인도인에게 인기가 있는 힌두신의 하나인 크리슈나Krishna에 관련된 이야기가 전해오는 중요한 힌두교의 성지라서 많은 순례자가 이 도시를 방문한다.

역사

부처님 당시에 인도의 강대국 중의 하나인 수라세나Surasena / Sk. Śūrasena 왕국이 있던 곳이다. 부처님께서 몇 차례 방문하셨지만 그리 오래 머무시지는 않은 것 같다. 그리고 논의제일論議第一 마하가전연Mahakaccana / Mahakatyayana 존자에 의한 마투라경Mathura sutta M84이 전한다. 이 경은 카스트 제도에 대한 불교적 반박이 들어 있다.

꾸샨 왕조Kushan Empire(서기 30~375) 때에 처음으로 부처님을 인간의 모습으로 표현하였는데, 간다
라Gandhara 양식은 그리스
헬레니즘 영향을 받았으
나, 마투라 양식은 인도
고유의 조각 기법이 적용
되었다고 할 수 있다. 굽

따 왕조 시대에도 많은 불상이 조성되었으며 현재 각 박물관에서 볼 수
있는 뛰어난 불상 조각들이 이때 많이 조성되었다.

 법현 스님이 마투라를 방문하였고 "20개의 사원과 3,000명의 승려를
보았다"고 기록을 남겼다. 사리뿟따(사리불), 마하 목갈라나(목련), 아난
다(아난) 존자의 탑이 있었고, 아소까 대왕이 세운 3개의 불탑이 있었으
며, 매년 안거가 끝나면 큰 축제가 있었다고 한다. 634년에 이곳을 순례
한 현장 스님은 이 축제를 보았다고 기록을 남겼다.

 1017년에 가즈니Gazni의 마흐무드Mahmud가 도시를 약탈하고 불교 사원들
을 파괴했으며, 1500년에는 시칸데르 로디Sikander Rodi가 잇따라 불교 사원
들을 파괴했다. 17세기 후반 무굴 제국의 황제 아우랑제브에 의해서 모든
주요 사원과 신전들이 유린蹂躪되었다. 18세기 초반부터 마투라는 영국
의 통치하에 들어가게 되었다. 영국인들은 남쪽에 병영兵營을 건설했고,
로마 카톨릭 성당과 묘지를 남겼다.

 1836년 영국군 장교 스테이시Col. L.R. Stacy가 간단한 발굴을 하였으며, 이
후 많은 아마추어 고고학자들이 마투라를 파헤쳤다. A. 커닝엄은 1853
년, 1862년, 1871년에 마투라 지역을 발굴했다. 1860년 법원을 건설하
는 과정에서 수많은 조각품이 발견되었는데 이때 그 유명한 마투라 불
상이 발굴되었다. 인도에서 만들어진 가장 아름다운 불상이라고 칭송받

는 이 불상은 지금 뉴델리의 '대통령궁'인 라스트라파티 바완^{Rastrapati Bhavan}에 보존되어 있는데 일반인에게 공개되지는 않는다.

마투라 박물관은 1874년 그로우스^{Sir. F. S. Growse}에 의해서 처음 문을 열었다. 역사적인 장소의 하나인 담삐에르 공원^{Dampier Park} 옆에 자리 잡고 있으며, 마투라 정부박물관^{Government Museum of Mathura}이라고도 불린다.

※ 입장료 있음, 월요일과 매월 두 번째 일요일 휴관

유물

1. 불상

박물관을 들어서서 왼쪽으로 가면 가장 먼저 눈에 띄는 불상은 실제 사람 크기의 부처님 입상立像이다. 5세기 중엽, 굽따^{Gupta} 시대의 불상이다. 불상 받침대에는 '야사딘나^{Yasadina}라는 이름의 비구가 바친다'라는 글이 새겨져 있다. 지금은 오른손이 떨어져 나갔지만 시무외인^{Abhaya Mudra}을 하고 있고 왼손은 가사를 잡고 있다. 얇은 가사의 흐름은 속에 입은 가사의 형태를 보여 주는 듯한 반투명의 모습을 하고 있다. 그리고 발아래에는 두 명의 제자(?)가 조각되어 있다. 온화한 미소의 얼굴, 손과 팔의 자연스러운 모습, 아름다운 후광이 매우 섬세하게 조각되어 있어서 불상이 살아 있는 것처럼 느껴지는 대단히 뛰어난 작품이다.

1세기 때의 대단히 뛰어난 좌불상坐佛像이 있는데 세 마리의 사자가 받치고 있는 좌대 위에 결가부좌를 하고 시무외인을 하고 있다. 이 불상의 좌대에는 아모하–아시^{Amoha-asi}라는 비구니가 조성한 내용과 '모든 살아 있는 존재들의 안녕과 행복을 위하여'라는 글이 새겨져 있다. 협시로 서 있는 두 명의 천신, 광배 부분에는 하늘에서 꽃비를 뿌리는 두 명의 천신이 조각되어 있고 보리수도 보인다.

　그 외에도 간다라 지역에서 출토된 작지만 뛰어난 부처님의 고행상이 있으며, 현재 한국에서 볼 수 있는 나발螺髮의 머리가 아닌 상투 모양의 불두佛頭를 한 불상을 많이 볼 수 있다. 가사의 주름을 표현하지 않은 불상도 눈에 띈다. 불상이 발달하기 전의 조각도 눈에 띄는데 보리수 아래 빈 의자로 부처님을 표현했다. 부처님 전생담에 나오는 수메다Sumedha(선혜)의 이야기를 나타낸 조각, 부처님의 일대기를 하나의 석판에 새겨 놓은 석판도 있다. 미륵 보살상 이외의 다른 보살상은 전시되어 있지 않다.

2. 기타

불상을 제외하고 가장 대표적인 것은 쿠샨 왕조의 카니쉬카^{Kanishka / Sk.} ^{Kaniṣka} 왕의 입상立像이다. 고대 인도의 조각 작품 중에서 현존하는 몇 개 되지 않는 인물 작품 중의 하나이다. 비록 머리 부분은 소실消失 되었지만 벌린 두 발과 철퇴를 쥐고 있는 왼손, 큰 칼을 움켜쥔 오른손이 카니쉬카 왕이 아주 특별한 군주였음을 명확히 보여 준다.

조각상에는 '위대한 왕, 왕 중의 왕, 신의 아들 카니쉬카'라고 적혀 있다. 카니쉬카 왕은 아소까 대왕을 제외한 그 어떤 왕보다도 불교를 널리 전하는 데 많은 역할을 한 왕으로 기록되어 있다. 이 조각은 전투적인 면모에도 불구하고 예술성이 뛰어난 작품으로 사랑받고 있다.

이 박물관에는 힌두교의 신상들도 전시되어 있고, 자이나교의 조각 작품도 전시되고 있다. 자이나교 조각상은 불상과 가부좌, 수인, 나발의 머리, 광배, 좌우 협시 등이 매우 비슷하다. 다만 가사를 입고 있지 않은 것

과 가슴에 표식symbol이 있는 것이 가장 큰 차이점이므로 관심을 두고 살펴볼 만하다. 마투라 지역에서 발굴된 사원의 난간과 장식 조각들이 많이 전시되고 있는데 찬찬히 살펴볼 만한 충분한 가치를 지니고 있다.

순례 가는 길

1. 드나드는 길

• 마투라는 중요한 기차 노선이 많이 지나가는 도시이다. 뉴델리에서 기차(150km−3시간 30분)를 타고 다녀오는 것이 가장 편리한데, 뉴델리 역보다는 뉴델리에 있는 또 다른 역인 니자무딘Nizamuddin역에서 출발하는 기차가 많으므로 니자무딘역을 이용하는 것이 훨씬 편하다. 아그라Agra Cantt(60km−1시간) 역에서도 가깝다.

• 역 앞의 광장에서 싸이클릭샤를 타고 담삐아르 나가르Dampiar Nagar로 가자고 하면 된다. 담삐아르 나가르에 도착하면 박물관 건물이 쉽게 눈에 띈다.

2. 묵을 곳, 먹을 곳

• 뉴델리나 아그라에서 당일로 다녀올 수 있으므로 매우 특별한 경우를 제외하고는 마투라에서 숙박할 일은 없다. 만약 머물게 된다면 기차역 광장에서 박물관으로 가는 길에 여러 등급의 숙소가 있으므로 형편에 따라 선택하면 된다.

• 기차역 입구의 대로변과 박물관 근처에 다양한 식당들이 있는데 대부분 인도식 채식 식당이다. 인도 음식을 좋아하지 않는 외국인이 먹을 만한 음식을 파는 식당을 찾기가 매우 어렵다.

*부처님께서 마투라에 대해 설법하신 내용에는 다음과 같은 내용이 있다.

"비구들이여, 마두라Madhura(마투라)에는 다섯 가지 위험이 있다. 무엇이 다섯인가? (땅이) 고르지 못하고, 먼지가 많고, 개들이 사납고, 포악한 야차들이 있고, 탁발 음식을 구하기 힘들다. 비구들이여, 마두라에는 이러한 다섯 가지 위험이 있다."
〈앙굿따라 니까야, A5:220〉 초기불전 연구원

*마투라는 인도인들에게 많은 사랑을 받는 끄리쉬나Krishna 신과 관련된 이야기가 많이 전하고 있는 곳이며, 끄리쉬나 신전이 유명한 곳이다. 주로 피리를 부는 모습으로 표현되는 끄리쉬나는 연인 라다Radha와의 사랑을 중심으로 에로스적인 신앙이 강조되어 문학, 회화, 조각, 종교적인 시詩 등의 중요한 모티브가 되고 있다.

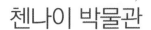

첸나이 박물관
Government Museum of Chennai

인도 타밀나두 Tamil Nadu 주州

개요

마드라스라는 옛 이름으로 한국인에게 친숙한 첸나이는 남인도의 대표
적인 항구 도시이다. 최인훈의 소설 〈광장〉에서 주인공 이명준이 제 3국
을 선택해서 가던 곳이 바로 '마드라스'인데 현재 타밀나두 주의 주도인
첸나이이다. 인도양에서 벵골만Bay of Bengal으로 불어오는 따뜻한 바람이 처
음 다다르는 곳이 첸나이 해변이라 사계절이 따로 없는 곳이다.

긴 백사장이 있어 인도 사람들의 여유로운 휴식 장소가 되는 곳이고 일
찍부터 해외 문물이 많이 드나들었던 곳이라 개방성이 남다른 인도 사람
들이 많이 사는 곳이기도 하다. 지금은 한국 자동차 기업의 공장이 도시
인근에 들어서서 곳곳에서 한국과 관련된 간판을 볼 수 있는 곳이기도
하다. 이곳에 남인도 불교의 많은 유물이 전시되어 있는 첸나이 정부 박
물관이 있다.

역사

1851년에 처음 문을 연 첸나이 박물관은 1854년에 현재 위치로 이전하여 지금까지 유지되고 있다. 인도에서 두 번째로 오래된 박물관인데 첫번째는 꼴까따에 있는 인도 박물관Indian Museum이다. 이곳에는 국립 미술관National Art Gallery도 함께 자리하고 있다. 대부분의 오래된 건물들은 1864년에서 1890년 사이에 지어졌다.

6동의 건물과 46개의 갤러리로 구성된 첸나이 박물관은 약 66,000m²(약 2만 평)의 면적을 가지고 있으며 전시된 물건에는 고고학, 화폐학貨幣學(고전학古錢學), 동물학, 자연사自然史, 조각, 고대 패엽경, 아마라와띠 유물 등 다양한 분야의 많은 유물과 예술 작품이 전시되어 있다. 특히 불교도에게 가장 흥미를 끄는 것은 아마라와띠Amaravati에서 발굴된 유물들이다. 이 유물들은 고고학 갤러리에 있는데 서기전 2세기 때의 불교 조각에서부터 16세기 때까지의 불교, 힌두교, 자이나교 조각 작

품까지 주요 남인도 시대를 대표하는 유물들이 있다. 또한 청동 전시실에는 남인도의 뛰어난 청동 유물들이 전시되어 있는데 거기에는 수준 높은 불교 유물들도 많이 포함되어 있다.

※ 입장료 있음, 금요일과 국경일 휴관

유물

① 고고학 갤러리 Archaeological Galleries

입구를 들어서면 중앙 통로를 중심으로 양쪽에 산치 대탑의 모형과 다양한 불교 유물, 힌두교 유물들이 혼재되어 있다. 아마라와띠 전시실로 가는 통로 전까지 2층으로 된 전시장에는 중부 인도와 남부 인도에서 발굴된 석조石造 유물들이 주류를 이룬다. 아마라와띠 전시실에 들어서면 불상과 아마라와띠 탑의 외부를 장식했던 석판, 난간 등등이 전시장 대부분을 채우고 있다. 아마라와띠 탑의 난간欄干과 난순欄楯의 일부가 원형 그대로, 또는 원형 크기로 복원되어 전시되어 있다. 아마라와띠 탑의 외부를 장식했던 석판에는 부처님의 일대기, 전생담 등의 내용이 조각되어 있다. 아마라와띠 전시실의 한쪽에는 중부 인도와 남부 인도에서 발굴된 불상과 보살상 등이 전시되어 있다.

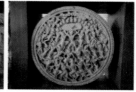

② 청동 갤러리 Bronze Gallery

3층으로 된 청동 갤러리는
인도의 대표적 종교인 힌두
교의 신상神像과 자이나교의
유물들이 다양하게 전시된
곳이다. 불교 갤러리는 2층
(인도식으로는 1st floor)의
작은 방에 전시되고 있다. 청

동 갤러리의 주 전시실에 전시할 때보다 전시물이 많이 줄었다. 불교 유
물들은 중북부 인도의 불상과는 많이 다른 모습으로 지역적인 특징을 가
지고 있다. 관리인에게 불교 갤러리의 문을 열어 달라고 해야 관람할 수
있다. 건물 입구에 입장권을 검사하는 관리인이 없는 경우에는 박물관 본
관 옆에 있는 사무실에 가서 이야기하면 열어 준다.

③ 기타 갤러리

이 박물관에는 국립 예술 전시실National Art Gallery, 현대 예술 전시실Contemporary
Art Gallery, 어린이 박물관Children's Museum 등이 함께 있는데 모두 한 장의 입장
권으로 출입이 가능하다.

순례 가는 길

1. 드나드는 법

• 첸나이는 태국, 홍콩 등의 아시아 국가에서 직접 드나드는 항공편이 많이
있다. 국내선 항공편도 많이 있으므로 순례 일정에 따라 항공편을 이용하
기 편리한 곳이다. 공항에서 박물관까지는 택시를 이용하거나 공항의 뜨

리술람^{Trisulam}역에서 전철을 타고 첸나이 에그모어^{Chennai Egmore}역에서 하차하여 약 1.4km를 걷거나 택시를 타면 된다.

- 중앙역^{Chennai central railway station}과 에그모어^{Chennai Egmore railway station}역은 뉴델리, 뭄바이, 꼴까따 등에서 출발하는 많은 기차의 종착역이어서 기차를 이용하여 드나드는 데도 아무런 지장이 없는 곳이다. 단, 성수기에는 기차표를 예약하는 것이 일정을 맞추는 데 유리하다. 두 역 앞의 버스 정류장에서 17D, 또는 10A 버스를 타고 박물관 앞에서 내리면 된다. 다른 방법으로는 첸나이 중앙역 광장 오른쪽에 있는 파크^{Park}역에서 전철을 타고 첸나이 에그모어^{Chennai Egmore}역에서 하차하여 약 1.4km를 걷거나 택시를 타면 된다.

2. 묵을 곳, 먹을 곳

- 첸나이에는 최고급 호텔부터 배낭 여행자를 위한 도미토리까지 다양한 숙소가 있다. 전철과 시내버스가 잘 연결되므로 인터넷에서 숙소를 검색해서 자신의 형편에 맞는 적절한 숙소를 찾는데 어려움은 없을 것이다. 한국인이 운영하는 숙박 업체도 있지만, 박물관에서 가까운 곳은 없다.
- 한국의 자동차 생산 공장이 첸나이 근교에 있어서 한국 식당도 몇 곳이 있다. 인터넷으로 검색을 하면 주소와 연락처를 알 수 있다.

남인도의 특색 있는 향토 음식을 비롯하여 채식주의자들을 위한 다양한 메뉴들이 있는 식당이 곳곳에 있으므로 식사를 하는 일에는 불편함이 없을 것이다. 근래에 들어 많은 다국적 패스트푸드 레스토랑이 생겨서 더 다양한 선택을 할 수 있게 되었다.

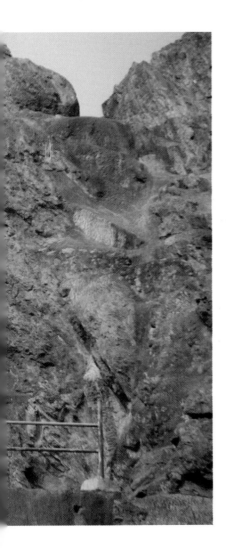

CHAPTER 7
동인도

법을 맛 본 이는

고요한 마음으로 항상 행복하게 살리라.

부처님의 가르침 안에서

맑은 마음으로

항상 기뻐하며 살리라

-법구경 79

위사까빠뜨남
Vishakapatnam, a.k.a Vizag

인도 안드라 쁘라데쉬 Andhra Pradesh 주州

개요

벵골 만에서 불어오는 바닷바람이 따가운 햇볕을 잠시 쉬게 하는 언덕
– 산山이라고 부르기에는 많이 부족한 – 위에 널따랗게 펼쳐진 불교 사
원 유적들이 조금은 낯설다. 물도 귀하고 다니기도 불편해 보이는 언덕
위에 이렇게 큰 도량이 있다는 것이 반갑기도 하고 다행이기도 하지만 부
처님께서 다니셨던 성지와는 사뭇 다른 느낌으로 다가온다. 불교도가 거
의 남아 있지 않은 지역인지라 정말 유적으로만 존재하는 불교의 흔적이
순례자의 마음을 허허롭게 하는 곳이다.

산까람 지역의 유적지는 바다에서 좀 떨어져 있고 농경지의 가운데 있
어서 소들도 한가롭고 관리자들의 모습도 여유롭다. 한 지역에 시대와
특색이 다른 두 불교 유적이 마주보고 있어서 순례자의 눈길을 바쁘게
한다.

역사

인도 불교 역사에서 인도 동부의 역사에 대해 자세히 기술記述된 책자나 자료를 찾기가 그리 쉽지 않다. 특히 불교 역사 전문가가 아닌 입장에서는 더더욱 그렇다. 남아 있는 단편적인 자료들을 종합해 보면 다음과 같다.

난다 왕국Nanda Empire에 속한 깔링가Kalinga 왕국은 지금의 오디샤Odisha 지역을 기반으로 안드라 쁘라데쉬 지역 일부까지 통치하고 있었다. 마우리야 왕국의 아소까 대왕이 정복 전쟁을 일으켜 인도를 통일해 나가면서 가장 치열하고 많은 피를 흘린 전쟁이 깔링가 전쟁이다. 기록에는 10만 명이 목숨을 잃었다고 하는데 전쟁이 서기전 3세기 때인 것을 생각해 본다면 엄청난 숫자의 사람들이 목숨을 잃은 것이다. 이후에 사따와하나Satavahana 왕조와 이끄쉬와꾸Ikshvaku 왕조의 영향을 받았으며, 그 뒤에는 빨라와Pallava 왕조와 동부 강가Eastern Ganga 왕조의 영향력 아래에 놓였다. 12세기까지 출라Chola 왕조의 지배하에 있을 때까지 불교가 있었던 것으로 전해진다.

현재 서기 1세기부터 9세기 때까지의 불상과 탑, 사원 유적들이 남아 있다. 오랜 세월이 지난 뒤에 발굴되었고, 열악한 발굴과 복원 기술 때문에 유적 일부는 조잡한 모습을 하고 있지만 잘 알려진 불교 유적지와는 다른 모습으로 다가오는 곳이라 순례할 만한 곳이다. 현재 새로 만든 벽돌 등으로 일부 유적들을 복원해 놓았는데 많은 아쉬운 부분이 보이는 것은 인도의 현실이라 생각하고 다녀야 한다.

유적

1. 산까람Sankaram – 봇잔나콘다Bojjannakonda와 링갈라콘다Lingalakonda

위사까빠뜨남에서 서쪽으로 약 40km가 떨어진 아나까빨레Anakapalle에 있는 산까람 유적은 1907년 영국의 고고학자 알렉산더 레아Alexander Rea가 발굴해서 세상에 알려지게 되었다. '산까람'이라는 뜻은 승가가 머무는 곳saṅghārāma, 즉 불교 사원이 있는 곳이란 뜻이다.

현재 이곳은 봇잔나콘다와 링갈라콘다로 알려져 있는데, 이 두 곳은 서로 마주 보고 있는 작은 언덕(바위산?)이다. 이곳의 유적들은 석굴과 불상, 하나의 돌로 된 탑monolithic stupa, 벽돌로 이루어진 탑으로 유명

하다. 이곳은 서기전 1세기부터 9세기까지 약 1,000년 간 불교 사원이 유지된 것으로 조사되었다. 원래는 붓두니콘다^Buddhuni konda(붓다의 언덕)로 알려졌으나, 시간이 흐르면서 붓잔나콘다로 불리게 되었다. 이곳에는 세 종류의 불교 – 상좌부불교^Theravada / 대승불교^Mahayana / 금강승불교(또는 후기 대승불교) – 가 번성했다고 전한다.

① 붓잔나콘다 Bojjannakonda

입구에서 동쪽에 있는 언덕을 '붓잔나콘다'라고 하는데 석굴의 중앙에 불상 대신 탑이 있는 석굴과 석굴 내외의 불상, 탑, 사원 유적이 있다. 석굴 내의 탑에는 불상이나 다른 조각이 없어서 불상이 조성되기 전에 만들어진 것으로 추정된다. 이 석굴을 중심으로 하나의 돌로 된 많은 탑과 벽돌로 된 탑, 벽돌로 지은 사원 유적이 즐비하다.

가. 석굴

석굴은 작고 그리 넓지 않지만 사각, 팔각, 원형으로 이루어진 기둥이 탑 주위에 배치되어 회랑의 모습을 갖추고 있다. 석굴 내부에는 단순한 모양의 탑이 모셔져 있는데 이것으로 미루어 불상이 인간의 형상으로 조성되기 전에 석굴과 탑이 만들어진 것임으로 알 수 있다. 탑의 전면에 있는 두 개의 기둥에는 수호신상守護神像이 조각되어 있다.

석굴 입구와 전실前室에 조각된 불상과 보살상의 일부는 후대에 조각된 것으로 보인다. 바위의 재질은 무늬가 많은 사암^sandstone인데 불상을 조성하는 데 그리 유용한 것 같지는 않아 보인다. 석굴 입구는 수호신상이 지키고 있으나 한쪽이 마멸되었다. 또한, 석굴 입구 상단에 있는 불상은 눈에 드러나게 조잡한 방법으로 보수되어 아쉬움이 있다.

나. 전탑塼塔과 석탑, 사원 유적

석굴이 있는 언덕 위에는 벽돌로 조성한 탑(전탑)이 상부가 허물어진 채 남아 있고 언덕 곳곳에는 많은 석탑이 있다. 석탑은 대부분 반구형 봉헌탑으로 탑의 표면에 불상이나 보살상의 조각은 없다. 언덕 곳곳에는 작은 석굴들이 몇 개가 남아 있는데 모두 미완성이다. 언덕 위의 한편에는 법당과 승방이 갖춰진 사원 유적이 있다.

② 링갈라콘다 Lingalakonda

입구의 서쪽에 있는 언덕은 '링갈라콘다'라고 하는데 하나의 돌로 된 탑들이 헤아리기 어려울 정도로 많이 남아 있다. 이곳의 탑들에도 불상이나 다른 조각이 없다. 불상이 조성되기 전에 만들어진 탑이거나 봉헌탑이었을 것으로 추정된다. 법당으로 사용된 것으로 추정되는 3개의 석굴, 다양한 탑들의 흔적도 있는데 사리함, 금강승불교 양식의 조각들이 발굴되었다. 일렬로 늘어선 같은 크기의 탑들은 다른 지역에서 볼 수 없는 것이라 눈여겨볼 만한 유적이다.

*필자의 개인 소견을 전제로, 이곳에 있는 석탑은 하나의 바위로 조성된 탑으로는 인도에서 가장 큰 탑으로 보인다.

2. 토뜰라콘다 불교 유적지 Thotlakonda Buddhist Archaeological Site

① 토뜰라콘다 Thotlakonda

토뜰라콘다는 위사까빠뜨남^{Visakhapatnam}에서 동북쪽으로 약 17km(직선거리) 떨어져 있는데, 멀리 벵골만의 바다가 보이는 해발 128m의 언덕 위에 자리 잡은 14만8천 평(49헥타르) 크기의 커다란 불교 사원 유적이다. 시민 공원 내에 유적지가 있어 많은 사람이 방문하는 곳이기도 하다. 해군 기지 건설을 위해 항공 조사를 하던 중에 발견된 이 유적은 1978년에 주 정부 기념 보호 유적으로 지정되었다. 토뜰라콘다는 '바위를 잘라 만든 저수조'라는 뜻으로 유적지 내에는 그 이름에 맞는 저수조들이 있다.

1988년~1993년에 본격적인 발굴 조사가 이루어졌다. 이 발굴 조사에서 대탑, 법당, 석주石柱가 있는 스님들의 공회당公會堂, 창고, 대형 식당과 주방, 배수 시설과 돌로 포장된 인도人道 등등의 여러 유적이 발굴되었다. 이러한 유적 이외에도 사따와하나 시대의 은화 9개와 로마 제국의 은화 5개, 진흙을 구워 만든 적갈색 타일, 장식용 회벽^{stucco} 조각, 조각된 석판石板, 돌로 된 작은 모형 탑 등이 발굴되었다. 초기 불교의 전통이 전해진 이곳에는 불상 대신에 부처님을 상징하는 두 발자국과 길상 표시(卍, Svastika=Swastika) 등의 8가지 상징물이 발굴되었다.

　이 불교 사원이 번성했을 때는 지역의 불교 교육과 문화의 중추적인 역할을 한 것으로 연구되었으며 상좌부불교가 주류였음이 밝혀졌다. 이 불교 사원은 왕실의 후원이 없었던 것으로 보이지만 무역상들과 현지 신도들이 이 불교 사원을 지원하고 유지하는 데 도움을 주었던 것으로 연구되었다. 이 사원의 전성기에는 100명이 넘는 스님들이 살았던 것으로 발굴을 통해 밝혀졌다.

　서기전 2세기 때부터 3세기까지 번성한 토뜰라콘다는 스리랑카와 동남아시아의 여러 지역으로 불교가 전파되는 데 중요한 역할을 했던 고대 칼링가Kalinga의 영향을 받은 것으로 조사되었다. 이러한 불교 전파 과정을 통하여 인도 문화, 특히 불교가 바다를 건너 다른 나라로 널리 확산되었던 경로를 이해할 수 있게 한다.

역사학자들에 따르면 3세기 말부터 이 사원은 쇠퇴의 길을 걷게 되는데 힌두교의 성장과 무역의 쇠퇴가 그 원인이라고 한다.

　이곳에서 북쪽으로 약 10km 떨어진 곳에 빠부랄라콘다Pavurallakonda 유적이 있으므로 시간이 있다면 함께 방문해 보는 것도 좋다.

② 바위콘다 Bavikonda

바위콘다Bavikonda는 위사까빠뜨남Vishakapatnam에서 북동쪽 직선 거리로 약 15km 떨어진 언덕에 있는데 이 지역에서 가장 오래된 불교 유적의 하나로 인정되고 있다. 해안가의 도로를 따라가다가 왼쪽 언덕 위로 올라가면 아래에서는 전혀 보이지 않는 곳에 넓게 유적지가 있다. 탑이 있는 법당, 승원, 우물 등등이 함께 있는 4만8천 평(16헥타르) 크기의 계단식으로 배치된 사원 유적Vihara이다. 서기전 3세기 때에 상좌부불교Theravada의 사원인 것으로 조사되었다. 3세기 때까지 불교 사원이 유지되고 있었음이 밝혀졌고 현재 26개의 유적이 발굴되어 보존되고 있다. 1982년~1987년의 발굴 작업에서 중요한 발굴 성과 중의 하나는 부처님의 사리라고 추정되는 사리가 담긴 항아리인데 많은 양의 유골遺骨이 담겨 있었다. 이 발굴 작업에서 불교 관련 유물들이 출토되었는데 대탑에서 사리가 담긴 사리함, 큰 사원 유적, 많은 봉헌탑, 많은 석주石柱를 가진 직사각형의 회랑과 대중 회합 장소, 큰 식당 등이 발굴되었다. 또한 이곳에서는 서기전 3세기에서 2세기 때까지의 것으로 사따와하나 왕조의 동전과 로마 제국의 동전, 다양한 토기土器들도 발굴되었다.

3. 기타 유적

위사까빠뜨남을 중심으로 갈 수 있는 다른 불교 유적지로는 빠부랄라콘다Pavurallakonda, 살리훈담Salihundam, 깔링가빠뜨남Kalingapatnam, 무카링가Mukhalingam, 라마티르탐Ramathirtham, 꼿뚜루Kotturu 등이 있는데 자세한 자료들은 안드라 프라데쉬 주관광청州觀光廳APTDC이나 위사까빠뜨남에 있는 관광청 사무소APTDC office in Vishakapatnam를 통해 얻을 수 있다.

순례 가는 길

1. 드나드는 길

• 위사까빠뜨남으로 가는 인도 국내선 직항 노선은 뉴델리, 뭄바이, 하이데라바드, 첸나이 등에서 있다. 뉴델리에서 출발하는 기차가 1일 평균 3회가 있는데 보통 40시간에 가까운 긴 운행 시간이다. 다른 불교 유적지를 방문하고 오는 길이라면 첸나이, 위자야와다, 꼴까따 등으로 연결되는 출발·도착 편이 많으므로 이용하는 데 불편함이 없을 것이다.

• 산까람은 위사까빠뜨남에서 서쪽으로 약 40km 떨어져 있는데 위사까빠뜨남 버스터미널에서 500번 시외버스나 기차를 타고 아나까빨레Anakapalle로 가서 오토릭샤를 타고 다녀오면 된다. 물론 위사까빠뜨남에서 택시를 타고 다녀오는 방법도 있다. 아나까빨레 버스 정류장에서 산까람까지는 약 3km의 거리이다.

• 토뜰라콘다와 바위콘다는 직선거리로 1km 남짓하게 떨어져 있으므로 오토릭샤나 택시를 타고 한 번에 다녀오는 것이 가장 이상적이다. 대중교통을 이용하면 큰 도로에서 내려서 인적이 거의 없는 산길을 걸어 올라갔다가 내려와야 하므로 절대 권하고 싶지 않다. 시간적인 여유가 있다면 빠부랄라콘다도 함께 다녀오면 된다. 차량을 이용하여 출발하기 전에 반드시 운전기사에게 유적의 위치를 알고 있는지 확인하고 출발하는 것이 좋다. 구글 지도에서 'Thotlakonda Ancient Buddhist Monastery'를 검색하

면 근접한 2곳이 나오는데 그중에 남쪽에 있는 것이 바위콘다이다.

2. 묵을 곳, 먹을 곳

• 위사까빠뜨남은 대도시라서 기차역 주변과 버스 터미널 주변에는 다양한
등급의 호텔이 많이 있다. 경제적인 형편에 맞는 숙소를 찾는데 어려움은
없다. 해변에 자리 잡은 고급 호텔에서는 벵골 만의 바다 풍경을 즐길 수
도 있다.

• 숙소만큼 다양한 식당이 있다. 최고급 호텔 식당, 남인도의 전통적인 식
사를 비롯하여 간단한 스낵을 파는 식당, 유명한 패스트푸드 레스토랑 등
이 있으므로 식사를 하는 일에 불편함은 없을 것이다. 또한, 남인도의 다
양한 과일을 파는 곳이 많고, 생과일 주스를 즉석에서 만들어 주는 곳
도 흔하다.

랄리뜨기리 Lalitgiri
인도 오디샤 Odisha 주州

개요

　잘 정비된 유적지 공간들이 왠지 낯선 분위기를 연출하고 새로운 건물들이 뭔가 마음에 편안함을 주지 못하는 입구에서 발걸음이 더디어졌다. 피곤함 때문이라고 하기에는 마음에서부터 울려오는 다른 느낌들이 있었다. 안으로 들어가니 그 이유를 알 수 있었다. 정말 오랫동안 잊혔던 불교 유적지이지만 인도 동부의 다른 유적지처럼 단정하게 복원해 놓은 것이 눈에 들어왔다. 완전한 복원이 아니라 정비 차원의 복원으로 느껴져서 무성의하게 보이는 느낌을 지울 수가 없다. 하지만 이렇게라도 복원을 해놓고 정비, 유지하고 있음은 고맙다.

　랄리뜨기리Lalitgiri는 라뜨나기리Ratnagiri, 우다야기리Udayagiri와 함께 오디샤 주의 중요 불교 유적인 뿌스빠기리 불교 대학Puspagiri University에 속했던 유적으로 '불교 다이아몬드 트라이앵글Buddhist Diamond Triangle'이라고 불리는 곳이다. 이곳은 오디샤 주에서 가장 오래된 불교 사원 중의 하나로 대규모 불

교 사원 유적이 있는데 대형 불탑, 불상, 승원 등이 조사되었다. 대형 불탑에서는 사리와 사리함이 발견되었다고 한다. 이곳은 밀교^{Tantric Buddhism}가 성행했던 것으로 조사되었다.

역사

  랄리뜨기리 사원 유적은 서기전 3세기부터 서기 10세기까지 불교 사원으로서 역할을 했던 것으로 조사되었다. 1905년 차끄라와르띠^{M.M. Chakravarty}에 의해서 최초의 발굴 조사가 있었으며 이후에 1927~1928년 꼴까따^{Kolkata}의 찬다^{R.P. Chanda}가 ASI에 이 유적지를 등록하고 기록을 남겼다. 1937년에 중앙 정부에 의해 공식적인 보호 기념물로서 등록되었다. 1977년 웃깔^{Utkal}대학의 발굴 작업이 있었고, 1985~1991년에 ASI 부바네스와라 지부에서 발굴 작업을 하였다. 이러한 발굴 조사를 통해서 이 지역에는 마우리야 왕조^{Mauryan period}(서기전 321~서기전 187)부터 13세기까지 불교가 성행했던 것으로 조사되었다. 특히 1985년부터 시작된 발굴 조사에서 당나라의 구법 순례자인 현장玄奘 법사의 〈대당서역기〉에 언급된 뿌스빠기리 불교 대학을 추정할 수 있는 유물들이 나왔지만, 확정적인 유물이 발견되지는 않았다. ASI는 랄리뜨기리 유적 근처에 있는 란구디 언덕^{Langudi Hill}을 발굴하여 뿌스빠기리 불교 대학이 이 지역에 있었음을 유추하였다.

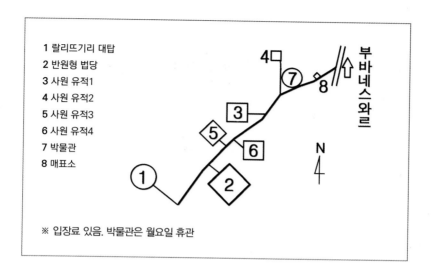

1 랄리뜨기리 대탑
2 반원형 법당
3 사원 유적1
4 사원 유적2
5 사원 유적3
6 사원 유적4
7 박물관
8 매표소

부바네스와르

N

※ 입장료 있음. 박물관은 월요일 휴관

유적

1. 랄리뜨기리 대탑 Maha stupa

ASI의 발굴작업으로 대탑이 발견되었다. 이 탑을 해체 복원하는 과정에서 변성암khondalite으로 만들어진 2개의 석재石材 상자가 발굴되었는데 그중 하나에서 사리가 발견되었다. 이러한 형태의 유물은 인도 동부에서는 최초로 발굴된 것이다. 하지만 연구 결과 부처님의 진신사리는 아닌 것으로 확인되었다.

사리가 발견된 상자는 퍼즐 상자처럼 만들어진 3중으로 된 것인데 가장 바깥 상자는 동석凍石steatite, 두 번째는 은이고, 가장 안쪽에 금으로 만들어진 상자에서 사리가 발견되었다.

2. 반원형半圓形 법당

대탑의 동쪽에 있는 반원형의 법당 유적은 오디샤 주에서 발굴된 최초의 반원형 법당 양식이다. 법당의 크기는 11m×33m의 크기인데 구

운 벽돌로 조성되어 있다. 법당의 벽 두께는 3.3m에 이른다. 이 건물 유적의 입구 바닥에는 반달 모양을 한 돌에 문양을 넣어서 만든 문스톤 moonstone이 있는데 이곳에서 꾸샤나 브라흐미Kushana Brahmi 문자가 새겨진 것을 발견하였다. 외부의 반원형 난간은 연꽃의 반만 나타낸 장식물처럼 만들어졌다. 이곳의 유적은 1세기를 전후해서 시작되어 6~7세기까지 유지된 건축 양식으로 추정된다. 주위에 많은 봉헌탑이 남아 있어 이곳 사원의 규모를 짐작할 수 있게 한다. 이 법당 양식의 구조물은 아잔타Ajanta 석굴 중에 비슷한 양식을 가진 석굴 법당과 비교할 수 있어서 흥미롭다.

3. 승원 유적

① 1번 사원

1번 사원은 동쪽 입구를 가진 가장 큰 사원으로 36m×36m의 바닥 면적을 가진 2층 건물인데 중앙에는 가로세로 각각 12.9m의 중앙 광장을 가지고 있다. 지붕이 있었던 것으로 추정되는 석주의 흔적이 남아 있고 사방으로 승방이 배치되어 있다. 건물 내부의 제일 안쪽 중앙에는 불상을 안치했던 법당이 있다. 이 유적들은 10~11세기 때의 건축물로 조사되었다. 승원 뒤편에 있는 벽돌로 된 구조물은 빗물을 받아 두는 빗물 저수조와 연결되어 있다.

② 2번 사원

2번 사원은 박물관 뒤에 있는
데 가장 북쪽에 자리 잡고 있다.
남아 있는 유적이 작고 규모도 작
아서 이 지역에서 불교가 쇠약해
지고 있을 때 건축된 것으로 추정
하고 있다.

③ 3번 사원

3번 사원은 남동쪽 입구를 가지
고 있으며 28m×27m의 바닥 면
적을 가지고 있고 8m×8m의 중
앙 광장을 가지고 있다. 건물 내부
의 제일 안쪽 중앙에는 불상을 안
치했던 법당이 있다.

④ 4번 사원

4번 사원은 30m×30m의 바닥
면적을 가지고 있으며 중앙 광장
이 있고 사방으로 승방이 배치되
어 있다. 건물 내부의 제일 안쪽
중앙에는 불두佛頭가 없는 불상이
남아 있다.

중앙 광장에는 배수 시설이 남아 있다. 이곳에서 9~10세기 때의 것으

로 추정되는 인장印章이 발굴되었는데 '거룩한 찬드라디띠야 사원의 성스러운 비구 승가Sri Chandraditya Vihara Samagra Arya Vikshu / bhikṣu Sanghasa'라는 문자가 발견되었다.

4. 박물관

2019년에 새로이 문을 연 박물관에는 랄리뜨기리 대탑에서 발굴된 사리와 사리함을 전시하고 있다. 대승 불교 시대의 많은 불상이 전시된 박물관으로 다양한 불상과 여러 종류의 보살상, 따라Tara 보살, 부귀富貴의 신인 잠발라Jambhala 등 많은 조각상이 전시되어 있다. 박물관 중앙에는 불상과 여섯 보살상이 전시되어 있는데 필자가 인도에서 최초로 본 지장보살Kshitigrabha / Sk. Kṣitigarbha 상像이 전시되어 있다.

5. 기타 유물

금 펜던트, 은 장신구, 코끼리와 두르가Durga의 모습이 새겨진 석판, 문양紋樣이 나열된 인장, 작은 관세음보살 상像 등이 발굴되었다. 발굴된 유물 중에는 대승 불교 시대의 유물들이 대부분을 차지하는데 다양한 수인手印을 한 불상과 보살상들이 발굴되었다.

이곳에서도 티베트 불교의 영향을 받은 따라 꾸루꿀라Tara Kurukulla 상像도 발굴되었다. 우다야기리, 랄리트기리, 라뜨나기리 세 곳에서 모두 발굴되어서 티베트 밀교가 번성하였음을 알 수 있다. 따라보살상은 아미타불의 극락세계와 연관되어 있으며 반가상半跏像의 형태를 취하고 있는 것이 특징이다.

마찬가지로 귀자모鬼子母Hariti 상
像도 발굴되었다. 귀자모는 아이
를 잡아먹는 신神이었지만 부처님
의 가르침으로 아이들을 보호하
는 신이 되었는데, 젖을 먹이거나

아이들을 무릎에 앉혀 놓은 모습으로 조각되어 있다.

마우리야 왕조(서기전 321~서기전 187) 시대부터 8~9세기까지의 것
으로 추정되는 도자기 파편들이 발굴되었는데 이것들에 쓰인 문자를 통
해 상좌부 불교와 대승 불교가 공존했던 것으로 추정하고 있다.

바우마-까라Bhauma-Kara 왕조(8~10세기) 시기에는 밀교가 성행했던 것으
로 연구되었으며 그 이후에는 이 지역에서 불교가 자취를 감춘 것으로 보
인다.

순례 가는 길

1. 드나드는 길

• 랄리뜨기리를 가기 위해서는 부바네스와르Bhubaneswar를 먼저 가야 하는데,
뉴델리에서 직항 편으로 2시간 10분 정도가 걸린다. 직항 노선을 이용하
지 않으면 많은 시간이 소요된다.

• 뉴델리에서 하루 평균 4편 이상의 기차가 부바네스와르 역까지 운행하므
로 시간에 맞춰 이용할 수 있다. 기차의 평균 소요 시간은 30시간 이상인
데 'TN 22812'의 라즈다니Rajdhani라는 열차가 23시간 정도의 소요 시간으
로 뉴델리역과 부바네스와르역을 연결한다. 꼴까따Kolkata에서 출발하는 경
우라면, 꼴까따에서 출발하는 많은 기차 중에 상당수가 중요 역인 부바네

스와르역을 지나므로 편하게 이용할 수 있다.

- 부바네스와르에서 랄리뜨기리를 가려면 택시를 타는 방법 이외에는 없다. 라뜨나기리, 우다야기리를 묶어서 한 번에 다녀오는 것이 가장 유용하다. 택시는 숙소에서 알아보거나 시내에 있는 여행사를 통해서 예약할 수 있다. 왕복 약 200km이고, 택시 요금은 시세에 따라 다르므로 잘 흥정하는 것이 중요하다. 시내 교통은 대부분 오토릭샤를 이용해야 하는데 흥정을 통해 가격을 결정해야 한다.

2. 묵을 곳, 먹을 곳

- 부바네스와르는 대도시여서 묵을 곳과 먹을 곳이 다양하므로 형편에 따라서 선택할 수 있다. 중저가의 숙소는 기차역 부근에 몰려 있으므로 기차로 이동하는 경우라면 굳이 멀리 이동할 필요 없이 역 주위에서 숙박하는 것이 편하다. 유적지 인근에는 숙박할 곳이 없으므로 무리하게 이동하는 것은 삼가는 것이 좋다.
- 식사도 부바네스와르에서 형편에 따라 식사를 하는 일은 별다른 어려움이 없다. 다만 유적지와 유적지 인근에서는 식사할 곳이 마땅하지 않으므로 미리 음식을 준비해서 가는 것이 좋다.

라뜨나기리 Ratnagiri
인도 오디샤 Odisha 주州

개요

시골길을 한참 달려서 유적지에 도착하니 예전과 다르게 인도인들의 모습이 많이 보인다. 관광, 휴가라는 개념이 슬슬 자리잡기 시작한 인도인들 덕택에 도로가 좋아지고 관광 인프라가 늘어나기도 했지만 번잡함이라는 불편함이 다가온다. 많은 봉헌탑이 빼곡하게 자리를 차지하고 있는 곳도 처음이라 들어서는 입구부터 기대감이 커지는 라뜨나기리의 유적이다. 라뜨나기리 사원 유적은 언덕 위의 평평한 곳에 자리 잡고 있는데, 사방을 한눈에 바라볼 수 있는 전망 좋은 곳이다. 승가 생활과 불교 수행을 하는데 유익한 고요하고 차분한 분위기를 가진 곳이다.

라뜨나기리는 오디샤 주 자즈뿌르Jajpur 지역의 브라흐마니Brahmani 강과 비루빠Birupa 강의 사이에 위치한 마하위하라Mahavihara 사원, 또는 중요 불교 사원의 일부였던 것으로 조사되었다. 라뜨나기리 유적, 랄리뜨기리 유적, 우다야기리 유적은 '불교 다이아몬드 트라이앵글'로 알려져 있다.

역사

라뜨나기리는 6세기 초반 굽따 왕조의 나라심하 발라디뜨야Narasimha Baladitya
의 통치 시대 이전에 설립된 것으로 보인다. 12세기까지 번창하였고 16
세기 초반까지 유지되었다. 티베트 역사서 중의 하나인 〈Pag Sam Jon
Zang〉에 따르면 라뜨나기리가 10세기경에 깔라차끄라딴뜨라Kalachakratantra
개발의 중요한 중심지였음을 확인할 수 있다. 이곳에서 발굴된 많은 봉헌
탑, 장식물, 다양한 형태의 유물들에서 확인할 수 있는 깔라차끄라의 이
미지들이 그 사실을 뒷받침하고 있다.

1960년대 ASI에 의해 진행된 조사에서 다양한 크기의 봉헌탑들Votive
Stupas, 정사각형에 가까운 모습을 한 2개의 사원Monasteries 1 & 2, 아름답고 화
려한 장식의 문설주와 상인방이 있는 출입구를 가진 대탑(Stupa 1)이 발
굴되었다. 사원은 아름다운 조각이 있는 문간과 상인방, 넓게 열린 안뜰,
승방과 베란다로 구성되어 있으며, 거대한 불상을 모셨던 성소聖所인 안뜰
을 기준으로 대칭을 이루고 있다. 오디샤 주에서 발굴된 불교 사원 중에서
다각 형태의 탑신을 가진 탑이 있는 사원은 이곳이 유일하다.

이 사원 유적은 5세기부터 13세기까지 번성했던 것으로 밝혀졌다. 발
굴 조사 중에 발견된 인상적인 유적과 많은 조각상彫刻像으로 유추하여
볼 때, 13세기까지 불교가 활발하게 남아 있었으며 건축 기술의 놀랄만한

성장이 있었음을 알 수 있다.

석재로 된 수많은 불상과 보살상, 다수의 청동과 구리로 된 불상과 보살상 등이 이 유적지의 전반에 걸쳐 발굴된 것을 통하여 이곳 라뜨나기리가 비하르 주에 있는 날란다 유적에 비견할 만큼 밀교 수행의 중심지였던 것으로 유추할 수 있다. 발굴 작업 중에 발견된 수많은 점토 인장印章clay sealing은 전설로 전해지던 스리 라뜨나기리 마하위하라야 아리야 빅쿠 상가샤Shri Ratnagiri Mahavihariya Arya Bhikkhu Samghasya(존경할만한 라뜨나기리 마하위하라(大寺)의 성스러운 승가)가 이 사원 유적임을 밝히는 데 도움을 주었다.

13세기 말부터 이 사원은 쇠퇴하기 시작했고 이 무렵부터 이곳의 건축과 조각 예술에서 퇴보 현상이 드러나기 시작한다. 이 지역의 풍요로운 환경 속에서 라뜨나기리의 불교는 16세기까지 지속이 되었지만, 그 이후로는 이어 가지 못하였다.

1958년~1961년에 대규모 발굴 작업을 하였고 ASI는 이 발굴 작업에 대한 보고서를 1981년과 1983년에 발간하였다. 현재까지 이 보고서 내용 이상의 것이 밝혀진 것은 없다고 한다. 델리 대학교 내의 스리 오로빈도 대학 역사학과의 아미트 자Amit Jha는 말했다.

"라뜨나기리는 한 번 이상 재건축된 두 개의 장엄한 사원으로 구성되어 있으며 이 중의 하나는 넓은 안뜰을 가진 2층의 건축물로 되어 있고, 안뜰을 둘러싼 양쪽 면에는 승려들의 거처를 배치하였다. 또한 6개의 법당, 수천 개의 작은 탑, 1386개의 인장印章, 무수한 조각품들, 수많은 일상적인 건축물 등의 고고학적 유적이 있다. 이곳의 가장 큰 대탑은 한 변의 길이가 14m이고 현재 남아 있는 높이는 5.2m이다. 대탑의 사방에는 작은 탑들이 배치되어 있다. 이 유적지에 있는 수백 개의 봉헌탑들은 연꽃잎 장식과 구슬 문양tassel으로 꾸며져 있다."

유적

1. 사원 유적 1

약 50m×50m의 바닥 면적을 가진 이 사원 유적은 주초 출입구가 남쪽을 향해 있고 두꺼운 벽을 가지고 있으며 불상을 모신 법당, 24개의 승방, 안마당을 가진 사원 유적이다. 이중으로 된 출입문으로 들어서면 돌로 포

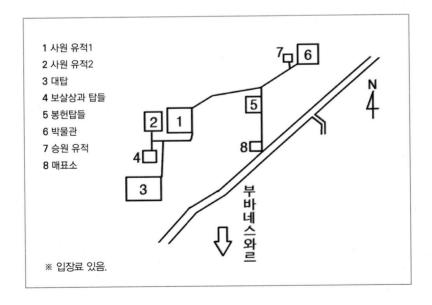

1 사원 유적1
2 사원 유적2
3 대탑
4 보살상과 탑들
5 봉헌탑들
6 박물관
7 승원 유적
8 매표소

※ 입장료 있음.

장된 넓은 안마당이 있고 안
마당의 서쪽에는 아마도 대
칭으로 조성되었을 것으로
추정되는 석재 구조물이 일
부만 남아 있다. 안마당에 남
아 있는 돌기둥으로 유추해
보면 목재로 된 지붕이 있었
을 것으로 보인다.

법당에는 항마촉지인을 하
고 계신 불상이 있고 좌우에
는 입상立像의 협시보살상이
있다. 빼어난 모습으로 잘 보
존된 금강장金剛藏^{Vajrapani}보살

상과 연화장蓮花藏^{Padmapani} 보
살상은 기둥을 세운 현관의 벽감壁龕^{portico}에서 발견되었다. 법당 입구의
좌우에는 여러 보살상과 신상神像들이 있는데 귀자모鬼子母^{Hāritī}의 모습도
보인다. 안마당과 승방 사이에는 회랑回廊이 있었고 승방의 벽 두께를 고
려해서 유추하면 2층 이상의 위하라였을 것으로 보인다. 안마당의 내부
에는 이곳에서 발굴된 많은 불상, 불두佛頭, 보살상이 거의 방치 수준으로
진열되어 있어 순례자의 마음을 아프게 한다.

2. 사원 유적 2

사원 유적 2호는 돌로 포장된 넓은 중앙 광장이 있는데 이 광장의 좌우
측면에는 모두 18개의 승방이 배치되어 있다. 사원 유적 1호와 같이 출입

구는 남쪽에 있고 광장의 북쪽에는 법당이 자리 잡고 있으며 여원인與願印Varada Mudra의 수인을 한 불상이 연화 좌대 위에 입상立像으로 있는데, 일산日傘과 광배光背를 갖추고 있으며 불상의 좌우에 브라흐마(범천)와 인드라(제석천)가 협시脇侍로 배치되어 있다. 승방에서 외부로 통하는 창窓에는 비교적 정교한 조각이 있는 창틀이 있다.

3. 대탑 Maha Stupa

구운 벽돌로 조성된 대탑大塔은 9세기에 조성된 것으로 추정하고 있으나 ASI는 그 이전 시대인 굽따 시대(서기 320년~520년)에도 탑이 있었을 것으로 추정하고 있다.

대탑은 한 변의 길이가 14m이고 현재 남아 있는 높이는 5.2m이다. 사각형의 기단 위에는 반구형半球形의 탑이 조성되었을 것으로 추정하는데, 기단 부분은 요철凹凸 형태의 벽면을 가지고 있고 각 모서리 부분은 다각多角polygonal의 형태로 조성되어 있다. 대탑 주위에는 많은 봉헌탑이 있는데 연꽃잎 장식과 수많은 구슬 문양으로 꾸며진 화려한 탑과 단순한 반구형

의 탑들로 가득하다. 관리가 잘 되고 있다는 생각이 들지는 않는 수준이
어서 순례자의 입장으로는 많은 아쉬움이 일어난다.

4. 박물관, 그 외 유적

매표소에서 길을 따라 언덕을 올라가면 첫 번째 갈림길의 왼쪽에는 대
충 세어도 200개가 넘는 많은 봉헌탑들이 한곳에 모여 있다. 이 갈림길에
서 오른쪽으로 가면 작은 승원 유적이 나오는데 특별한 것은 없다.

승원 유적을 지나면 작은 박물관이 나오는데 이곳에서 발굴된 유물을
전시하고 있지만, 박물관을 개방하지 않는 때가 더 많아서 전시 유물을
자세히 보기는 어렵다. 현재 이곳의 박물관에는 굽따 시대의 특징을 잘
나타낸 따라^{Tara}, 관세음^{Avalokiteshvara}, 아빠라지따^{Aparajita} 등의 보살상과 귀자
모신鬼子母神 등의 여러 조각상이 전시되어 있다고 한다. 유적지 내의 곳

곳에서 금강장金剛藏보살과 연화장蓮花藏보살을 볼 수 있는데 특별히 잘 관리되고 있지는 않은 것으로 보인다.

순례 가는 길

1. 드나드는 길

– 랄리뜨기리Lalitgiri 편을 참고하면 된다.

2. 묵을 곳, 먹을 곳

– 랄리뜨기리Lalitgiri 편을 참고하면 된다.

우다야기리 Udayagiri

인도 오디샤 Odisha 주州

개요

우다야기리는 지금까지 인도 오디샤^{Odisha}주에서 발굴된 불교 유적 중에서 가장 큰 불교사원으로 탑, 법당, 승원들로 이루어져 있다. 고고학 발굴조사 결과, 이곳은 서기 7세기에서 12세기까지 불교가 번성했던 곳으로 밝혀졌고, 랄리뜨기리, 라뜨나기리와 함께 불교 다이아몬드 트라이앵글로 알려진 곳이다. 우다야기리, 랄리뜨기리, 라뜨나기리는 이곳에 불교가 융성했을 당시, 뿌스빠기리 대학^{Puspagiri University}(옛 이름은 '마다와뿌라 마하위하라^{Madhavapura Mahavihara})의 일부였다고 한다.

흙먼지가 풀풀 날리는 길을 두 시간 넘게 자동차로 달려서 도착한 우다야기리 사원 유적 입구는 중북부 인도의 불교 유적에서 풍기는 느낌과는 많이 다르게 다가온다. 입구에서 길을 따라 걸어 올라가면 오른쪽으로 불상과 보살상이 낯설게 다가오는데, 재료의 질감이 중북부 인도와 다르기 때문이라고 하기에는 표현 방법 또한 무척 낯설다. 나라마다, 지역마다

불상의 표현 기법이 다른 것은 당연하다. 인도 내에서도 지역에 따라, 시대에 따라 불상의 표현 기법에 많은 차이를 보는 것은 당연하지만 눈길을 끄는 낯섦이 있다.

발굴

1958년 ASI에서 처음 발굴 작업을 한 이래 우다야기리에서 수많은 발굴 작업이 있었다. 1985~1986년, 1989~1990년, 1997~2000년, 2001~2004년의 4차례 발굴을 통해 많은 유물과 자료들이 알려졌다. 1985~1986년과 1989~1990년 사이에 이루어진 발굴 작업에서 벽으로 둘러싸인 불교 사원과 승원僧院들이 발견되었다. 또한, 동서남북으로 각각 배치된 7m 높이의 오방불五方佛Dhyani Buddha이 발견되었다. 고고학자들은 이곳을 '마다와뿌라 마하위하라Madhavapura Mahavihara'라고 추정하였다.

1997~2000년 사이의 대규모 발굴에서 추가로 8세기 때의 것으로 추

정되는 탑들과 2곳의 승원 유적이 발굴되었다. 불상, 따라^{Tara}보살상, 문수 ^{Manjusri}보살상, 관세음보살상, 결발관음結髮觀音^{Jatamukuta Lokesvara}보살상 등의 많은 소조塑造 불상과 보살상이 발굴되었다. 비문이 새겨진 계단식 돌우물도 발굴되었다.

2001~2004년 사이 발굴 조사에서는 바닥이 석재石材로 마감된 승원과 북쪽으로 흘러 나가는 주 배수관이 발견되었다. 우다야기리는 라뜨나기리에서 서쪽으로 겨우 5km가 떨어져 있지만 라뜨나기리와 연관된 조각이나 유물이 발굴되지는 않았다.

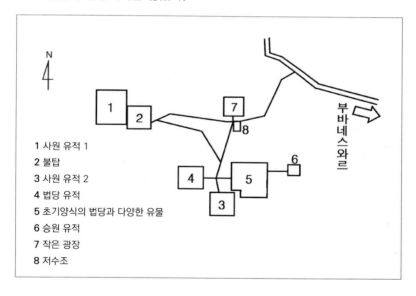

1 사원 유적 1
2 불탑
3 사원 유적 2
4 법당 유적
5 초기양식의 법당과 다양한 유물
6 승원 유적
7 작은 광장
8 저수조

유적

1. 사원 유적 1

① 불탑

벽돌로 쌓아 올린 14.05m×13.35m 크기의 사각형 위에 반구형의 불탑이 있다. 동쪽에 있는 문스톤 Moonstone 형태의 사암으로 만들어진 반원형 계단을 올라가면 벽돌을 이단二段 형태로 쌓아 올린 정사각형의 기단 위에 사방으로 감실龕室을 배치하고 각기 다른 모습의 불상을 배치한 반구형의 불탑이 있다.  불탑에는 항마촉지인, 여원인, 선정인을 한 불상을 각각 배치하였는데 북쪽에는 미륵보살로 추정되는 보살상이 배치되어 있다. 모두 사암으로 조성되어 있다.

② 사원 유적

불탑을 지나면 곳곳에 불상과 보살상, 봉헌탑 등의 유물이 산개散開된 곳을 만나게 되는데 아마도 사원의 일부였을 것으로 추정된다. 이곳을 지나서 계속 서쪽으로 가면 사원 유적을 만나게 된다. 사원 유적은 주主 출입구가 동쪽이며 사방으로 스님들의 거처가 있고, 중앙에는 스님들의 공동생활 공간인 중앙 광장이 있으며 서쪽 중앙에 불상을 모신 법당이 있다. 모두 벽돌로 조성한 유적이지만 법당의 입구 등 중요한 곳은 석재로 마감하였다. 벽의 두께로 미루어보면 2층 이상의 건물이었을 것으로 보인다.

법당에 모셔진 항마촉지인의 불상 좌우에는 보살상과 꾸베라Kubera가 협시로 배치되어 있다. 아마도 유적지를 정비하면서 옮겨 놓은 것으로 보인다. 또한 귀자모Hariti상도 함께 있다.

2. 사원 유적 2

① 사원 유적

사원 유적 1의 남동쪽으로 직선거리 약 200m 떨어진 곳에 자리하고 있다. 이곳은 아주 넓고 다양하게 구성된 사원 유적이 자리잡고 있다. 가장 남쪽에 사원 유적이 있으며, 직사각형의 바닥 형태를 가지고 있다. 주 출입구는 북쪽을 향해 있고 남쪽 벽면의 중앙에 법당이 자리 잡고 있는데 항마촉지인의 불상이 모셔져 있다. 중앙 광장은 스님들의 공동생활 공간으로 사용하였으며 사방에는 스님들의 거처가 배치되어 있고, 벽의 두께로 추정해 본다면 이곳도 2층 이상의 건물이었을 것으로 보인다.

② 법당 유적

북쪽, 서쪽, 남쪽에 건물의 벽이 남아 있으며 중앙에는 관세음보살상이 있는데 머리 위에는 과거 7불佛이 조성되어 있다. 주위에는 1세기에서 12세기 때까지 조성된 것으로 보이는 14개의 다양한 형태의 봉헌탑들이 배치되어 있다. 법당의 입구인 동쪽에는 원형의 건축물 기초 부분이 남아 있는데 이것의 용도가 무엇이었는지는 밝혀지지 않았다. 법당 입구에도 많은 봉헌탑들이 남아 있다.

③ 초기 양식의 법당

사원 유적의 북동쪽에는 많은 봉헌탑들이 즐비하게 늘어서 있는데 그중의 한 건물 유적은 인도의 초기 법당 형태를 가지고 있다. 불상이 조성되기 전의 아잔타 석굴이나 다른 유적에서 볼 수 있는 양

식으로 법당의 가장 안쪽이 반원형으로 되어 있고 법당에 반구형의 탑을 모신 작은 법당이다.

④ 봉헌탑과 다양한 유물들

사원 유적의 북동쪽에는 크고 작은 봉헌탑들이 즐비하게 늘어서 있다. 넓은 장소에 크기와 재료, 형태가 각기 다른 많은 봉헌탑이 늘어서 있다. 이 사원의 규모가 얼마나 컸는지를 짐작할 수 있고, 여러 시대에 걸쳐 조성된 탑과 유적인 것을 알 수 있게 한다. 유적지에는 북쪽으로 흘러 나가는 석재石材로 된 배수관과 배수로가 발굴되어 당시의 건축 기술을 가늠할 수 있게 한다.

3. 저수조와 작은 광장

사암으로 조성된 저수조貯水槽로서 물을 사용하려면 돌로 만들어진 계단을 내려가야 한다. 물을 저장하고 보존하기 위해 깊게 판 것으로 보인다. 인도 동부의 다른 사원에서 볼 수 있는 것처럼 빗물을 저장하여 사용하기에 유용하도록 만들어져 있다. 이 저수조 옆에는 작은 힌두 신전이 있다.

이 저수조 앞에는 작은 광장이 조성되어 있는데 이곳에서 발굴된 불상, 보살상, 신상神像, 탑 유적의 일부, 봉헌탑들이 야외에 전시되어 있다. 유적지 내의 곳곳에서 아직 충분히 발굴 조사가 되지 않은 유적과 유물들을 쉽게 볼 수 있다.

순례 가는 길

1. 드나드는 길

– 랄리뜨기리^{Lalitgiri} 편을 참고하면 된다.

2. 묵을 곳, 먹을 곳

– 랄리뜨기리^{Lalitgiri} 편을 참고하면 된다.

아소까칙령 바위 Rock of Asoka Edicts
오디샤 주립박물관 Odisha State Museum
인도 비하르 Bihar 주州

개요

깔링가 전쟁의 피비린내가 아직도 어딘가에서 바람에 묻어 날아올 것 같은 언덕에 서면 다야Daya 강의 흐름이 눈에 들어온다. 2300여 년 전, 깔링가 전투에서 죽은 사람들의 피가 강이 되어 흘렀다고 전해지는 곳이다. 무력 전쟁에 의한 정복을 멈추고 담마Dhamma(진리)로서 세상을 통치하겠다고 선언한 아소까 대왕의 이야기가 드넓은 들판을 가득 채우고 있는 듯하다.

이 전쟁이 끝난 뒤에 불교가 전해진 곳이고 많은 세월이 지나면서 대승불교와 밀교가 번성하기도 했던 이곳에는 작은 언덕이 있다. 그리 아름다워 보이지 않는 일본의 평화 탑은 들판이 한눈에 내려다보이는 언덕 위에서 오가는 세월을 맞고 있다. 오디샤 주의 주도州都인 부바네스와르 시내에는 오디샤 지역에서 발굴된 유물들을 전시하고 있는 오디샤 주립박물관Odisha State Museum이 있다.

역사

　오늘날 오디샤로 불리는 이 지역의 예전 이름은 오릿사^{Orissa}였으며, 역사 속에서 여러 이름을 가진 곳이었는데 웃칼라^{Utkala}, 칼링가^{Kalinga}, 오드라 라슈트라^{Odra Rashtra} 등으로 불렸다. 칼링가는 인도 역사 초기부터 유명했던 곳으로 석가모니 부처님께서 살아계실 때도 번창했던 왕국이었고, 서기 전 3세기에는 유명한 아소까 대왕이 정복 전쟁을 통해 이곳을 점령하기도 했다. 서력기원 초기 이후 해상의 패권을 장악할 정도로 막강한 힘을 가지고 있었으며, 강가^{Ganga}(1078~1264) 왕조가 통치하던 시기에 황금기를 누렸다.

　13~14세기에 이슬람교도에 의해 인도가 정복된 후에도 힌두교의 종교 · 철학 · 예술 · 건축의 독자적인 위치를 유지하며 남아 있었다. 불교가 전해진 것은 아소까 대왕의 정복 전쟁 이후로 전해지고 있으며 동인도 불교의 독특한 유물들을 남

기고 있다.

※아소까 칙령 바위는 입장료가 없고, 오디샤 주립박물관(월요일 휴관)
은 있음.

유적

1. 아소까 칙령 바위 Asoka Rock Edicts

13줄의 아소까 칙령이 새겨진 바위
와 코끼리 조각상이 있는 곳이다. 브
라흐미 문자로 13줄의 문장이 새겨져
있는데 14가지의 '아소까 바위 칙령
The Major Rock Edicts' 중에서 1번에서 10번
까지의 칙령과 14번 칙령, 그리고 '다
울리 바위 칙령Separate Edict(Dhauli and
Jaugada)'이라는 2가지 칙령이 새겨
져 있는 바위가 있다.

현재 칙령이 새겨져 있는 이 바위
는 보호각을 씌어 비바람으로부터 보
호하고 있는데 관리인에게 부탁하면 보호각 안으로 들어가서 가까이에서
볼 수 있다. 아소까 칙령 바위 위에는 절반 정도만 조각한 코끼리 상이 있
는데 아소까 칙령 바위를 수호하는 듯한 느낌을 갖게 한다. 아소까 칙령
바위 근처에는 아소까 석주라고 소개되는 라테라이트Laterite로 조성된 석주
가 있는데 후대에 만들어진 것으로 보인다.

아소까 칙령 바위가 있는 언덕 위에는 일본 불교 종파가 만든 평화 탑
Dhauli Shanti Stupa이 있다.

2. 오디샤 주립박물관 Odisha State Museum

1932년에 처음 건립되었으며 1960년에 현재의 건물로 옮겨왔다. 박물관은 11개의 구역으로 나뉘는데, 고고학, 현대 미술, 금석학, 화폐, 무기와 포탄, 예술과 공예, 광업과 지질학, 인류학 산스크리트어 문헌, 자연사, Pattachitra 천에 그린 그림 등이 있다.

고고학 구역에는 오디샤 지역에서 발굴된 불상과 보살상, 불교 사원의 장식물 등의 유적이 전시되고 있는데 불교 8대 성지 지역의 불상이나 보살상과는 사뭇 다른 모습을 지니고 있어서 관심이 있는 사람이라면 꼭 들러 볼만한 곳이다. 현관에 들어서면 이 지역의 중요한 역사적 장면을 부조浮彫로 만들어서 전시하고 있는데 아소까 대왕과 관련된 장면이 포함되어 있다.

순례 가는 길

1. 드나드는 길

부바네스와르로 가는 법은 랄리뜨기리 편을 참고하면 된다.

- 아소까 칙령 바위로 가는 대중 교통이 없으므로 오토릭샤나 택시를 이용하여야 한다. 아소까 칙령 바위 근처의 아소까 석주와 다울리 언덕을 함께 다녀오는 조건으로 흥정을 하면 순례하기가 쉽다.
- 오디샤 주립박물관은 시내의 교통 요지에 있으므로 버스, 오토릭샤, 택시 등을 이용하여 다녀오기 편리하다.

2. 묵을 곳, 먹을 곳

부바네스와르는 인구 1백만에 가까운 큰 도시이다. 묵을 곳과 먹을 곳은 다양하게 많다. 일반적인 숙소는 기차역 근처에 많이 몰려 있다. 식당은 도시 곳곳에 다양하게 있으므로 개인의 취향에 따라 선택하기가 쉽다. 아소까 칙령 바위 근처에 있는 Shanti stupa 입구에는 여러 개의 간이음식점과 상점이 있다.

*일설에는 10만 명이 넘는 사람들의 목숨을 앗아간 깔링가 전투가 끝난 뒤, 전장을 둘러보던 아소까 대왕에게 전쟁으로 가족을 잃은 여인이 이렇게 절규했다고 한다. "당신이 시작한 전쟁으로 나의 아버지, 남편, 아들을 잃었다. 살아남은 나는 앞으로 무엇을 위해 살아가야 하는가?"

이 말을 들은 아소까 대왕이 충격을 받고 무력에 의한 정복 전쟁을 포기하고 법 Dhamma(진리)에 의한 통치를 시작했다고 한다. 비폭력Ahimsā과 진리에 의한 승리 Dharma-vijaya(法勝)로 통치 이념을 바꾼 아소까 대왕은 불교로 개종한 후, 불교 전법사佛教傳法師를 여러 나라로 보냈다. 이때 불교가 처음 이 지역으로 전해졌다고 한다. 여러 나라로 떠난 불교 전법사들 중에는 아소까 대왕의 아들인 '마힌다' 스님과 딸인 '상감미따' 스님이 포함되어 있다. 이 두 스님은 다른 스님들과 함께 스리랑카에 최초로 불교를 전했다.

아소까 바위 칙령 Major Rock Edicts

전체 내용이 많아서 간략하게 정리한 것이다. 전체적인 내용을 알고 싶다면 Edicts of Ashoka, 또는 Major Rock Edicts를 검색해 보기를 바란다.

칙령 I 동물 도살을 금지한다. 동물들을 살육하는 축제나 모임을 금지한다. 아소까의 주방廚房에서도 겨우 공작 두 마리와 사슴 한 마리만이 죽임을 당했을 뿐이다. 그러나 아소까는 공작 두 마리와 사슴 한 마리를 죽이는 이런 관행마저도 중단하기를 원한다.

칙령 II 인간과 동물을 보살피고 의료 행위를 제공할 것을 제안하며, 국경이 맞닿아 있는 모든 나라와 멀리 박트리아의 왕인 안티오코스Antiochos III와 그 주변 국가들, 인도 남부의 촐라Chola 왕국, 빤디야스Pandyas 왕국, 사뜨야뿌라Satyapura 왕국, 께랄부뜨라Keralputra 왕국, 실론Ceylon 왕국에도 이러한 내용을 설명하였다.

칙령 III 브라만들과 수행자들을 존중하고 관대하게 대하겠다. 어머니와 아버지, 친구, 친척들과 화합하며 사는 것이 좋다. 아소까 왕의 대관식 12년이 지난 후에 이러한 내용을 공표한다. 쁘라데시카Pradesika(지역 총독)와 함께 라주카Rajuka(하급 관리), 유카타Yukta(하급 관리)는 5년마다 왕국을 순회하며 아소까 왕의 담마(진리/법) 정책을 전파할 것을 선언한다.

칙령 IV 브라만과 수행자들이 있기는 하지만, 아소까의 노력으로 담마는 더 많이 넓게 퍼졌다. 아소까와 아소까의 자손들은 세상이 끝나는 날까지 담마에 의한 통치를 할 것이며, 존경할만한 사람들을 존중하며, 퇴보하지 않을 것이다. 아소까 왕이 즉위한 지 12년이 되는 해에 이 칙령을 새겼다.

칙령 V 선행善行하는 것은 어려운 일이고 선행을 한다는 것은 힘든 일이다. 아소까와 아소까의 자손들은 그러한 일을 해낼 것이다. 나의 관리들은 하인과 귀족들, 브라만과 부유한 가장들, 가난한 사람들과 노인들을 위해 노력할 것이다. 이러한 내용을 칙령으로 새겨 놓았다. 담마마하마트라Dhammamahamatra(담마집행관)의 임명은 이 다섯 번째 칙령에 언급되어 있다. 아소까의 자손들이 아소까의 의지를 잘 이어주기를 바란다.

칙령 VI 전 인류의 행복을 도모하는 것보다 더 좋은 일은 없으며, 나는 그들의 행복을 위해 일한다. 모든 인류가 이 삶에서 천국의 행복을 누리기를 원한다. 모든 관리官吏는 내 영토 내의 모든 백성이 어떠한 상태인지 나에게 알려 주어야 한다.

칙령 VII 모든 사람이 주거의 자유, 종교적 자유와 관용을 일상에서 실천하기를 바란다.

칙령 VIII 아소까 대왕이 즉위한 지 10년이 되었을 때, 첫 번째 담마 야트라Dhamma Yatra(진리의 순례)를 보드가야와 보리수를 향해 떠났으며, 이때부터 순례라는 왕의 행사가 시작되었다. 또한, 담마에 대한 대론對論의 즐거움이 있음을 말한다.

칙령 IX 그동안 행해졌던 대중적인 허례 의식虛禮儀式을 비난한다. 진리Dhamma에 의한 대중적인 의식을 강조한다. 담마를 실천하는 방법으로서 보시布施를 실천할 것을 강조한다.

칙령 X 명성과 영예를 향한 욕망을 경계하고 악을 비난한다. 보편적인 진리Dhamma를 강조한다.

칙령 XI 진리Dhamma를 실천함으로써 얻어지는 이익이 무엇인가에 대해 상세하게 설명한다.

칙령 XII 다른 종교와 종파 간에 서로에 대한 관용과 이해를 바탕으로 하여 함께 공존할 것을 칙령으로 남겨 직접적이고 단호하게 명령한다. 종교 간의 분쟁을 발생시키는 것은 자신의 종교에 아무런 이익이 없음을 선언하였다.

칙령 XIII 깔링가 전쟁에서 아소까 대왕이 승리한 내용과 더 이상 무력 전쟁을 하지 않고 담마로서 세상을 통치할 것을 선언한다. 그리고 국경이 맞닿아 있는 모든 나라와 멀리 박트리아의 왕인 안티오코스에게까지 이 선언이 유효함을 언급하였다.

칙령 XIV 아소까 대왕이 통치하는 영토 내의 곳곳에 각기 다른 문자로, 때로는 간략하게 칙령을 새겨서 널리 알린다.

별도 칙령 – 다울리 바위 칙령 Separate Rock Edict (Dhauli and Jaugada)

별도 칙령 I 아소까 대왕은 '모든 사람이 나의 자녀(가족)'라고 선언하면서 그들을 보호하고 행복하게 하는 것이 자신의 임무라고 설명했다.

별도 칙령 II 이 칙령들은 담마에 의해 선포된 것이다. 영토 내의 모든 개개인이 지켜야 하고 그들의 행복과 편안함을 위한 것이다. 모든 사람은 칙령의 내용을 4개월마다 한 번씩 큰소리로 읽어서 서로 알게 해야 한다.

군뚜빨리 유적
Guntupalli Buddhist Monuments

인도 안드라 쁘라데쉬 Andhra Pradesh 주州

개요

깊은 산속의 외진 암자를 찾아가듯 한가로운 시골길을 한참 동안 돌고 돌아 도착한 언덕 위에는 흔히 말하는 신심信心이 아니고는 이룰 수 없을 것 같은 풍경이 펼쳐진다. 길고 넓게 늘어선 탑들을 뒤로하고 모퉁이를 돌면 석굴 사원이 있고 숨바꼭질하듯 남아 있는 석굴들은 얼마나 많은 승려가 살다 갔는지를 말해 주는 듯하다.

그리 넓지 않은 언덕 위에 빼곡히 펼쳐진 유적들을 보면서 순례자의 마음은 자연스럽게 다행한 생각으로 가득해진다. 아니 어쩌면 이곳에 벽돌 한 장 쌓고, 망치질 한 번 했던 인연으로 여기에 다시 서게 된 것은 아닐까 하는 생각도 든다. 숲으로 둘러싸여 한가로운 군뚜빨리에서 오후의 따가운 햇살만이 가득한 유적을 호젓이 즐길 수 있는 행복을 많은 사람이 경험해 봤으면 좋겠다. 순례길이 좀 멀고 험하지만 다른 유적과 차별화된 모습이라서 꼭 권하고 싶은 곳이다.

역사

　이곳은 서기전 3세기에서 서기 4세기의 유적들이 있는 것으로 조사되었다. 특별히 남은 문자, 자료가 충분하지 않아서 누가 언제 어떻게 사원과 탑, 석굴을 조성했는지는 확실히 밝혀지지 않았다. 다른 유적지와 달리 유적지 내에는 불상이나 보살상이 남아 있지 않아서 초기 불교의 전통을 그대로 따랐던 승가가 있었던 것으로 추정된다. 후대에 추가로 조성되거나 조각된 불상이나 보살상도 역시 남아 있지 않다.

　발굴 과정에서 석함石函이 발견되었는데 그 안에 금, 은, 수정구슬과 같은 많은 보물이 있었고 9~10세기 때의 것으로 추정되는 데와나가리Devanagari 문자가 남아 있는 청동으로 된 연화장보살상도 발견되어 적어도 10세기까지는 사원이 유지되고 있었음을 알 수 있다.

　5~6세기 때의 유명한 대승 불교 학자이고 논사論師였던 디그나가Dignāga 域龍/陳那가 머물렀던 기록이 남아 있다. 그는 세친世親Vasubandhu에게 배웠고 법칭法稱Dharmakīrti을 가르친 학자이다.

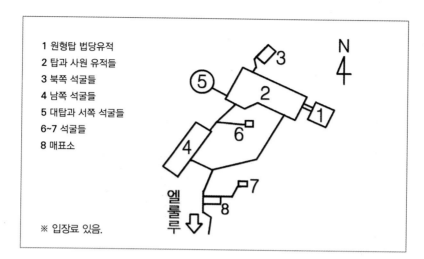

1 원형탑 법당유적
2 탑과 사원 유적들
3 북쪽 석굴들
4 남쪽 석굴들
5 대탑과 서쪽 석굴들
6~7 석굴들
8 매표소

N

5
2
1
3
6
4
7
8
엘루루

※ 입장료 있음.

유적

1. 석회석 탑 법당 Circular Brick Chaitya Griha

초기 불교의 전통에 따르면 법당 중앙에 모셔진 탑은 부처님을 상징한다. 서기전 3~2세기 때 조성된 것으로 조사된 이 탑은 언덕의 동쪽 끝에 있으며 높은 테라스처럼 된 법당 안에 있어 긴 계단을 올라가야 한다. 서기전 2세기 때, 재가불자가 이 계단에 대해서 기록한 것으로 추정되는 문자가 발견되었다. 석회석limestone으로 된 이 탑은 전체 높이가 2.14m이고, 0.80m 높이의 원통형 기단 위에 반구형의 탑신이 있는데 1개의 보개寶蓋가 상륜부에 남아 있다. 이 석탑은 벽돌로 된 보호벽으로 둘러싸인 것이 마치 회랑처럼 되어있고 출입구는 서쪽을 향해 있다. 보호벽의 지름은 11m이고 회랑의 폭은 1.38m이다. 탑이 있는 법당은 가로세로 각각 약 25m의 정사각형으로 되어 있다. 탑 주위에는 봉헌탑들의 기단부가 곳곳에 남아 있다.

2. 대탑과 탑들, 사원 유적들 Stone stupa, Group of Stupas, Ruined Mandapa

대탑은 언덕의 동쪽 끝에 있으며 사암sandstone을 벽돌처럼 깎아서 쌓은 모전석탑模塼石塔으로 전체 높이 2.62m, 지름 4.88m인데 이 유적지에서 가장 큰 탑이다. 서기전 2세기에 조성된 이 석탑은 사방으로 테라스가 있는 넓은 원형의 기단 위에 원통형 기단을 만들고 그 위에 반구형의 탑신이 있는 모습이다. 19세기 후반에 발굴 조사를 했다. 그때 발굴된 석재 상자 안에서 금제품과 석조 유물들을 발견하였다. 하지만 발굴 결과 이미 도굴꾼들에 의해 훼손된 것이 밝혀졌다. 서쪽 끝부분부터 시작되는 탑과 봉헌탑들은 모두 60개가 넘고 다양한 크기와 다양한 조성 연대를 가지고 있으며 조성 방식도 제각각인 탑들로 넓은 언덕을 가득 채우고 있다. 탑들은 조성된 방법에 따라 벽돌로 된 기단, 돌로 된 기단을 가지고 있다. 일부 탑은 동쪽 끝에 있는 석회석 탑처럼 입구가 있는 원통형의 벽이 있는 것도 있다.

만다빠Mandapa는 피라미드 형태의 지붕을 가진 건축 양식을 말한다. 동쪽과 서쪽으로 입구가 있는 만다빠 양식의 건물 유적에는 기둥만 남아 있는데 이 사각기둥들의 재질은 사암이고, 일부 기둥에는 문양이 남아 있다. 건물터로 보이는 몇 곳에는 기둥과 기초석의 흔적이 남아 있고, 스님들의 생활용수를 위해 바위를 파서 만든 저수조貯水槽가 남아 있다.

3. 남쪽 석굴들

다르마링게스와라Dharmalingeswara라고 알려진 석굴이 있는데, 위릿따 법당 vritta chaitya이라고도 불리며, 이곳에 단 하나 밖에 없는 중요한 석굴 법당이 있다. 서기전 3~2세기에 조성된 탑과 회랑, 반구형半球形 바위 천장으로 구성되어 있다. 탑은 원통형 기단 위에 반구형 탑신이 있고 상륜부가 없는 단순한 모습이다. 벽과 탑 사이는 사람들이 다닐 수 있는 회랑으로 되어 있다. 천장은 방사선放射線 형태로 나무로 짜서 맞춘 듯한 조각이 되어 있다. 입구는 인도 석굴의 초기 모습인 말발굽arch 모양이고 폭이 좁은 베란다가 있다. 내부에 다른 조각은 없다.

스님들의 수행 공간, 또는 생활공간으로 만들어진 여러 개의 석굴이 있다. 석굴의 크기는 다르지만 일부 석굴들은 입구가 말발굽 모양이고, 창문이 양쪽에 달린 출입문이 정면에 있으며, 좁은 테라스와 베란다가 있다. 이런 형태의 입구는 인도의 많은 석굴에서 찾아볼 수 있다. 내부에서 불상이나 신상 등의 조각은 발견되지 않았다. 따라서 이곳의 석굴들은 모두 초기 불교 사원 양식으로 분류된다. 승방에는 벽에서 솟아나는 물이나 빗물이 빠져나갈 수 있게 물길을 파 놓았다.

4. 서쪽 석굴들

유적지 언덕의 서쪽 끝에는 입구가 많이 무너진 석굴들이 있다. 모두 5

개의 석굴이 있는데 미완성인 석굴
과 상대적으로 소박한 석굴들이 남
아 있다. 입구가 말발굽 모양으로
된 석굴이 있고 일부 석굴에는 바위
를 깎아 스님의 침상寢牀을 만들어

놓은 곳도 있다. 심한 훼손을 입었지만, 석굴 내에 감실龕室이 남아 있는
곳도 있다.

5. 북쪽 석굴들과 기타 석굴들

유적지의 북쪽에 있는 몇 개의 석
굴들은 아주 단순한 사각형 상자 같
은 석굴과 석굴을 파다가 중단한 것
으로 보인다. 두 곳으로 나누어져
있는데 모두 미완성의 석굴이다. 언

덕 위의 탑 유적과 남쪽 석굴들 중간에 승방으로 쓰인 석굴이 있다. 입구
에는 감실도 남아 있는 아주 단순한 형태의 석굴인데 2개의 방으로 되어
있고 침상을 깎아 놓았다. 매표소의 오른쪽으로 난 언덕길을 따라 올라가
면 한 개의 석굴이 있는데 역시 미완성의 석굴이다.

순례 가는 길

1. 드나드는 길

• 군뚜빨리에 가기 위해서는 엘루루Eluru를 먼저 가야 한다. 위자야와다
Vijayawada가 가까이 있는 가장 큰 도시인데 여러 도시에서 항공편이 연결된
다. 여러 큰 도시에서 위자야와다까지 연결되는 많은 기차가 있다.

위자야와다에서 엘루루까지는 기차로 가는 것이 가장 편하다. 많은 기차
가 운행되므로 기차 번호를 나열하지 않는다.

- 엘루루 기차역은 도심에서 조금 떨어져 있다. 기차역 앞에서 손님을 기다
  리는 오토릭샤를 타고 군뚜빨리까지 가는 것이 가장 좋지만, 손님을 기다
  리는 오토릭샤가 없으면 도심으로 가서 오토릭샤나 택시를 타고 군뚜빨리
  까지 다녀오는 것이 가장 좋다. 엘루루에서 군뚜빨리까지는 약 40km 떨
  어져 있다.

2. 묵을 곳, 먹을 곳

엘루루에는 외국인이 묵을 수 있는 숙소는 몇 곳이 되지 않는다. 인터넷으로
검색해서 형편에 맞게 이용하면 된다. 엘루루는 기차를 이용하기 쉬운 곳이
므로 위자야와다에서 당일치기로 다녀오는 것도 좋은 방법이다. 위자야와다
는 아마라와띠 대탑을 가기 위해 거쳐야 하는 도시이다.

유적지 입구에는 간단한 먹을 것을 파는 상점이 몇 군데 있을 뿐이고 큰 식당
은 없다. 엘루루에서 식사를 해결하거나 음식을 준비해서 다녀오는 것이 가
장 좋다. 엘루루 도심에는 많은 인도 식당이 있어서 가장 더운 하기夏期가 아
니라면 먹을 것을 걱정하지 않아도 된다.

*엘루루에 있는 엘루루 붓다 공원Eluru Buddha Park에는 시무외인의 큰 불상을 조성해 놓
았다. 호수 중간에 입상으로 조성된 불상까지는 다리를 통해 드나들 수 있으므로
시간이 있다면 다녀올 만하다.

CHAPTER 8

카트만두

카트만두

이로움을 주지 못하는
수천 구절의 게송보다는
들으면 마음이 평화로워지는
한 구절의 게송이 더 가치 있다.
−법구경 101

카트만두 Kathmandu
네팔 Nepal

개요

카트만두는 히말라야로 유명한 네팔의 수도首都이다. 네팔 분지의 중앙, 해발 1,300~1400m 지점에 위치하며 산들이 주위를 둘러싸고 있고, 약 250만 명의 사람들(2011년)이 살고 있다. 시내 중심부를 조금만 벗어나면 눈 덮인 히말라야를 볼 수 있는 곳이다. 사시사철 꽃이 피는 곳이고 히말라야 문명인 네와르Newar 문화의 고향이다.

칸티푸르Kantipur(Beautiful place)라는 옛 이름으로 알려졌으며, 10세기 무렵에 건설된 것으로 추정되지만 정치 · 문화의 중심지로서 크게 발전하기 시작한 것은 15세기 말라Malla 왕조 때부터이다. 18세기 후반에 말라 왕조의 뒤를 이은 구르카 왕조가 이곳을 수도로 정한 이후 오늘에 이르기까지 네팔의 수도로서 번영을 누렸다. 상업·수공업이 활발하며, 주민의 대부분은 네와르족族이다. 시가지에는 행정청, 옛 왕궁, 대학 외에 불교 · 힌두교 사원이 많다.

카트만두는 히말라야의 관문이기 때문에 1년 내내 많은 관광객이 끊이지 않는 곳이다. 2015년 4월 25일 진도 7.8의 지진으로 카트만두의 많은 역사적인 유적들이 손상되거나 무너졌는데 체계적인 완전한 복구는 요원해 보인다.

역사

카트만두라는 도시의 이름은 두르바르박 광장에 있는 카스타만답Kasthamandap 사원의 이름에서 비롯됐는데 '나무로 덮인 안전한 보호처wooden covered shelter'라는 뜻이다. 단도Dhando 사원에서 발굴된 브라흐미 문자로 된 기록으로 서기 185년에 조성된 것이다. 이 기록으로 유추하면 이곳에 사람이 살았던 기록은 2000년이 넘는다.

스와얌부 뿌라나Swayambhu Purana라는 전설에 따르면, 현재의 카트만두 지역은 한때, 뱀으로 가득한 나그다하Nagdaha라는 거대한 호수였다. 문수보살Bodhisatva Manjusri이 자신의 칼로 호수 한쪽을 베어 내어 물을 빼낸 뒤 도시가 성립되었다고 한다. 얼마 후 바나수르Banasur라는 악마가 카투만두를 차지하여 다시 호수가 되었지만 크리슈나Krishna가 이곳으로 와서 바나수르를 죽이고 도시를 재건하였으며 그는 일부 고빨들Gopals(infant / child form of Lord Krishna)을 데리고 와서 부끄타만Bhuktaman을 네팔의 왕으로 만들었다고 한다.

역사적인 왕조로는 야람베르Yalamber가 세운 끼라타Kirata 왕조가 있었는데 서기 400년 경에 갠지스 강변에 살던 릿차위족Licchavis에 의해 정복되었다. 동시대에 고향에서 쫓겨난 석가족族과 꼴리야족族이 카트만두에 최초의 불교 사원을 세웠다고 한다. 이 사원은 세계에서 유일하게 산스크리트어를 기반으로 존재하는 네와르 불교의 기초를 만들었다.

릿차위족의 통치자인 구나까마데와Gunakamadeva는 카트만두 지역에 있던 두 세력인 꼴링가람Koligram과 다끄신 꼴링가람Dakshin Koligram을 합병하여 카트만두를 세웠다. 이렇게 처음 세워진 카트만두는 인도와 티베트 간의 무역에서 중요한 거점이 되어 건축, 예술, 무역에서 엄청난 성장을 이루었다.

10세기에 들어서면서 티르후트Tirhut에 의해 동맹 형태로 말라Malla 왕조가 카트만두를 지배했다. 말라 왕조 후대에는 카트만두를 네 개의 지역으로 나눠서 통치를 했는데 지금도 남아 있는 깐띠뿌르Kantipur, 랄리트뿌르Lalitpur, 박따뿌르Bhaktapur, 끼르띠뿌르Kirtipur가 그것이다.

이 시대에는 히말라야 지역의 무역 기준 화폐가 네팔의 화폐였을 정도로 대단한 영향력을 가지고 있었다. 인도, 티베트, 중국, 페르시아 및 유럽의 문화가 유입되어 문학, 건축, 법률 제도 정비, 의학 등 전 분야에서 비약적인 발전을 이뤘다. 이때 건축된 많은 불교 사원과 유적들이 네팔 불교 유적의 대부분을 차지한다.

1769년 쁘리트위 나라얀샤Prithvi Narayan Shah가 이끄는 구르카Gurkha 왕국이 네팔 골짜기를 정복했다. 수도를 카트만두로 옮기고 네팔이 근대 국가로 발돋움할 수 있는 기틀을 마련했다. 이때 2015년 지진에 무너진 다라하라 탑Dharahara Tower을 비롯한 몇몇 기념비적인 건축물이 세워졌다.

카트만두의 불교 유적

1. 카트만두 지역

① 스와얌부나트 Swayambhunath

네팔 불교에서 룸비니 다음으로 신성시되는 곳이다. '스와얌부나트'라는 말의 뜻은 '스스로 존재함'이다. 15세기의 스와얌부 뿌라나Swayambhu Purāna라는 기록에 의하면, 사원의 중앙에 위치한 스와얌부나트 탑은 후기 대승 불교(밀교)의 본초불本初佛Adi Buddha(동아시아 대승불교의 비로자나

1 불탑(오방불)	**9** 불공성취불	**18** 하리티데위 사원
2 아촉불	**10** 노사나불	**19** 박물관
3 비로자나불	**11** 물水의 요소	**20** 깍규파 사원
4 금강모보살	**12** 땅地의 요소	**21** 연등불
5 보생불	**13** 바람風의 요소	**22** 야무나-강가 여신
6 반다라보살	**14** 불火의 요소	**23** 금강저
7 아미타불	**15** 공空의 요소	
8 따라보살	**16-17** 사원	

방위	불명佛名	기능적 성격	수인Mudra
중앙	비로자나불Vairocana	법계체성지	전법륜인
동	부동불 / 아촉불Aksobhaya	대원경지	항마촉지인
서	보생불Ratnasambhava	평등성지	여원인
남	아미타불Amitabha	묘관찰지	선정인
북	불공성취불Amoghasidhi	성소작지	시무외인

불大日如來과 같은 개념)를 위해 조성한 것이라고 한다.

탑신에 해당하는 흰색의 반구半球는 우주의 중심, 또는 자궁을 상징하고, 그 위에 사각 노반과 보륜寶輪들로 장식되어 있다. 사각형으로 된 노반露盤에는 '부처님의 눈Buddha's Eye's'이라고 불리는 그림이 그려져 있다. 얼굴의 코는 1을 형상화한 것인데 진리에 이르는 길은 하나라는 의미이다. 노반 위에는 다섯 부처님이 모셔져 있는 것을 볼 수 있는데 '금강계金剛界 5부(5방위불方位佛)의 금강계 만다라'를 상징하는 것이다.

금으로 도금된 13개의 보륜은 깨달음에 이르기 위한 13단계를 묘사한 것이며, 또한 태장계 만다라胎藏界 蔓茶羅의 구성 중에 일체 중생이 갖추고 있는 13개의 본덕本德을 표현한 것이라고도 한다. 탑의 하단부에는 9분의 불보살이 있는데 입구 중앙으로부터 시계 방향으로 아촉불-비로자나불-금강모보살-보생불-반다라보살-아미타불-따라보살-불공성취

불-노사나불의 순서로 배치되어 있다.

　탑의 주위에는 우주 만물의 5원소(지地, 수水, 화火, 풍風, 공空)를 상징하는 상징물이 배치되어 있다. 많은 봉헌탑이 늘어서 있고 사원의 한 곳에는 연등불燃燈佛 입상立像이 모셔져 있다. 경내에 있는 스리 까르마 라즈 마하위하라Sri Karma Raj Mahavihar라는 사원 앞에는 아난따뿌르Anantapur라는 사원이 있다. 탑의 건너편에 프라땁뿌르Pratappur라는 작은 사원이 있는데 모두 1646년에 세워진 것이다. 하리티데위 힌두 사원Hariti Devi Temple도 한곳을 차지하고 있는데 등공양燈供養을 올리는 사람들이 줄을 잇는다.

② 보우다나트 탑 Boudhanath stupa

　불탑이라는 뜻을 가진 이 탑은 네팔 릿차위 왕조(400-750)의 시와데와 왕King Śivadeva(590~604)이 조성했다는 설과 마나데와Mānadeva 왕(464-505)이 조성했다는 설이 있다. 그러나 일반적으로 14세기에 만들어졌다는 것이 정설이다. 현존하는 탑 중에서는 네팔에서 가장 높은 탑으로 높이가 36m이다. 초텐 쳄포Chorten Chempo(Great Stupa)라는 티베트식 이름을 가지고 있다. 이 탑은 태장계 만다라를 형상화한 것으로 대승 불교 말기에 생겨난 밀교密敎의 영향을 그대로 재현하고 있다. 탑의 하단부 외벽에는 마니초코mani-chos-khor(한국식으로는 윤장대輪藏臺)라는 '법륜을 굴린다는 뜻'의

원통이 있다. 원통에는 '옴 마니 빠드메 훔Om Mani Padme Hum'이라는 글이 새겨져 있는데 이것은 항상 시계 방향으로만 돌려야 한다.

1959년 이후로 티베트에서 몰려온 난민들에 의해서 스투파 주위에는 많은 티베트 사원이 있는데 닝마파Nyingmapa(빨간 모자를 씀), 겔룩파Gelugpa(노란 모자를 씀, 달라이 라마가 속해 있음), 사캬파Sakyapa 등 많은 티베트 사찰들이 늘어서 있다. 언제나 순례자와 관광객들로 번잡한 곳이다.

③ 불교 사원과 탑

카트만두 시내 곳곳에는 여러 불교 사원과 탑이 산재散在해 있다. 찾아볼 만한 곳으로는 까테 스와얌부 쉬Kaathe Swyambhu Shee 사원Chaitya이 있는데 탑 주변에 큰 불교 사원 2곳이 있다. 또한 스와얌부나트 사원 근처에 드리꿍깍규린첸 링Drikung Kagyu Rinchen Ling Monastery 사원과 아난다꾸띠 사원Anandakuti Vihar이 있다. 곳곳에 불탑이 있기는 하지만 관리되지 않고 있으며 힌두교도들도 기도의 대상으로 여기고 있어서 불교 유적과 유물인 것을 구별하기 쉽지 않다.

2. 파탄 Patan 지역

카트만두 계곡의 다른 왕조가 있던 파탄 지역에도 황금 사원과 천불탑 등을 비롯한 여러 불교 사원이 있고, 파탄 왕궁을 중심으로 동서남북에 각각 아소까 탑이라고 전승傳承되어 오는 4개의 탑이 있다.

① 마하보우다 사원 Mahaboudha Temple
(천불탑stupa of one thousand Buddhas)

옛 파탄 왕국의 두르바르박Patan Durbar Bagh(Square) 남쪽의 작은 골목 안에는 천불탑千佛塔, 또 다른 이름으로는 마하 보우다 사원이라고 불리는 사원이 있다. 이 탑은 석재石材로 탑의 기틀을 만들고 그 위에 불상이 있는 소조塑造타일terra cotta tiles을 붙여서 완성한 것이다. 1008불탑이라는 이름을 가지고 있기도 하다. 또 다른 이름으로는 9000사원이라고도 하는데 이 탑을 세우는데 들어간 돌(타일 포함)이 9,000개가 사용되었다고 전해지기 때문이다.

16세기에 파탄 왕국의 아바야 라즈 샤끼야Abhaya Raj Shakya라는 재가 신도가 보드가야의 마하보디 사원을 방문하고 난 뒤에 파탄으로 돌아와서 왕실의 허가를 얻어 1564년에 이 탑을 건설하기 시작했는데 정작 본인은 기초 공사가 끝난 뒤에 죽었다. 그의 다섯 아들이 공사를 계속했으나 다섯 아들이 다 죽을 때까지 완성하지 못하였다. 후에 한 보살이 나타나서 공사를 계속하여 1610년에 탑을 완성하였다고 한다. 1933년의 지진에 일부가 파손되어 복원하였고, 2015년 4월 25일의 대지진으로 불탑의 곳곳에 금이 가고 일부가 무너져 내렸다.

② 황금 사원 Golden Temple
파탄 왕국의 두르바르박 북쪽에 있는 이 사원의 공식적인 이름은 히랑

야와르나 마하위하라^{Hiranyavarna Mahavihara(Golden temple)}이다. 1409년에 처음 건립된 이 네팔 불교 사원은 실제 금은 거의 없고 황동을 광택 처리해서 금빛으로 보이게 만든 사원이다. 이 사원을 두고 힌두교 브라만과 밀교 승려 간의 결투에서 밀교 승려가 승리함으로써 이 사원을 차지하게 되었다는 전설이 전해 온다. 지금도 그와 관련된 의식이 전해 오고 있다고 한다.

이 사원의 내부에는 허가된 사람만이 출입할 수 있는 몇몇 장소가 있어서 관람객은 내부를 상세히 들여다볼 수가 없다. 1918년에 과일(잭 프루트^{jack fruit}) 공양을 올리는 원숭이를 비롯해 연화장보살, 문수보살 등의 보살상 등이 추가로 조성되어 사원 곳곳을 장식하고 있다.

③ 아소까 탑 Asoka stupa

파탄 두르바르박^{Patan Durbar Bagh}을 중심으로 4곳에 아소까 대왕이 세웠다는 4개의 탑이 있다. 하지만 역사적으로 증명된 것이 아니고 전설로 전해지는 것이라 신빙성은 떨어지지만 네팔 사람들은 그렇게 믿고 있다. 차례대로 동쪽의 이마도^{Imado}에 있는 떼타뚜르 탑^{Tetathur stupa}, 서쪽의 뿔촉^{Pulchowk}에 있는 뿔촉 탑^{Pulchowk stupa}, 남쪽의 Lagankhel Satdobato Rd.에 있는 라간켈 탑^{Lagankhel stupa}, 북쪽의 Bangalamukhi-Sankhamul Rd.에 있는 에바히 탑^{Ebahi stupa}이다.

카트만두의 관광 명소

1. 빠슈빠띠나트 사원 Pashupatinath Temple

네팔에서 가장 신성시되는 힌두 사원으로 5세기에 처음 세워진 것으로 알려져 있으며 시바Siva신을 주신으로 섬기는 사원이다. 힌두교도가 아니면 사원 내부로 들어갈 수는 없지만, 사원의 외부와 화장장을 관람할 수는 있다.

2. 카트만두 두르바르박 Kathmandu Durbar Bagh

카트만두에 있던 네 개의 왕조 중에서 끼르띠뿌르Kirtipur 왕조의 왕궁이 있던 곳이다. 왕궁과 여러 신전, 그리고 살아 있는 여신이라는 꾸마리

Kumari 여신이 사는 곳이 있다. '두르바르'는 네와르 말로 왕궁을 뜻하고 '박'은 광장을 뜻한다. 글자 그대로 이곳은 왕궁 광장을 뜻하는 것으로 이 광장에서 왕의 즉위식을 했으며, 광장 주변에 많은 사원을 만들었다.

3. 파탄 두르바르박 Patan Durbar Bagh

카트만두에 있던 네 개의 왕조 중에서 랄리트뿌르Lalitpur 왕조의 왕궁이 있던 곳이다. 왕궁을 비롯하여 여러 신전, 불교 사원과 신상神像들이 곳곳에 펼쳐져 있다.

순례 가는 길

1. 드나드는 길

- 국제선 : 네팔의 수도인 카트만두에는 뜨리부완 국제공항Tribhuvan International Airport이 있다. 대한항공은 인천-카트만두 직항을 운행한다. 여러 항공사가 취항하고 있는 공항이므로 형편에 따라 항공사를 선택하면 된다.
- 국내선 : 성지 순례를 하는 사람이 국내선 항공을 이용할 경우는 룸비니 근처의 바이라하와Bhairahawa 공항에서 출발하는 것과 포카라에서 출발하는 것, 이렇게 두 노선이 있을 뿐이다. 인터넷 예약이 거의 불가능하기 때문에 현지 여행사를 통해 항공권을 구매하는 것이 좋다.
- 공항에서 시내로 : 일반 버스를 이용하는 것은 거의 불가능하다고 보는 것이 좋다. 택시를 이용하면 일반적으로 미화 5달러 이내에 숙소까지 갈 수 있다. 싼값으로 호객하는 택시는 위험하니 혼자라면 절대 타지 말아야 한다. 중급 이상의 호텔이라면 무료 픽업 서비스를 하는 곳이 많다. 예약한 숙소에 확인해서 이용하면 가장 좋은 방법이 될 것이다.
- 성지나 유적지를 다니려면 택시를 이용하는 것이 가장 안전하고 저렴하다

고 할 수 있다. 시내 버스가 있지만, 네팔어가 능통하지 않다면 이용하지 않는 것이 좋다. 또한 교통 체증과 일정하지 않은 배차 시간으로 길에서 보내야 하는 시간이 너무 길어서 권하고 싶지 않다.

2. 묵을 곳, 먹을 곳

- 고급 숙소는 시내 여러 곳에 골고루 분포되어 있다. 중급과 그 이하의 숙소는 타멜Thamel 지역에 몰려 있는데 이 지역에서는 숙소뿐만 아니라 관광과 쇼핑, 식사를 모두 해결할 수 있다.
- 타멜 지역에는 세계 각국의 식당과 다양한 먹을거리들이 있으므로 취향에 따라 다양한 선택을 할 수 있다.
- 타멜 지역에는 소풍(Picnic, 014442420)을 비롯한 한국 음식을 파는 식당도 여러 곳이 있어서 편리하고, 타멜이 아닌 다른 지역에도 여러 한국식당이 있다.

석가모니 부처님 The Lord Buddha

석가모니Sākyamuni의 뜻

사꺄Sākya족의 성자(聖者, muni)라는 뜻

사꺄Sākya는 부족의 성姓으로 능인能仁이라 번역

석가모니 부처님의 이름

고따마Gotama / Sk. Gautama는 집안의 성(種姓)으로써 최대장우最大牡牛로 번역

싯닷타Siddhattha / Sk. Siddhārtha는 왕자 시절의 이름으로 모든 것을 뜻대로 성취하

는 사람이란 뜻. 일체의성一切意成으로 번역

직계 가족

① 아버지 : 고따마 숫도다나Gotama Suddhodana. 정반淨飯 왕

② 어머니 : 마하마야Mahāmāyā. 꼴리야Koliya족 출신

③ 양모養母 : 마하빠자빠띠Mahāpajāpatī. 마하마야의 여동생. 대애도大愛道라

　　　　　고 번역

④ 아내 : 야소다라Yasodharā. 명문名聞이라 번역

　　　　어머니/양모와 같은 꼴리야족 출신

⑤ 아들 : 라훌라Rāhula. 장애障碍, 방해妨害라 번역

경전을 참고하여 간략하게 간추린 부처님의 일대기

① **탄생** : 서기전 624년 인도력 2월 보름(Vesākha, Sk. Vaiśākha.

　　　　　한국의 음력 4월 보름 / 양력 5월의 보름달이 뜨는 날에 해당함)

　　　　　현재의 네팔 룸비니^{Lumbini}에서 탄생

② **결혼** : 16(또는 19)세 : 꼴리야족의 야소다라 공주와 결혼

③ **출가** : 29세, 까삘라왓투의 동쪽 성문을 통해 출가

　　　　　(아들 라훌라가 출생하던 날 밤)

④ **성도** : 35세, 인도력 2월 보름

　　　　　보드가야의 보리수 아래에서 정각(正覺)을 성취하심.

⑤ **초전법륜** : 35세, 인도력 4월(Asalha) 보름 이시빠따나의 녹야원

　　　　　　　(한국의 음력 6월 보름에 해당 – 안거(安居)의 시작)

⑥ **입멸** : 서기전 544년(80세), 인도력 2월 보름 꾸시나가르(꾸시나라)

　　　　　탄생–성도–열반이 같은 날임

• **성도 후 첫해** : 이시빠따나(사르나트) 녹야원 – 다섯 비구에게 첫 설법을

　하신 후, 이곳에서 첫 우기를 보내심

• **2~4년** : 마가다(=왕사성) 왕국 죽림정사竹林精舍

• **5년** : 왓지 왕국 와이살리 대림정사 중각강당–비구니 승단이 처음 성립됨

• **6년** : 꼬삼비 근처의 만꿀라 언덕 – 부처님께서 쌍신변雙身變을 나투신 곳

• **7년** : 도리천(忉利天, Tāvatiṃsa)–어머니 마야 왕비가 그곳에 천신으로

　태어났음

- **8년** : 왓지 왕국 와기Vaggi의 베사깔라 숲-웨살리 근처

- **9년** : 꼬삼비 고시따라마 사원

- **10년** : 꼬삼비의 동쪽에 있는 빠릴레이야까 숲 – 꼬삼비의 스님들이 분쟁을 일으키자 빠릴레이야까 숲으로 가셔서 안거를 보내심

- **11년** : 마가다 왕국 에까날라 마을 – '숫따니빠따'에 나오는 유명한 '밭을 가는 바라드와자 경'을 설하신 곳

- **12년** : 웨란자Veranja 마을 – 부처님께서 율律을 제정하기 시작하심 그해에 기근이 들어 부처님과 제자들은 말들이 먹는 보리(馬麥)를 드시면서 안거를 보내심

- **13년** : 앙가Aṅga 왕국 짤리야 바위산

- **14년** : 꼬살라(사위성) 왕국 기원정사-라훌라 존자가 구족계(비구계)를 받음

- **15년** : 까삘라왓투-부처님의 고향

- **16년** : 알라위Ālavi–사위성과 왕사성의 중간 지역

- **17년** : 마가다 왕국 죽림정사

- **18~19년** : 앙가 왕국 짤리야 바위산

- **20년** : 마가다 왕국 죽림정사

- **21년 ~ 43년** : 꼬살라(사위성) 왕국 기원정사 17안거, 동원정사(鹿子母講堂) 6안거

- **44년** : 왓지 왕국 와이살리 벨루와Beluva 마을

- **45년(서기전 544년, 80세)** : 꾸시나라Kusinara 말라족의 살라나무 숲- 태어나신 날과 동일한 양력 5월의 보름달이 뜨는 날(Vesākha)에 무여열반에 드심

인도 종교 관습의 이해

공통적인 관습
① 모든 종교 사원에 들어갈 때는 언제나 신발(양말)을 벗어야 한다.
② 성지를 순례하는 사람들은 기본적으로 경건한 마음을 갖추어야 하므로, 술을 마시지 말아야 한다.
③ 사원에 들어갈 때는 짧은 바지나 민소매 옷은 절대 삼가야 한다.
④ 성지를 순례하는 사람들은 기본적인 신앙심과 자비, '공덕의 나눔(Baksheesh)'을 지킨다. 거지들은 '박시시'를 하도록 하는데 '공덕의 밭(田)'이기 때문에 아무리 많이 주어도 고맙다는 말을 하지 않는다.
⑤ 힌두교 신자들에게 소고기를 이야기하거나, 이슬람 신자들에게 돼지고기를 이야기하면 곤란한 일이 발생할 수도 있다. 혹여 먹게 되더라도 조용히 먹어야 불필요한 마찰이 발생하지 않는다.
⑥ 다른 종교의 관습을 존중해 주어야 한다.

불교 사원
① 티벳 사원에서는 '까따Kata'라고 불리는 얇고 흰 명주 천을 탑이나 불상에 바치거나, 또는 '라마'에게 올린다. 이것은 존경의 표시이기 때문에 가져오거나 함부로 만지지 말아야 한다.
② 사전에 허락을 받기 전에는 성지나 불교 사원에서 목탁이나 요령 등을 이용하는 법회나 기도를 하지 말아야 하고, 큰소리로 경을 읽어 다른 사람에게 불편함을 주지 말아야 한다. 금강승 계열의 사원을 제외한 인도와 동남아의 불교 사원에는 이러한 불구佛具가 없다.
③ 법당 내에서는 타인에게 방해가 되지 않도록 경을 외우거나 정근을 해야 한다. 절을 할 때는 옆 사람에게 불편을 주지 않도록 해야 한다.

④ 불상 주위를 돌거나 탑돌이를 할 때는 언제나 시계 방향으로만 돌아야 한다.

⑤ 한국에서 불교의 상징으로 사용하고 있는 '만(卍)' 자나 '옴(ॐ)' 자는 인도나 동남아시아의 불교에서는 사용하지 않는다. 특히 인도에서는 힌두교와 자이나교의 상징으로 쓰인다.

힌두교 사원

① 힌두 신전을 구경하거나 돌 때는 '빠리끄라마Parikrama'라고 하여 시계 방향(Pradakshina)만으로 돌아야 한다. 신전은 신神이 쉬는 곳이기 때문에 시계 방향으로 도는 것은 신성神性에 동의를 하는 것이다.

② 일부 힌두 사원Hindu Mandir에서는 힌두교도가 아닌 사람들에게 출입을 거부하기도 한다.

③ 열렬한 힌두교도는 적어도 일 년에 한 번 정도는 성지를 순례해야 한다고 믿는다. 힌두교도는 '성지 순례(Yatra)'를 하는 것은 영靈적인 공덕을 쌓는 소중한 일이라고 여기며, 생의 마지막 순간을 성지에서 보내는 것이 최상의 선善이라고 여긴다.

이슬람 사원

① 이슬람 사원은 자신들의 예배 시간에는 일반인 출입을 거절한다.

② 이슬람 사원은 발을 씻고 세수를 하고 들어가는 것이 원칙이지만, 상황에 따라 비신자들은 그냥 들어가기도 한다. 그러나 반드시 신발(양말)은 벗어야 한다.

기타 종교 사원

① 자인Jain교의 사원에 들어갈 때는 가죽 제품(허리띠, 지갑, 가방 등)을 가지고 들어갈 수 없다.

② 시크교 사원에 들어갈 때는 누구든지 머리카락을 스카프 등으로 가려야 한다. 요즈음은 시크교도가 아닌 사람들에게는 예외를 두기도 한다.

③ 시크교 신자들은 남자들은 모두 수염과 머리카락을 깎지 않고 기르며, 머리는 터번을 쓰고 있다. 아이들이 쓰고 있는 터번을 귀엽다고 만져서는 안 된다.

④ 시크교 남자의 일상 소지품

- 께쉬Kesh : 비녀처럼 생긴 머리카락을 고정시키는 것
- 까다Kada : 손목에 하는 금속 뱅글Bangle
- 끼르빤Kirpan : 칼
- 깡가Kangha : 머리빗
- 깟차Kaccha : 짧은 팬티

인도 각 종교 심볼

인도의 각 종교는 각자 고유한 상징과 표식(Symbol)을 사용하고 있다. 이것을 통하여 그 사람의 종교를 확인하며 자신들의 성소聖所를 표시하기도 한다.

불교	힌두교	힌두교 시바	힌두교 비쉬누
자이나교	시크교	조로아스터교	이슬람교

참고 자료

1. 4부 니까야 경전 (초기불전 연구원)

2. Archaeological Survey of India에서 펴낸 소책자들

3. Where The Buddha Walked
   (2009, Rana P.B. Singh, Indica Books)

4. http://www.wikipedia.org/en

5. 부처님, 그분 (고요한 소리)

6. http://ajantacaves.com

7. https://elloracaves.org

8. https://www.irjet.net/archives

9. https://www.odishatourism.gov.in/content/tourism/en.html

10. http://www.indianrail.gov.in

11. 대당서역기

12. 불소행찬(佛所行讚)

13. http://www.katinkahesselink.net

14. https://www.buddhanet.net

15. 법구경 이야기 1, 2, 3 (옛길)

개 정 증 보 판

인도 · 네팔 불교성지순례 가이드북

붓다의
향훈香薰을
따라서

초판인쇄	2019년 9월 25일
초판발행	2019년 9월 30일
개정증보판 발행	2022년 12월 22일

지은이	대연 스님
펴낸이	이철순
디자인	정미림
교정	정태화

펴낸곳	해조음
출판등록	2003년 5월 20일 제 4-155호
주소	대구광역시 동구 파계로71 팔공3차보성타운 306-1601
전화번호	053-624-5586
전자우편	bubryun@hanmail.net

ISBN 978-89-92745-73-4 03220

책값은 뒤표지에 있습니다.
잘못된 책은 교환해 드립니다.